PINTURA CON ESPÁTULA

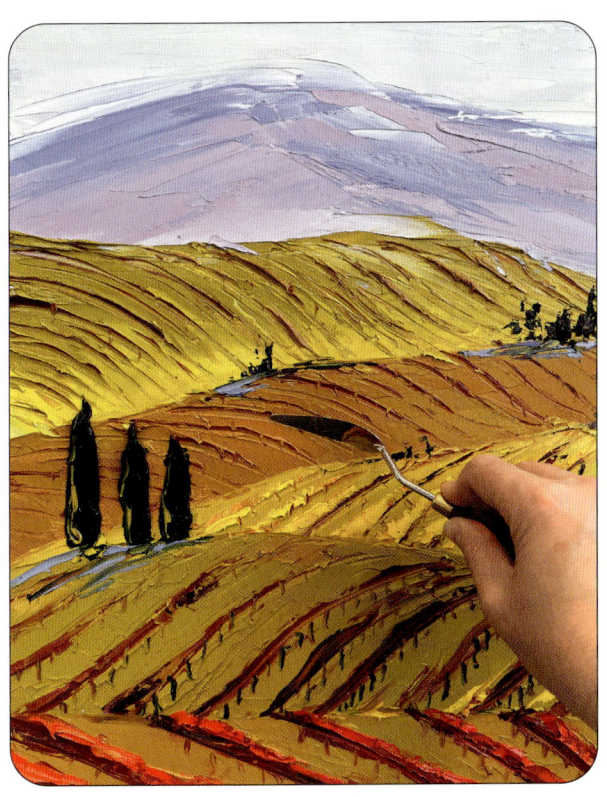

Artista de la pintura con espátula
LISA ELLEY

Título original: *Palette Knife Painting. Deep Impasto*®

© 2024 Librero b.v. (edición española)
www.librero.nl

Primera edición en 2023 de Walter Foster Publishing,
un sello editorial de The Quarto Group.

© 2023 Quarto Publishing Group USA Inc.
Fotografías, pinturas y texto © 2023 Lisa Elley

Diseño: Cindy Samargia Laun
Revisión de textos: Leah Noel
Corrección de textos: Tracy Wilson

Producción de la edición española:
Traducción: Anabel Martín Encinas y Esther García Morales
para Delivering iBooks & Design
Redacción y maquetación: Delivering iBooks & Design, Barcelona

Distribución exclusiva de la edición española:
Librero IBP S. L.
C/ Paseo de los Olmos, n.º 20
Planta 1.ª, oficina 7
28005 Madrid, España
www.librero-ibp.es

Impreso en China
ISBN: 978-84-1154-038-4

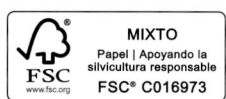

PINTURA
CON
ESPÁTULA

Pinte bellas obras de arte
utilizando una espátula y
la técnica del impasto

Artista de la pintura con espátula
LISA ELLEY

Librero

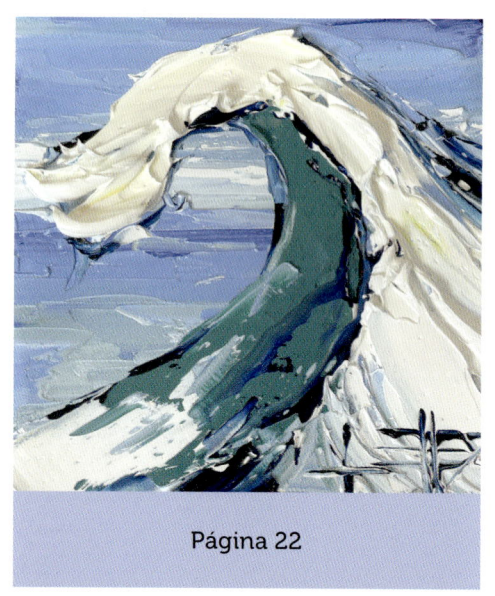

Página 22

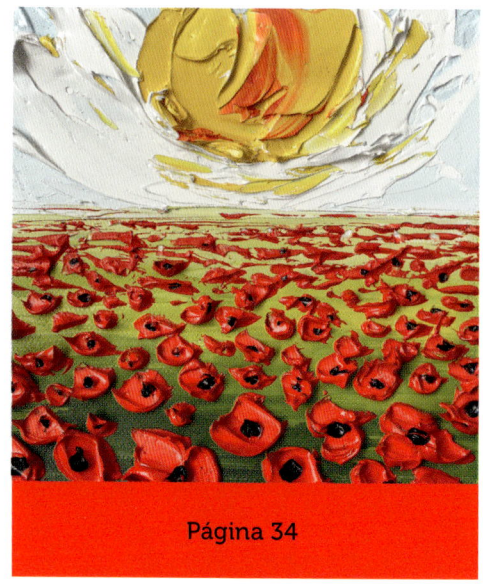

Página 34

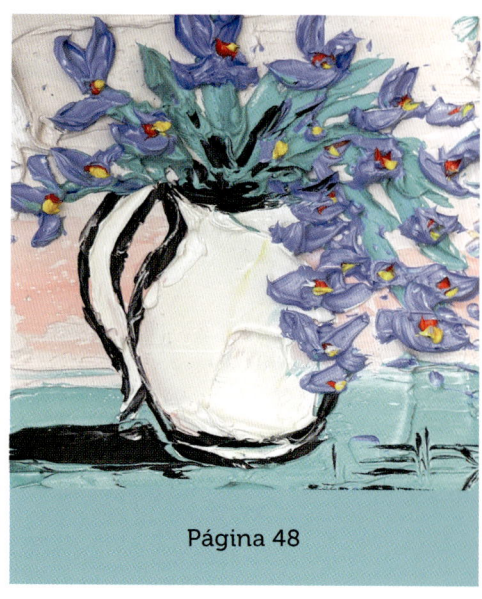

Página 48

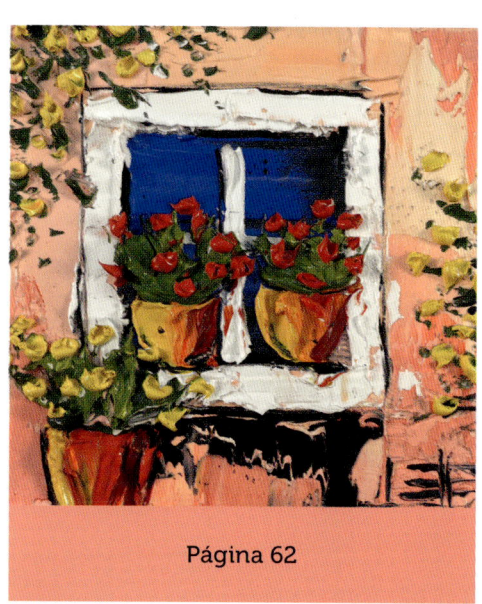

Página 62

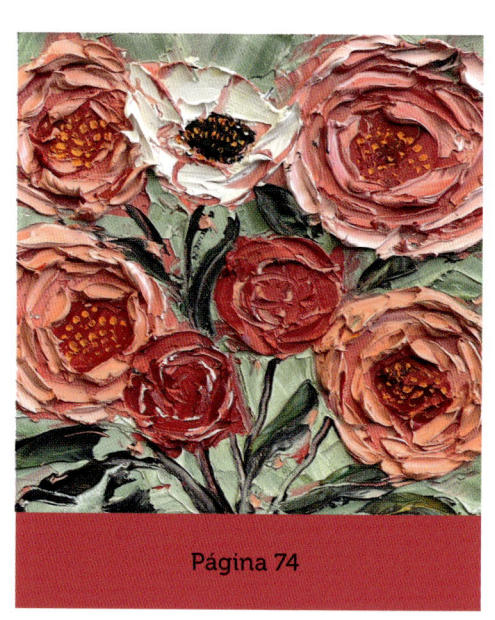

Página 74

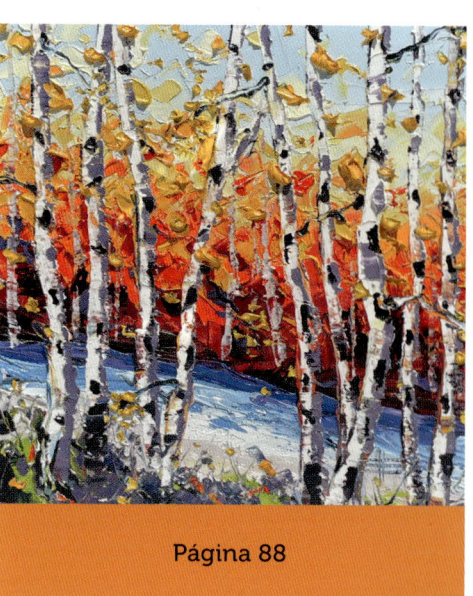

Página 88

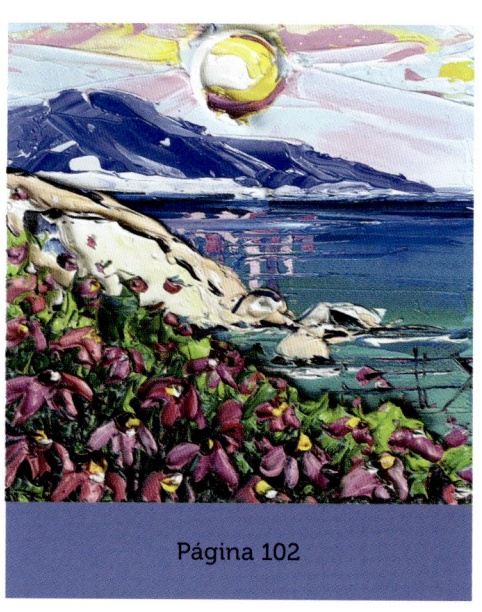

Página 102

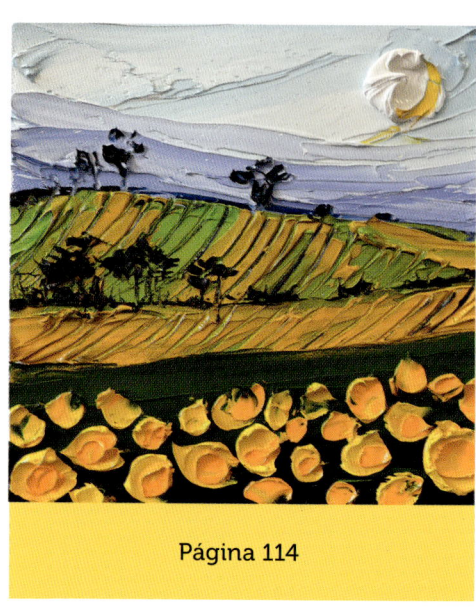

Página 114

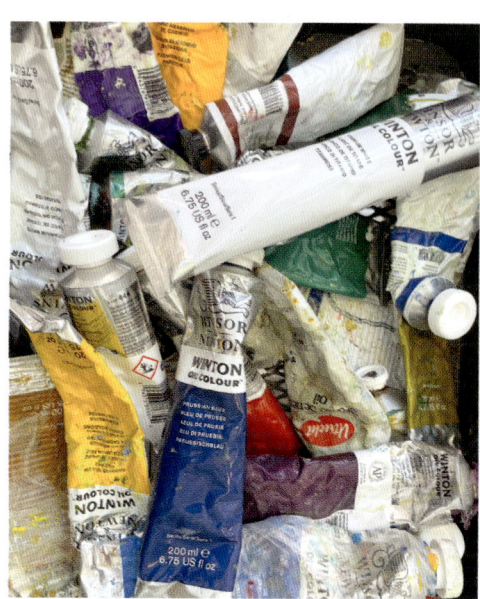

Índice

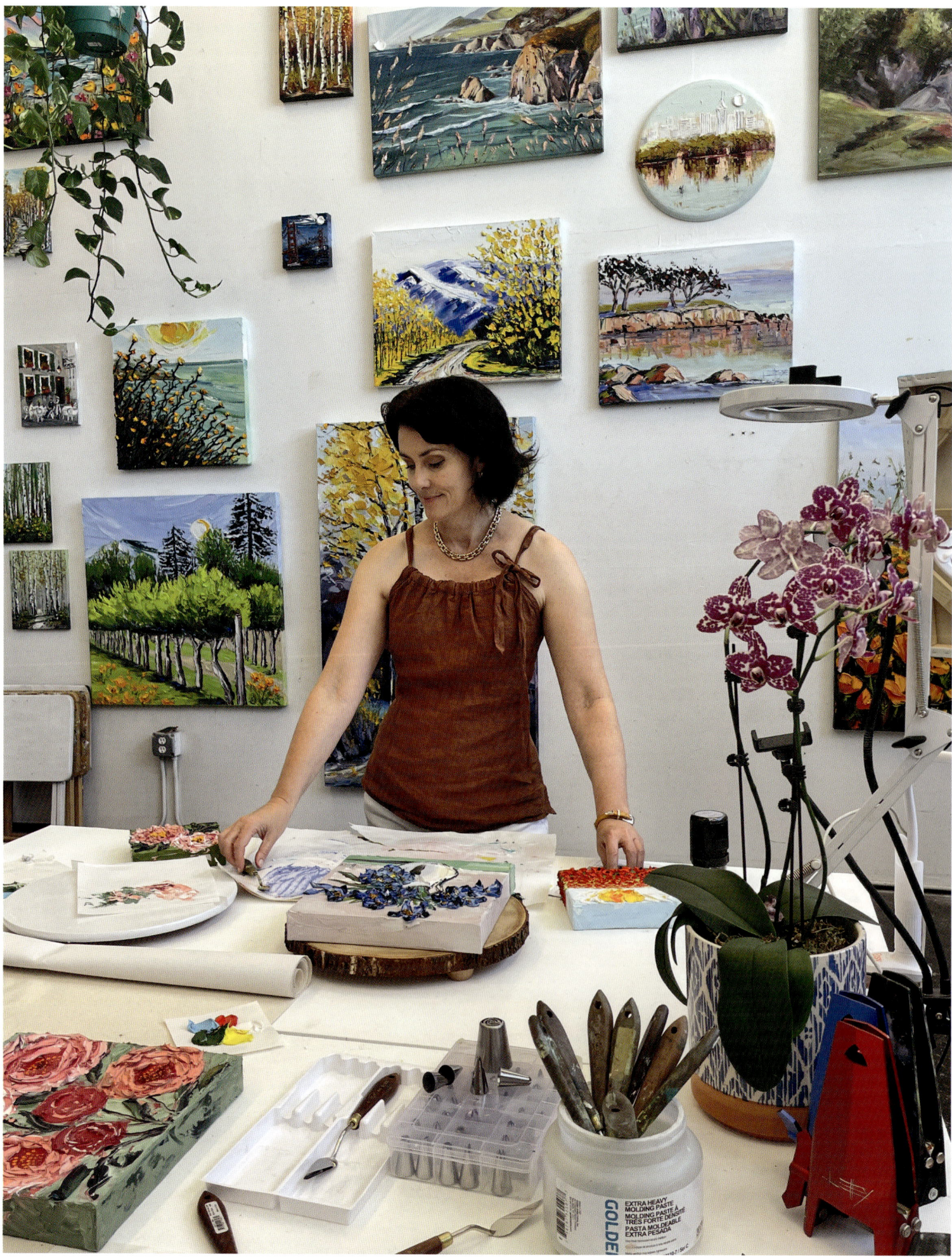

INTRODUCCIÓN

¡Hola y bienvenido! Me llamo Lisa y me dedico a la pintura con espátula en mi estudio situado en la bahía de San Francisco. He pasado más de una década pintando casi exclusivamente con espátula, perfeccionando mis habilidades y experimentando, ¡y estoy encantada de poder compartir mis años de experiencia con usted!

Con este libro, quiero ofrecerle una variedad de proyectos llamativos, de gran solidez técnica y de pequeñas dimensiones, que se pueden realizar con cierta rapidez y le harán pasar un buen rato. En nuestra ajetreada vida moderna, es difícil encontrar tiempo para crear, sin embargo, a lo largo de los años, me he esforzado por dedicar un rato diario a la pintura. Esto me permite nutrir mi espíritu creativo y me hace feliz. Además, le sorprendería ver cómo con tan solo 30 o 40 minutos de práctica al día se puede mejorar la destreza.

Pintar con espátula es más difícil de lo que parece, así que he creado una serie de tutoriales en los que explico cada pincelada. Empezaremos con los conceptos básicos sobre cómo manejar la espátula y qué herramientas elegir, antes de pasar a la aplicación de capas, el bloqueo de color, el difuminado, los diferentes efectos de la espátula y el cómo y cuándo aplicar textura. Con estos conocimientos, progresará a buen ritmo, evitará los errores que yo he cometido en mi carrera y adquirirá una sólida comprensión de la técnica de pintura con espátula. Tanto si desea incorporar este método a sus obras con pincel, buscando un efecto más pictórico, como si quiere pintar únicamente con espátula como yo, dispondrá de una nueva habilidad en su repertorio artístico.

En general, mi objetivo al pintar con espátula es siempre equilibrar la técnica con la textura y la singularidad, y así lograr la estética deseada.

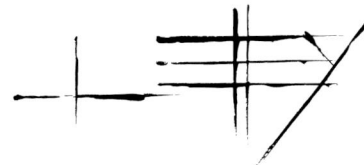

¿POR QUÉ PINTAR CON ESPÁTULA?

¿Por qué pintar con espátula? Muy buena pregunta. ¿Por qué hacerlo más difícil? Bueno, cuando pinto con pincel, cosa que hago de vez en cuando, tiendo a centrarme en los detalles. Con una espátula, no puedo centrarme demasiado en los pormenores, así que mis cuadros son más relajados y expresivos, con barridos y pinceladas más grandes. Además, esparcir pintura espesa con una espátula es una sensación increíble, no muy distinta a la de cubrir un pastel con una crema de mantequilla.

Pero vayamos más allá. El arte es emoción. El arte es un recuerdo, un deseo, una persona, un pensamiento, un sabor, una experiencia, un lugar o un sentimiento. Mi objetivo principal es transmitir emoción con mis cuadros. Y siento que lo puedo hacer mejor cuando añado textura con la espátula, ya que esta cuenta una historia; con sus luces y sus sombras, invita al observador a adentrarse en la obra y motiva al ojo a deambular por el lienzo. Mis clientes y seguidores a menudo se quedan con la sensación de querer «comerse» el cuadro, gracias a la suntuosidad de la textura y el color. Si consigo evocar una emoción y mi arte resuena en alguien, siento que he hecho bien mi trabajo.

He aquí algunas ventajas y usos de la espátula:

- La limpieza es facilísima. Basta con pasar un paño y listo.
- ¡Se pinta con rapidez! ¿Recuerda esas fascinantes pinturas de Bob Ross de 25 minutos?
- Son una compra única que dura para siempre y tienen un precio razonable.
- Las espátulas son estupendas para mezclar pintura, así como para raspar y limpiar la paleta.
- Con ellas también se pueden rectificar errores o eliminar el exceso de pintura fácilmente, sin que ello afecte al resultado general.
- Permiten añadir nuevas capas limpias, así como notas de color puras, sin mezclar ni alterar la capa húmeda de debajo. Esto produce un efecto dramático, difícil de conseguir con un pincel.
- Permiten crear una gran variedad de bordes diferentes, nítidos o difuminados.
- También permiten hacer líneas nítidas y definidas para edificios y obras de arquitectura, puentes, vallas, muebles, postes de la luz, jarcias de barcos, cables y líneas eléctricas.
- Esculpir detalles es divertido y también lo es crear relieves, como flores de textura extrema sobre un fondo liso.
- Inclinando la hoja y ejerciendo presión, puede crear curvas, abanicos, óvalos, ángulos, círculos y zigzags.
- Se pueden aplicar grandes áreas de color rápidamente.
- Añadir toques de luz en las fases finales de un cuadro aporta dramatismo a una obra.
- Las pinceladas atrevidas con espátula pueden complementar una pintura a pincel para lograr un efecto más pictórico.
- Extender capas sobre una capa húmeda produce un efecto moteado ideal para crear niebla, vapor, nubes, nieve, sombras, lluvia, agua y follaje arbóreo.
- Además, la espátula permite añadir textura de manera rápida
- a objetos ya texturizados, como rocas, acantilados, montañas, nieve, cortezas y hojas de árbol, arena y edificios de piedra.
- ¡Las espátulas son brillantes y bellas!

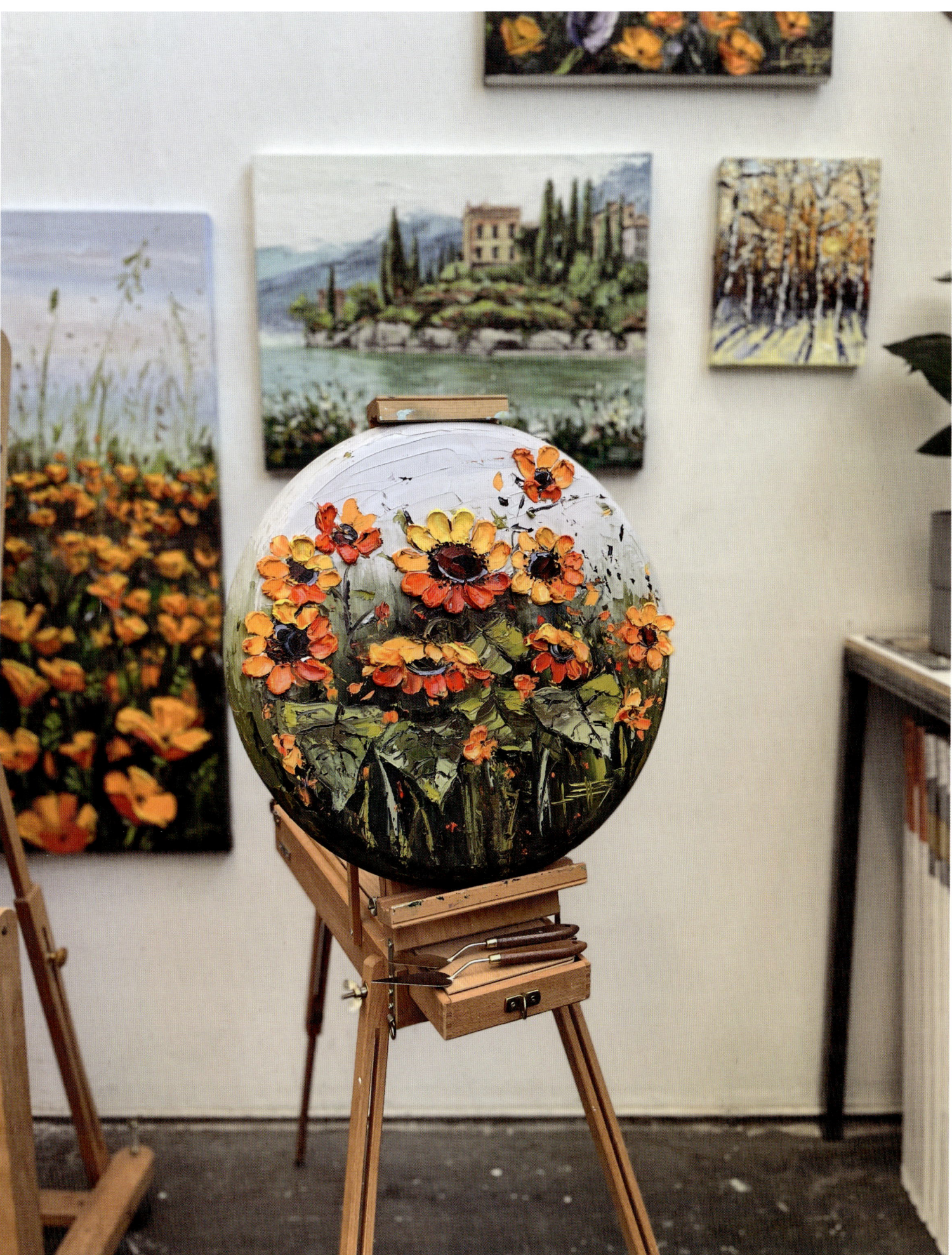

PRIMEROS PASOS

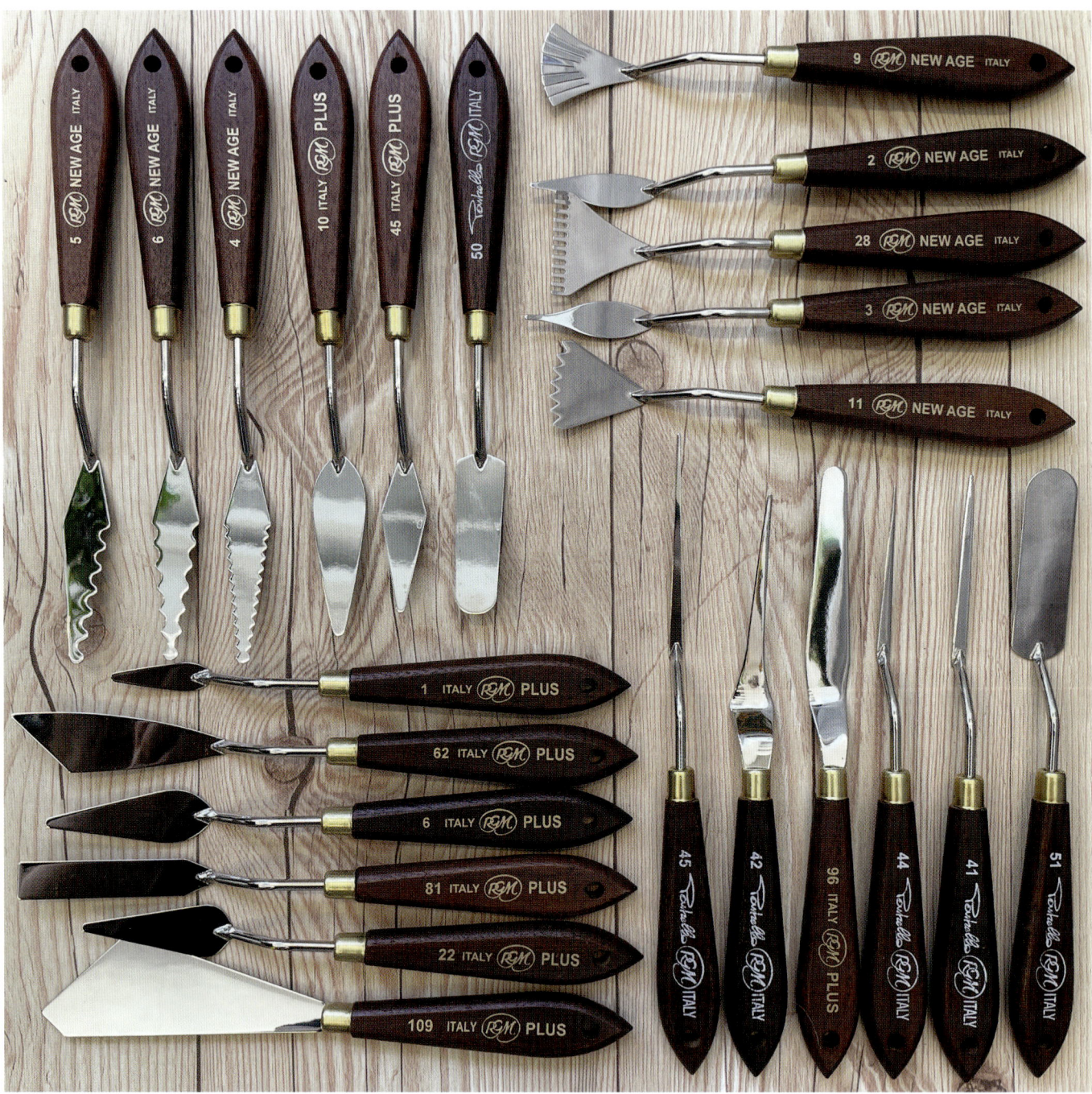

ESPÁTULA Y CUCHILLOS DE PINTURA
¿Espátula o cuchillo? ¿Cuál necesito?

Empecemos por el principio y distingamos entre una espátula y un cuchillo de pintura. La espátula tiene una hoja grande y larga unida a un mango, y se utiliza principalmente para extender pintura en grandes zonas.

El cuchillo de pintura tiene un cuello delgado y acodado para mantener la pintura alejada de los dedos y permitir una mayor maniobrabilidad. También suele ser más pequeño que una espátula. Se utiliza para trabajos más detallados y es mi herramienta principal. No obstante, «espátula» es el término más común para referirnos a ambos objetos.

TIPOS Y CUIDADOS

Compre una espátula con una hoja de metal flexible pero resistente. No utilice espátulas de plástico; no son lo suficientemente flexibles para pintar o para mezclar la pintura y hacer un trabajo detallado.

Mi marca favorita es RGM Italia, una empresa familiar que apuesta por la calidad. He utilizado cientos de sus espátulas y son fuertes, flexibles, elegantes y duran indefinidamente. Están disponibles en la mayoría de las tiendas de arte y en Internet.

Nota: las marcas que he mencionado en este libro son mis favoritas y no están patrocinadas.

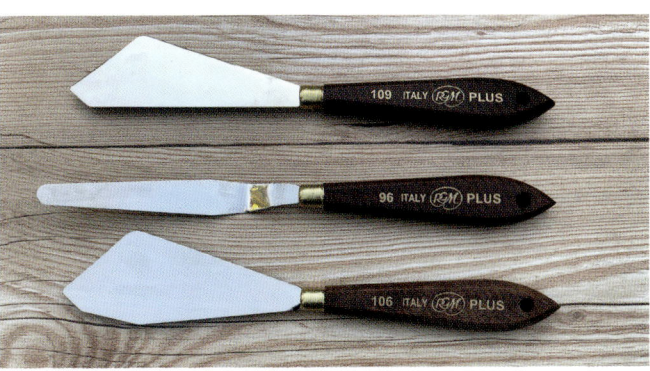

MI TIPO FAVORITO

Llevo muchos años experimentando y usando todo tipo de espátulas. Hay algunas que son imprescindibles para mí, como las que utilizo en este libro.

Espátula principal: con forma de lágrima

Mi espátula principal tiene forma de lágrima con punta redondeada y su hoja mide 2 × 5,4 cm. Es la RGM Plus #6. Su forma y tamaño son estándares y debería encontrar un equivalente sin dificultad.

Tengo muchas de este tipo y uso varias en cada proyecto. Me gusta usar una espátula limpia para cada color. La pintura con espátula requiere una hoja limpia, por lo que tendrá que limpiarla a menudo para no manchar los colores.

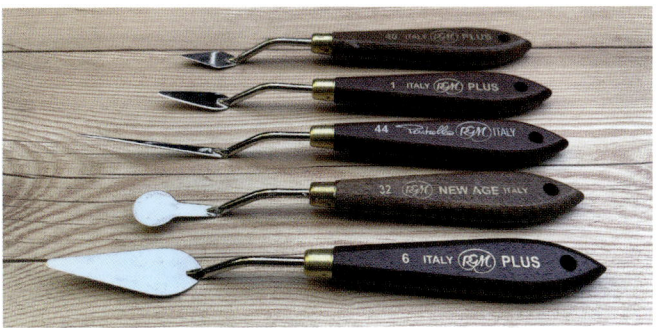

OTROS TIPOS FAVORITOS

Con forma de lágrima pequeña

Se trata de una versión reducida de mi espátula principal; tiene la misma forma, pero es mucho más pequeña y la hoja mide unos 2,5 cm. Es ideal para crear cuadros pequeños y para los detalles.

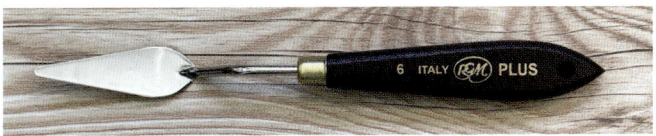

Con forma de lágrima

Con forma de diamante pequeño

Es una espátula pequeña con una hoja en forma de diamante de 2,5 cm y una punta afilada para raspar detalles, como follaje de árboles, ramas, hierba, tallos de flores y elementos arquitectónicos. Es la espátula perfecta para los detalles en cuadros pequeños.

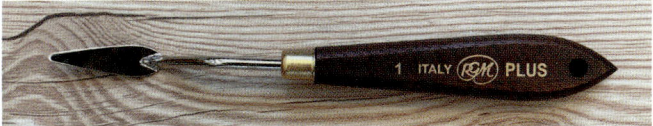

Con forma de lágrima pequeña

Con punta fina

La hoja larga y delgada es ideal para pintar detalles de hierba y follaje, así como líneas curvas en jarcias de barcos, cables de teléfono y tendederos.

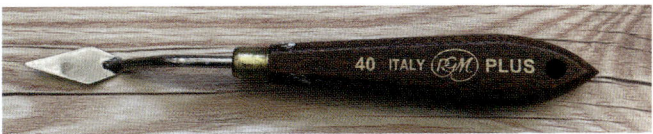

Con forma de diamante pequeño

Con punta redonda

La hoja redonda permite crear soles, lunas y pétalos de flores perfectamente circulares.

Tengo espátulas de todas las medidas y formas, y me encanta usar una de las grandes cuando pinto a gran tamaño o experimento con figuras nuevas y divertidas. ¡Las posibilidades que me dan son infinitas!

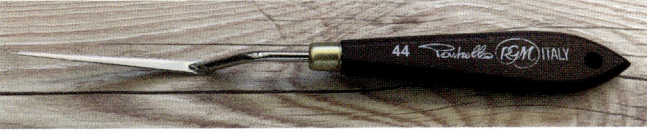

Con punta fina

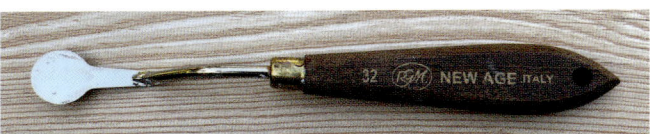

Con punta redonda

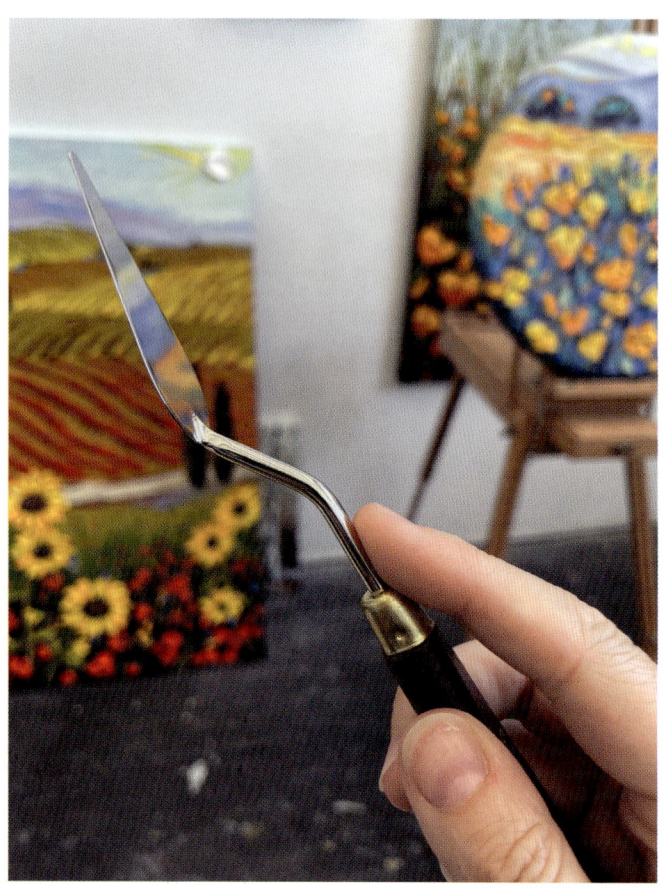

CÓMO SUJETAR Y MANEJAR LA ESPÁTULA

Sujete la espátula con la muñeca suelta, entre el pulgar y el dedo corazón, por la parte superior del mango de madera y con el dedo índice tocando ligeramente el cuello acodado. Aquí es donde deberá aplicar presión para mezclar y crear barridos y trazos.

Al presionar suavemente el cuello, puede mover la espátula en la dirección del trazo y controlar la textura, la forma y el contorno. Girando la muñeca, se pueden crear diferentes tipos de trazos y efectos. Es mi movimiento básico con todas las espátulas, grandes y pequeñas, para realizar mis pinturas.

Imagine a un director de orquesta sujetando una batuta, a un pastelero con una espátula para glaseado o incluso el movimiento de agitar una varita mágica. Aquí, lo que realmente importa, es que el agarre sea flexible, fluido y fácil, y que sea la muñeca la que haga el trabajo. Deberá practicar, ya que no es lo mismo que sujetar un pincel o un lápiz.

Cómo cargar la espátula

Con el borde inferior plano y recto de la espátula, tome una poco de pintura de la paleta y dispóngala sobre el lienzo mediante un leve movimiento de barrido. Es más fácil dar la vuelta a la espátula y cargar la pintura en la parte inferior, pero también es posible hacerlo en la zona superior.

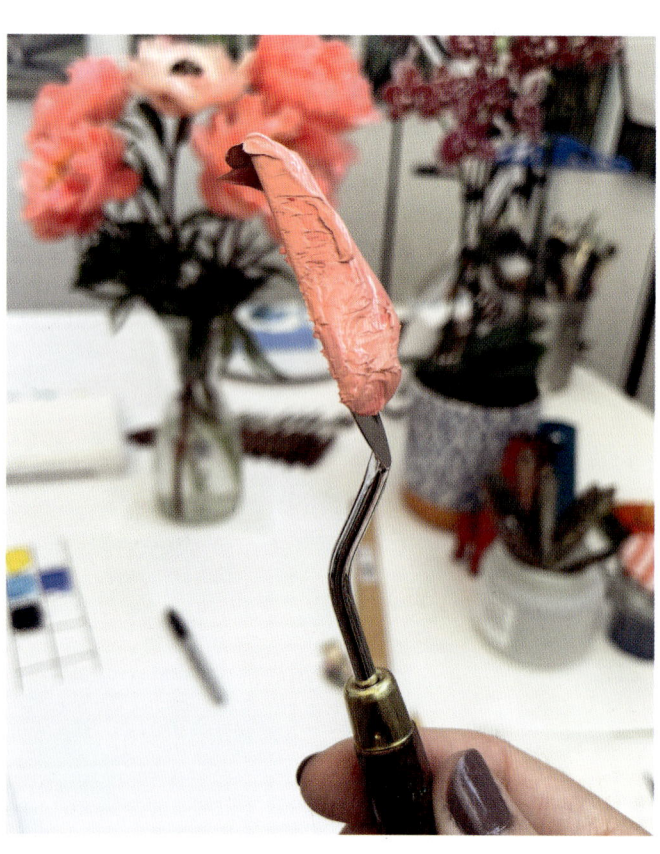

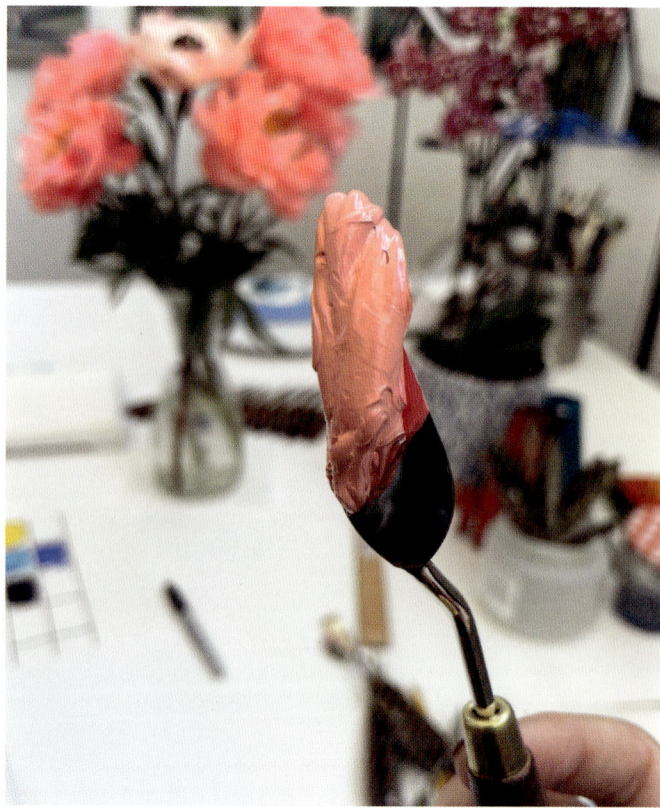

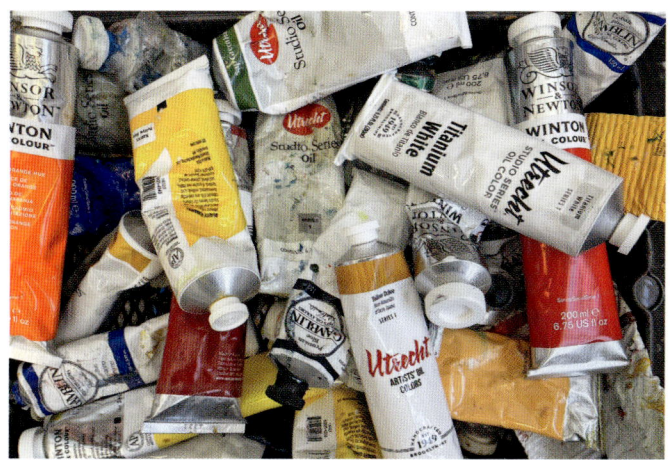

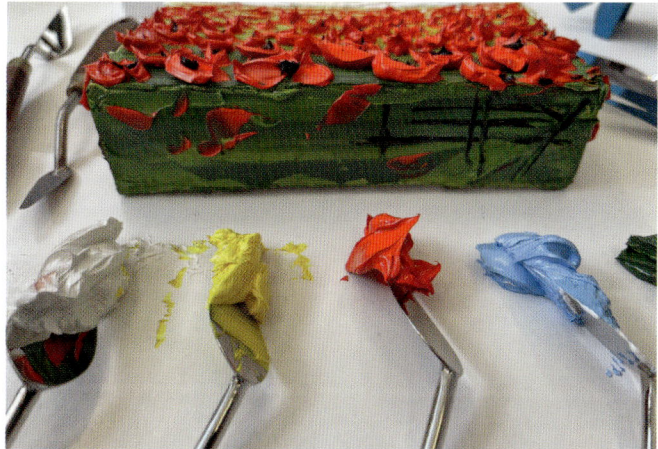

Limpieza

Es importante mantener la espátula limpia —hay que lavarla a menudo durante los proyectos— para evitar transferir y contaminar accidentalmente los colores. Limpie la pintura de la espátula con un paño o papel absorbente antes de cambiar de color. A mí me gusta tener trozos de papel absorbente apilados sobre una base de goma antideslizante. De esta forma, el papel absorbente no se mueve cuando se limpia la espátula y solo se necesita una mano para hacerlo. Yo voy doblando el papel absorbente usado a medida que avanzo para no desperdiciarlo. Limpie la pintura que se acumule alrededor del cuello, ya que también puede enturbiar los colores.

Puede utilizar una pequeña cantidad de aguarrás mineral si necesita eliminar la pintura al óleo, pero procure que no entre en contacto con el mango de madera. Evite también que este se moje con agua, pues se estropearía la hermosa veta de la madera. Es posible que, con el tiempo, note que se ha acumulado pintura seca en la hoja. Para eliminarla, hierva un poco de agua y sumerja la hoja durante 10 minutos; luego, raspe la pintura reblandecida.

Dónde pintar y tiempo para los proyectos

Durante muchos años, antes de tener mi estudio, estuve pintando en la mesa de la cocina. Empecé utilizando lienzos de 15, 20 y 30 cm y un caballete de mesa que compré por 2,50 $ en Big Lots.

Aún tengo el carrito y los estantes de IKEA para guardar las pinturas que más utilizo. En realidad, no hace falta mucho espacio para empezar, pero seguro que ayuda tener una zona permanente, que no se tenga que ir montando y desmontando. Cuanto menos trabajo se requiera para empezar, ¡mejor!

Todos los proyectos de este libro le llevarán menos de una hora, así que reserve entre 40 y 60 minutos para cada tutorial.

PINTURA Y MATERIALES
¿Debo utilizar pintura al óleo o acrílica?

Probablemente, esta es la pregunta más frecuente. Yo uso las dos. No obstante, para mi trabajo diario prefiero el óleo, y todos los proyectos de este libro están realizados con esta técnica.

Si desea utilizar pintura acrílica, no hay ningún problema, ya que el procedimiento es el mismo. Sin embargo, tenga en cuenta que el acrílico se seca muy deprisa, por lo que tendrá que trabajar rápido. También necesitará algún tipo de medio espesante, como pasta de moldear o de modelar, así como pintura de viscosidad de media a alta. No se puede usar pintura fluida, ya que no permite crear textura y conservar los picos. El acrílico también es más difícil de difuminar, se afloja un poco al secarse y cambia ligeramente de color. La ventaja es que un cuadro extremadamente texturizado se seca en un par de días. Cuando tengo un encargo urgente, una obra que necesito para una exposición o simplemente me apetece cambiar, uso acrílico. Es muy cómodo.

El óleo se seca más despacio, así que hay menos presión para terminar una obra. Tiene un tacto mantecoso natural, es más fácil de difuminar y no necesita medio; se puede utilizar la pintura directamente del tubo sin necesidad de añadir nada. Si desea agregar un medio para acelerar el tiempo de secado o aportar estabilidad y flexibilidad, puede añadir Liquin Impasto de Winsor & Newton.

¿Cuánto tarda en secarse?

La pintura al óleo se cura en lugar de secarse por evaporación, como hace la pintura acrílica, y tarda mucho tiempo en endurecerse. Cuando termino una obra, la cuelgo en la pared de mi estudio, como hacía el gran Van Gogh. De hecho, se dice que algunas de sus obras aún son flexibles, o sea, ¡que aún se están secando!

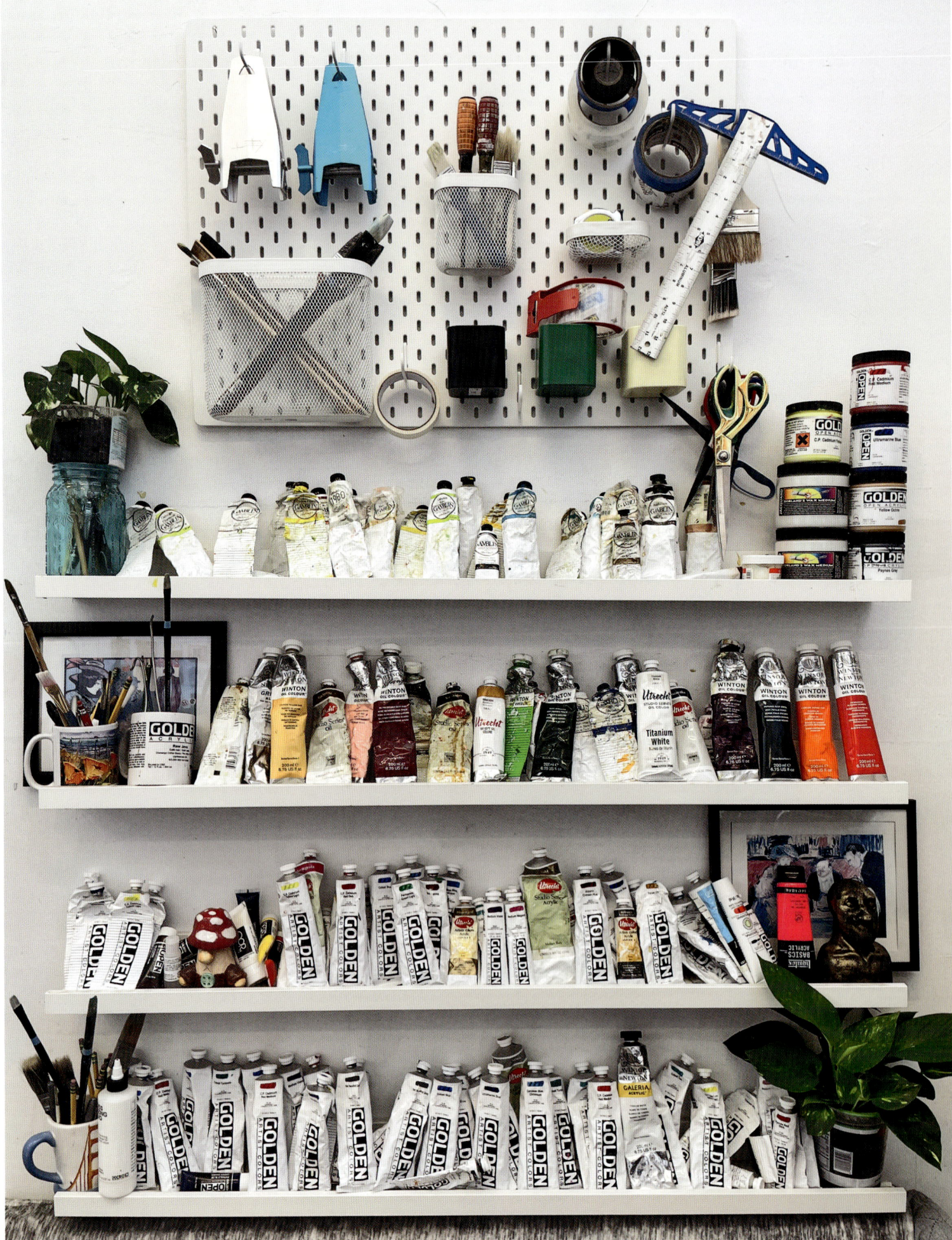

Una pintura al óleo con impasto grueso tarda unas dos o tres semanas en formar una especie de piel en las capas exteriores de pintura, mientras que la pintura de debajo permanece húmeda y tarda mucho más en endurecerse, normalmente de seis meses a un año, o incluso más, dependiendo del grosor. Además, algunos colores se secan más rápido que otros y la pintura tarda más en secarse en invierno. El óleo es bastante temperamental, pero la mayoría de los productos actuales son de gran calidad. Compre el material según sus posibilidades, pero evite la pintura barata para manualidades, ya que se deteriorará.

LISTA DE MATERIALES ESENCIALES

Los principales colores que debería tener siempre a mano, y que son los que hemos usado en los proyectos de este libro, son los siguientes:
- Blanco de titanio
- Amarillo de cadmio
- Rojo de cadmio
- Carmesí alizarina
- Azul cerúleo
- Azul ultramar o azul ultramar francés
- Azul Prusia

Otros colores preciosos, también empleados en algunos de los proyectos de este libro, son los siguientes:
- Gris de Payne
- Verde vejiga
- Ocre amarillo
- Verde esmeralda
- Amarillo verdoso
- Turquesa
- Amarillo de cadmio oscuro
- Rosa pálido
- Magenta

También necesitará:
- Lienzos de calidad. Me gustan los bastidores entelados con 3,5 cm de profundidad, y en los proyectos de este libro he utilizado lienzos de 15 × 15 cm y de 25,5 × 25,5 cm.
- Paleta plana de madera o plástico, o desechable de papel. Si utiliza esta última, cómprela de 30 × 40 cm. Asegúrese de que la superficie de la paleta sea plana; las paletas de plástico con pequeños huecos moldeados no sirven para mezclar y son incompatibles con la espátula.
- Papel absorbente o trapo.
- Espátula mediana, con forma de lágrima de tamaño estándar y punta redondeada.
- Espátula pequeña con forma de lágrima pequeña y punta redondeada.
- Caballete de sobremesa o base giratoria «lazy Susan».

¿Qué pintura debería comprar?

Para superficies grandes y colores muy usados, como el blanco y el amarillo, compre pintura al óleo o acrílica de calidad. Para los detalles, elija pintura de alta calidad profesional.

Algunas de mis marcas favoritas son Winsor & Newton, Utrecht y Golden. Tanto la línea Winton como la Professional de Winsor & Newton tienen una buena pigmentación y una consistencia firme que retiene los picos. Utrecht es mi marca favorita. Utilizo sus líneas Professional y Studio, tanto para acrílico como para óleo. Es de gran calidad, agradable y firme, y su precio es razonable. También me gustan las pinturas acrílicas Golden de calidad artística. Si utiliza acrílico, necesitará una pasta de moldear que añada cuerpo y ayude a conservar los picos de la pintura. Yo uso la pasta de moldear Golden extra pesada. Aquí hay muchas opciones, y experimentar es parte de la diversión, así que no tenga miedo de probar cosas nuevas.

Actualmente, la mayoría de los productos son de gran calidad; ¡tenemos mucha suerte! No se deje «distraer» por las marcas; compre lo que pueda permitirse y haga arte. Eso sí, no compre materiales baratos para manualidades. Se estropearán y no darán los resultados deseados en cuanto a color, textura o longevidad.

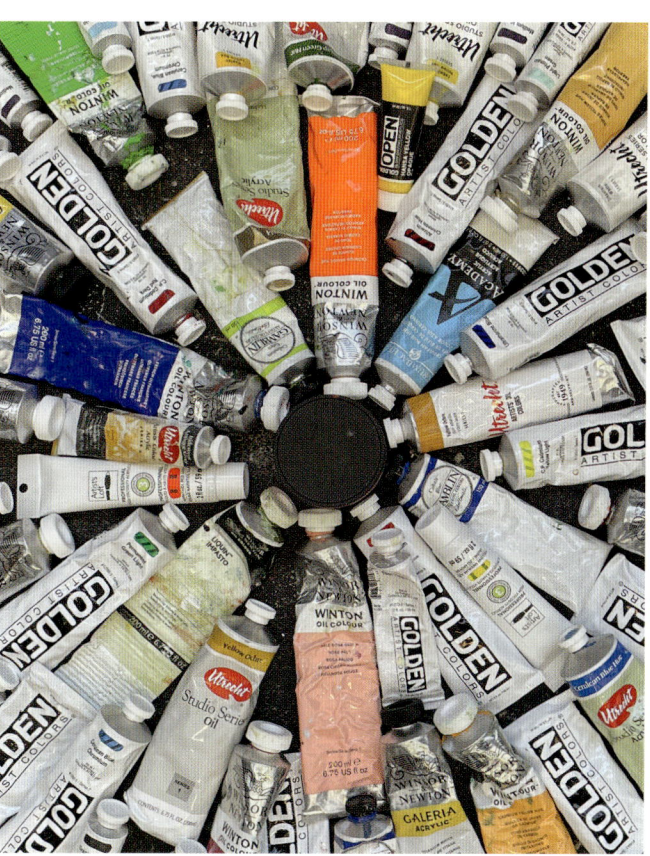

¿Qué lienzo debería comprar?

Tanto la tablilla como el bastidor entelado son adecuados para pintar con espátula. Algunas personas prefieren la rigidez de las tablas, muy práctica para soportar el peso del impasto.
El bastidor entelado de alta resistencia también aguantará el peso; no obstante, asegúrese de comprar un producto de calidad y no un lienzo barato para manualidades, ya que este se deshará y se romperá con facilidad. Yo empecé pintando sobre bases pequeñas, ya que la técnica de «húmedo sobre húmedo» requiere que se complete la obra *alla prima*, es decir, en una sola sesión. Esto también le aportará una inyección de creatividad que hará que se sienta productivo.

¿Qué colores debo usar y cuándo?

La pintura con espátula es una técnica basada en el bloqueo de color y, debido al efecto dramático de las pinceladas, funciona mejor con colores vivos y saturados.

La teoría del color es un tema que da para mucho, pero la regla básica que siempre he aplicado mantiene mi pintura con espátula equilibrada, vibrante e interesante, y solo consiste en prestar atención a los colores complementarios. Básicamente, esto significa que hay tres colores primarios: el rojo, el amarillo y el azul. Y el complementario de cualquiera de estos colores primarios se obtiene combinando los otros dos. Por ejemplo, para obtener el color complementario del amarillo primario, basta con combinar el rojo y el azul. El resultado sería el morado, que está justo enfrente del amarillo en el círculo cromático.

Siguiendo esta regla, puedo modificar y determinar cualquier paleta de colores. ¿Los colores no le parecen del todo bien, pero no sabe por qué? Añada el color complementario y normalmente se corregirá la falta de armonía.

¿Por dónde empiezo a elegir paletas de colores?

Yo uso con frecuencia Pinterest para elegir paletas de colores (me encontrará en: @paintersknife). Solo tiene que escribir «paleta de colores de viñedos» o «paleta de colores costeros» y aparecerán muchas variaciones.

También uso los muestrarios de pintura gratuitos de Home Depot. Escoja dos colores complementarios, como rojo y verde o morado y amarillo, y luego otras dos variaciones de valor más alto (claro) o más bajo (oscuro), más un neutro. Es un buen punto de partida y hay un montón de tonalidades entre las que elegir. La tienda elabora colecciones y tiene folletos con ideas de colores para cada temporada.

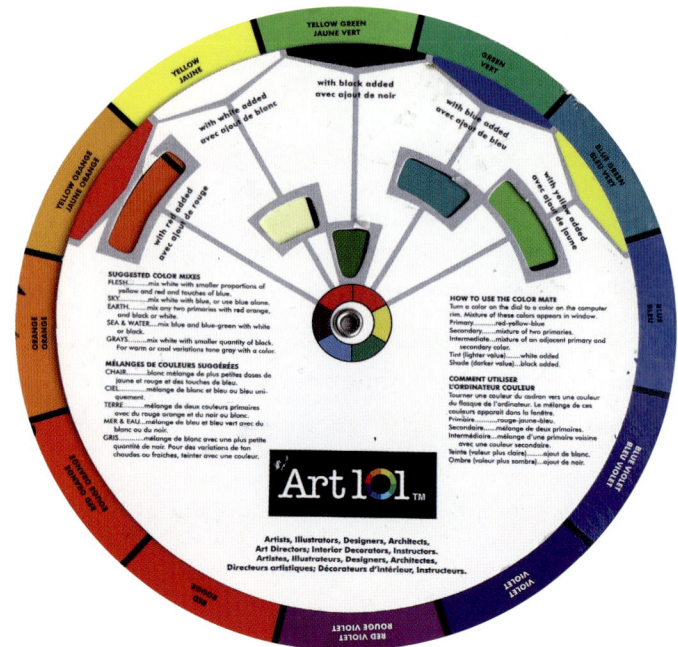

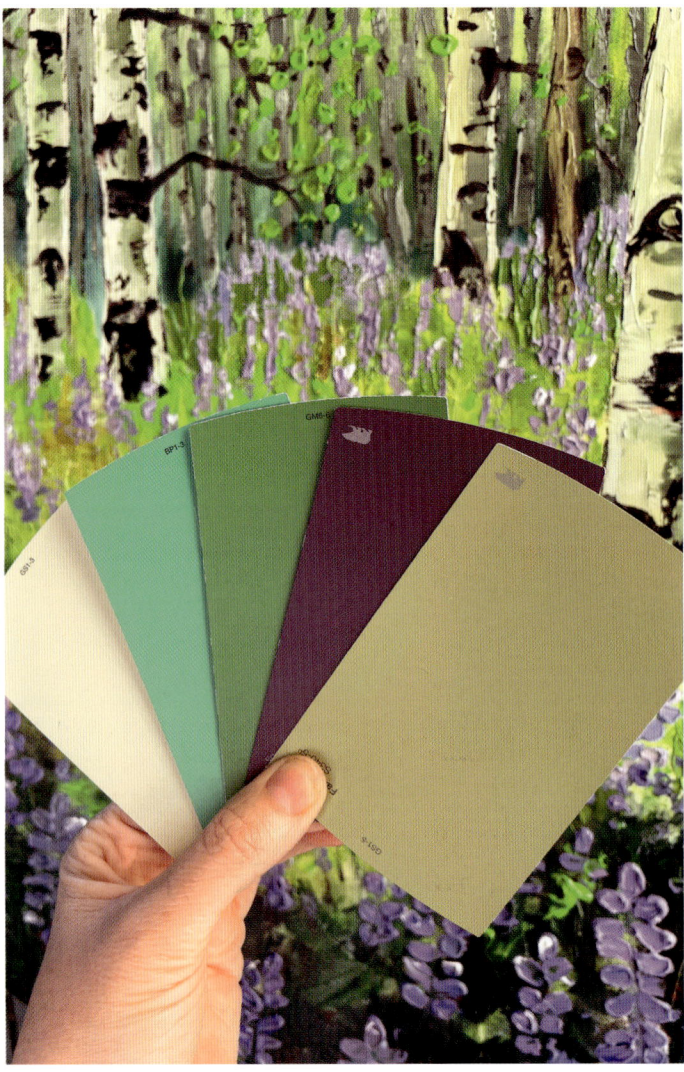

MATERIAL COMPLEMENTARIO

Estos son algunos de los materiales adicionales que necesitará antes de empezar a pintar:

- Aguarrás mineral inodoro para limpiar la pintura al óleo. También puede ser útil para diluir la pintura al óleo demasiado espesa, por ejemplo, cuando se desea trazar líneas finas.
- Exprimidores de tubo para aprovechar al máximo la pintura, que es el elemento más caro. Mis exprimidores están disponibles en mi sitio web: www.lisaelley.com.
- Bastoncillos de algodón, ideales para limpiar errores y detalles.
- Regla en T, ideal para arquitectura y ángulos.
- Barniz, opcional. Da a la pieza un brillo precioso y la protege del polvo y de la luz ultravioleta. Para pintura al óleo espesa, utilice un barniz de retoque si no está completamente seca.
- Un cuchillo robusto tipo cúter y un par de tijeras.
- Unos cuantos pinceles. Los pinceles brillantes número 4, 6, 8 y 12 son mis favoritos (no utilizaremos pinceles en los proyectos de este libro, pero puede que le apetezca incorporar alguna pincelada).

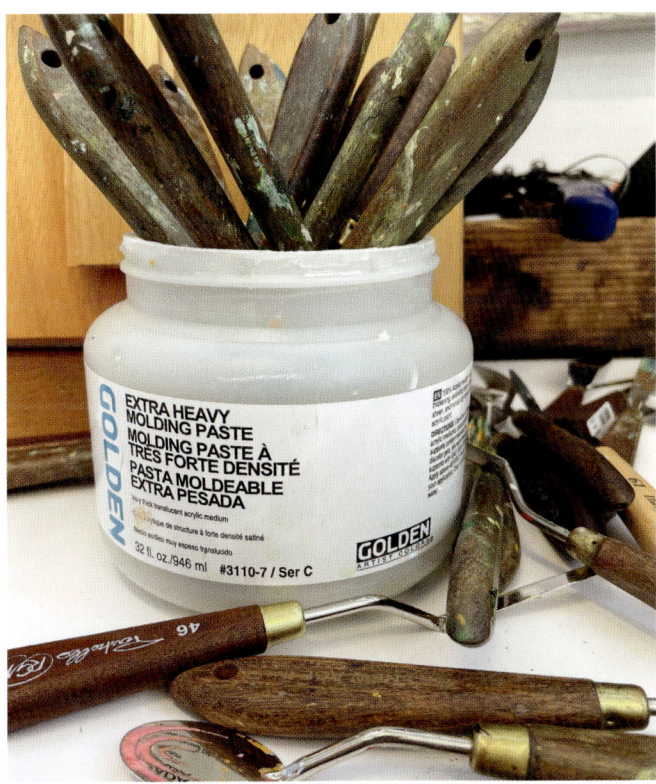

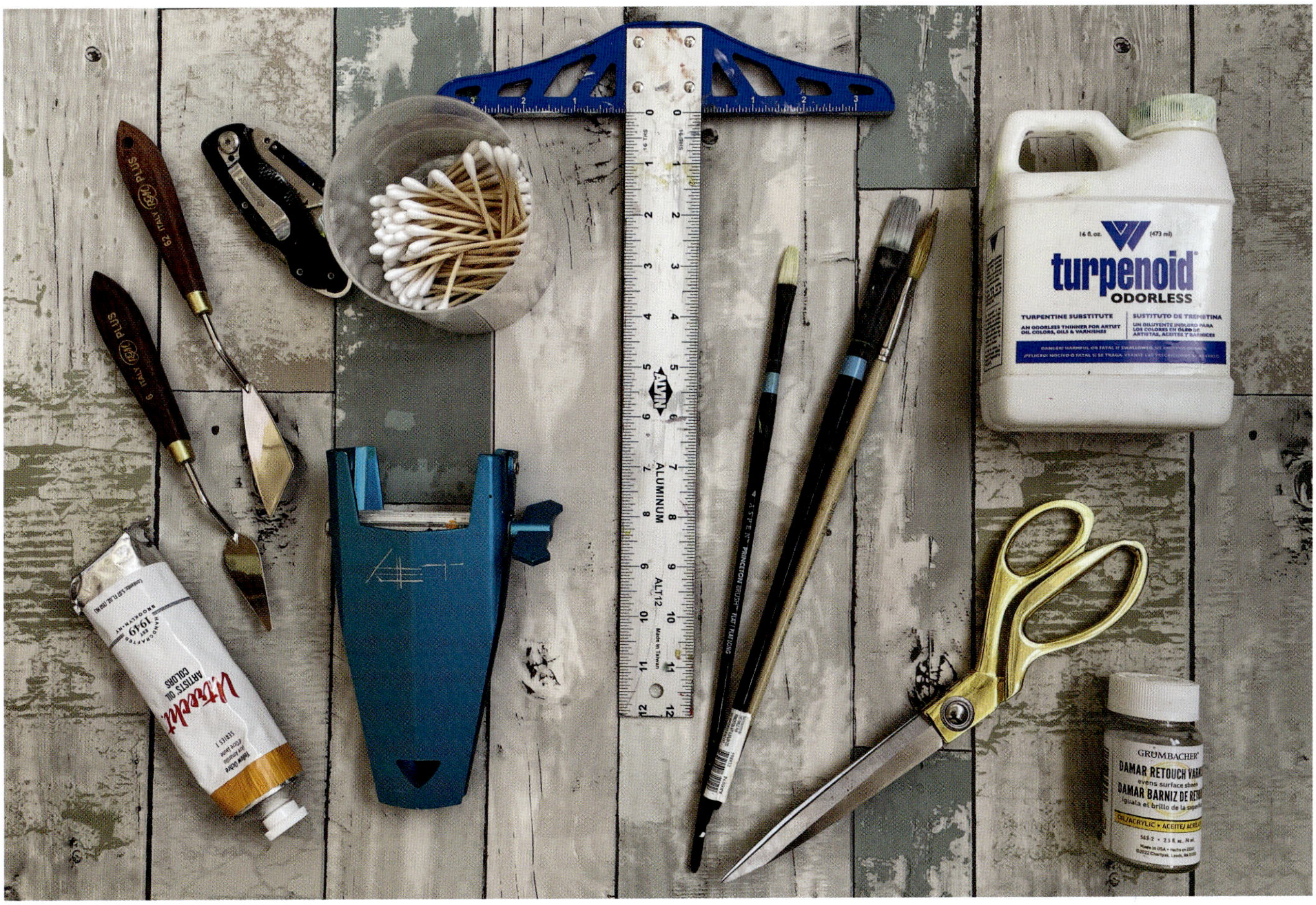

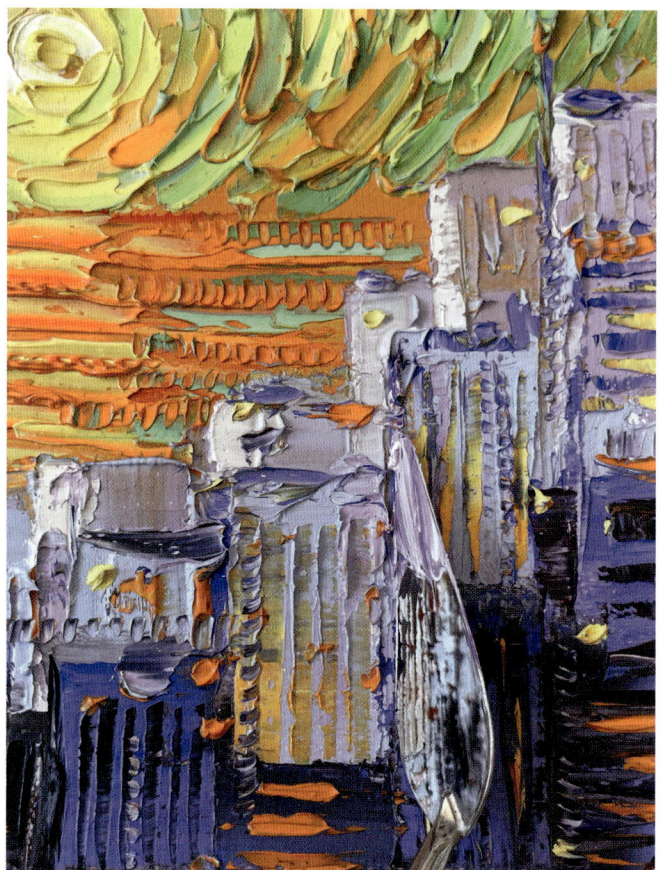

TÉCNICAS DE PINTURA CON ESPÁTULA

Uso de la hoja para líneas rectas

Las líneas y los bordes pueden resultar muy llamativos en un cuadro pintado con espátula. Lo único que deberá hacer es cargar el filo de la espátula con pintura, colocarlo sobre el lienzo y arrastrarlo hacia arriba y hacia abajo con rapidez. Procure que la pintura esté distribuida uniformemente a lo largo del filo.

Para líneas finas, cargue el filo de la espátula con un poco de pintura menos espesa y colóquelo hacia abajo, o bien arrastre la espátula en el sentido de la línea para obtener líneas más largas. Tenga en cuenta que obtendrá una línea por trazo, ya que no querrá mezclar los colores; por lo tanto, deberá limpiar y volver a cargar la hoja entre trazo y trazo.

Uso de la punta para bordes difuminados

Para crear líneas de árboles en la distancia, aplique un poco de presión en la punta y realice movimientos circulares en el sentido contrario a las agujas del reloj (como al lavar el coche o encerar una tabla de surf).

Uso del borde para líneas curvas

A veces necesitará crear una línea larga y curva, por ejemplo, al pintar puentes colgantes o velas de barco. Yo pinto muchos paisajes urbanos de San Francisco, así que a menudo necesito crear un cielo lleno de cables y alambres telefónicos a lo largo del lienzo que requieren algo de holgura. Con una espátula más grande, es posible trazar una curva larga, aplicando presión y arrastrando el borde de la hoja por todo el lienzo. ¡Nada fácil! Otra opción, puede ser la abstracción. Es decir, mantener el trazo suelto y gestual para sugerir las líneas, en lugar de pintarlas por completo.

Raspado de detalles o esgrafiado

Aplique una capa base, añada encima otra de un color intenso y raspe los detalles; a veces, se deja al descubierto el lienzo blanco que hay debajo. Esta técnica es muy eficaz para pintar el follaje de los árboles, la hierba y los arbustos, así como las vides de los viñedos.

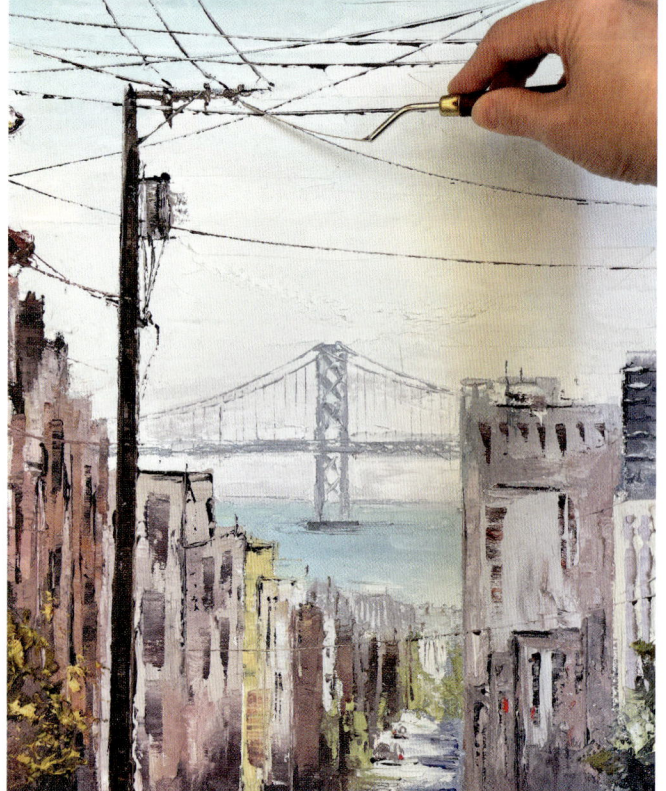

Uso del borde para líneas curvas

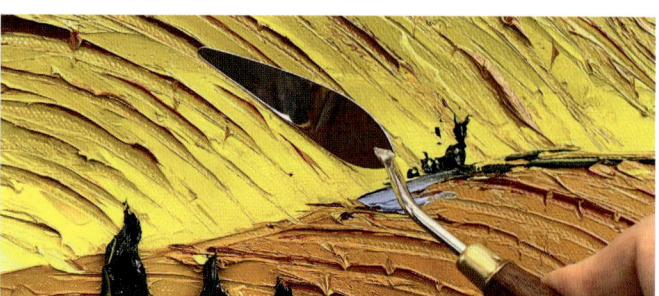

Raspado de detalles o esgrafiado

Textura extrema y grosor tridimensional

Aquí no hay reglas. Simplemente recuerde que cuanto mayor sea el grosor, más tardará en secarse. El cuadro de la derecha —pintado al óleo, con un grosor de alrededor de 1 cm y unas medidas de 60 × 120 cm—, ha estado secándose felizmente en mi estudio durante los últimos seis meses. Puede que tarde un año o más en endurecerse, pero no me importa esperar; disfruto de ellos en mi estudio durante un tiempo antes de ponerlos a la venta.

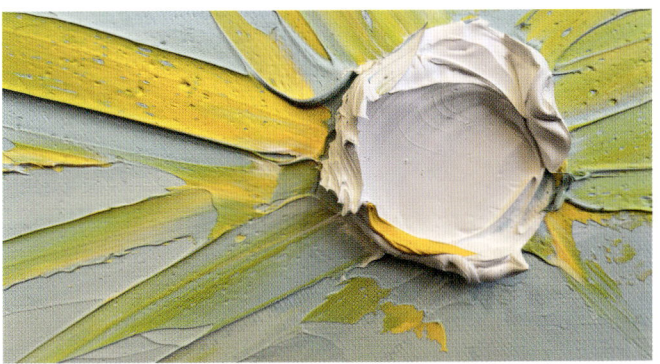

Arrastrar un color sobre otro para crear un efecto roto (o *scumbling*)

Es posible combinar colores arrastrando un color por encima de otro. Es preferible utilizar colores vivos y que contrasten, ya que los tonos apagados pueden enturbiarse y perderse fácilmente. Se trata de deslizar una capa de pintura por encima de otra y crear un efecto roto que permita ver el color de debajo. Esto da como resultado un borde rústico y disperso con agujeros pequeños asomándose, ideal para crear nieve, espuma de mar y hojas de árboles. Sobre lienzo seco o de grano grueso se pueden crear agujeros grandes, mientras que en una capa inferior húmeda los agujeros son más pequeños. Yo uso esta técnica a menudo para efectos en el cielo y el agua; arrastro pintura blanca sobre azul y obtengo agua y nubes blancas.

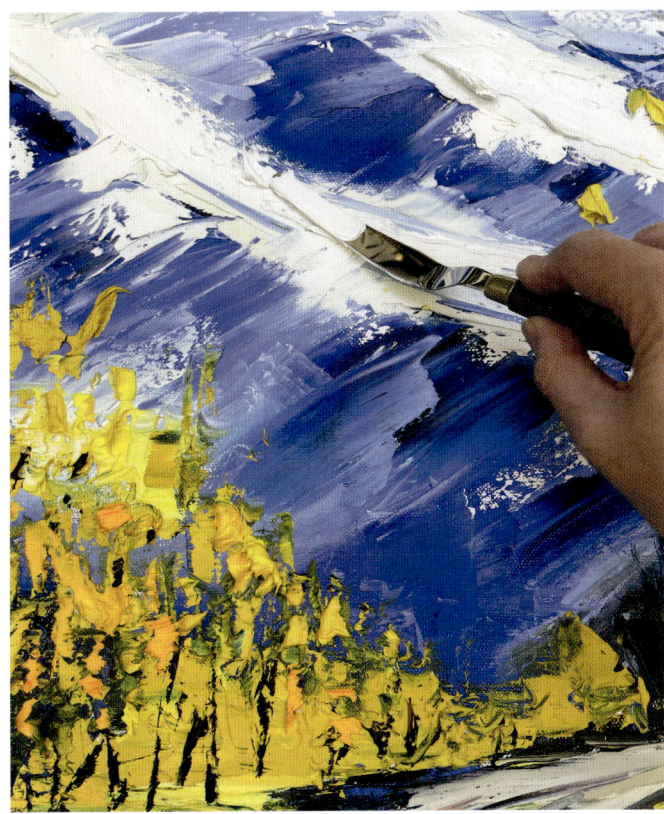

Scumbling

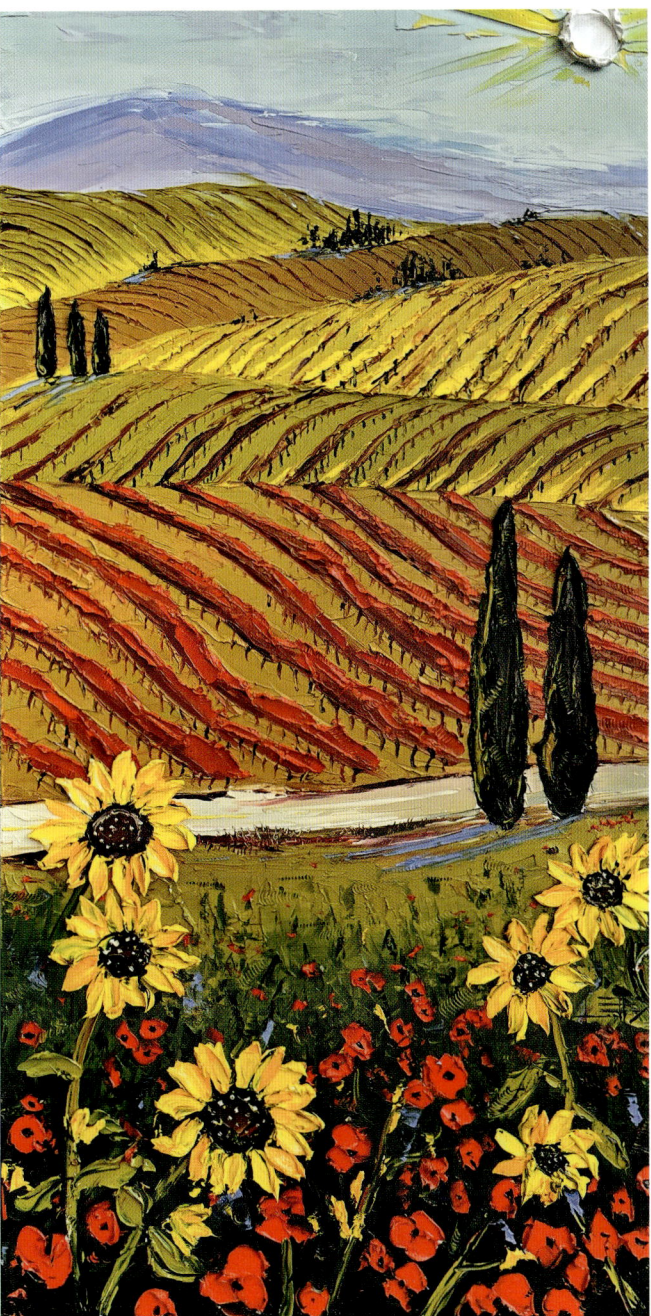

Textura extrema y grosor tridimensional

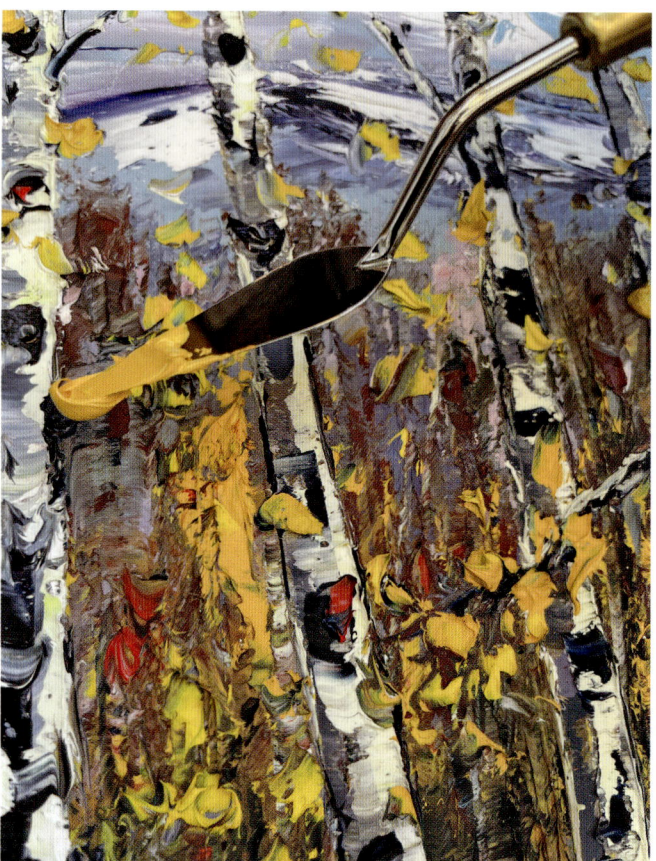

Barrido, punteado y moteado

Barrido, punteado y moteado para crear textura y movimiento

Esta técnica es ideal para pintar la hierba y el follaje de los árboles. Dejando el fondo menos texturizado, utilice la punta de la espátula para poner toques de color aquí y allá, asegurándose de agruparlos y de marcar diferentes direcciones para sugerir movimiento. También sirve para crear reflejos y pétalos de flor.

Barrido de dos o más colores

Utilizando dos colores diferentes, como el azul y el naranja, cargue una gota de cada uno de ellos uno al lado del otro en el filo de la espátula, tocándose pero sin mezclarse. Luego, deslice la espátula por el lienzo para formar una franja llamativa. Esta técnica es perfecta para crear efectos geométricos y abstractos, y para flores delicadas, con vetas de distintos colores en los pétalos, como la flor del iris y las margaritas.

Difuminar con el borde y el centro de la hoja

Esta acción la hará a menudo, así que asegúrese de practicarla bien. Con la punta y la parte central de la hoja inclinadas hacia la derecha, presione suavemente con el dedo índice y deslice la espátula hacia la izquierda; luego levántela y repita el movimiento, como si estuviera untando mantequilla en una rebanada de pan. Piense en el movimiento que haría si estuviera raspando la parte superior quemada de una tostada, pero con más suavidad.

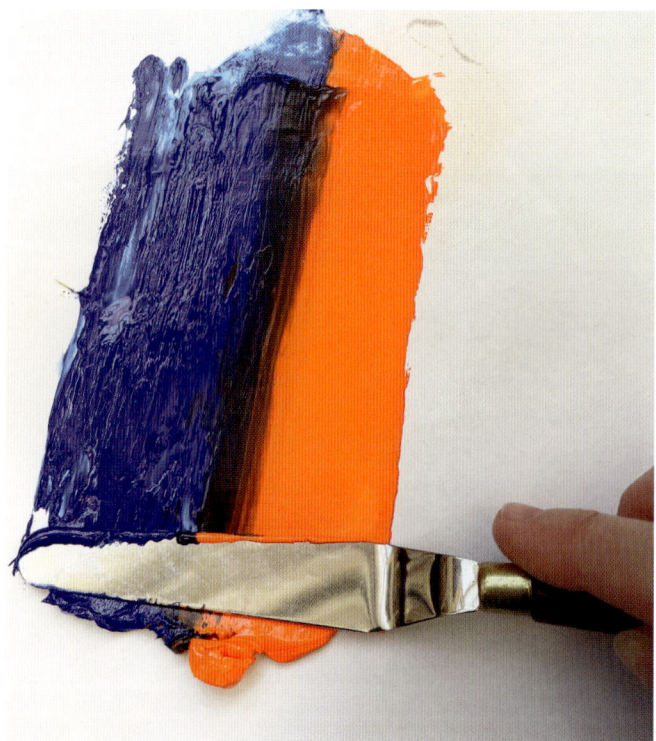

Barrido de dos o más colores

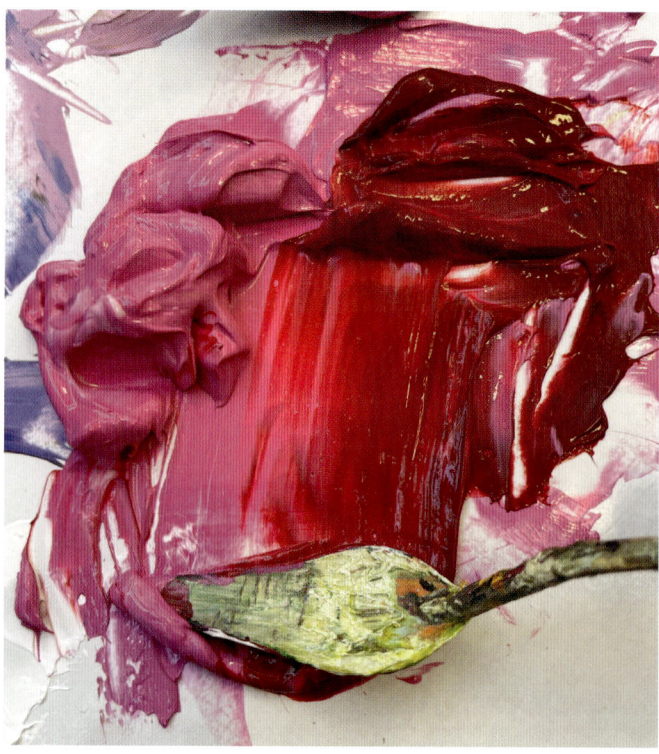

Difuminar con el borde y el centro de la hoja

Vetas de color sin mezclar

Si la pintura no se llega a mezclar del todo, se obtienen preciosas vetas de color, perfectas para pétalos de flores, agua, cielos y follaje.

Espátulas de punta fina para los detalles

Existen espátulas ideales para crear líneas adicionales, garabatos, zigzags y motivos. Me gusta crear variaciones en la hierba y el follaje, así como pétalos de flores extravagantes y diferentes, que solo se pueden conseguir raspando con una espátula determinada. La punta de la espátula de la ilustración inferior, a la derecha, tiene ranuras que permiten una mayor flexibilidad y una hermosa serie de líneas talladas, perfectas para recrear los hermosos pétalos de iris.

Rectificar errores

Una de las mayores ventajas de utilizar espátulas es poder raspar la pintura para corregir errores. De este modo, es posible rectificar casi cualquier error y empezar de nuevo; además, no afecta ni diluye las notas de color inferiores. Vuelva a poner en la paleta la pintura recuperada para poder reutilizarla.

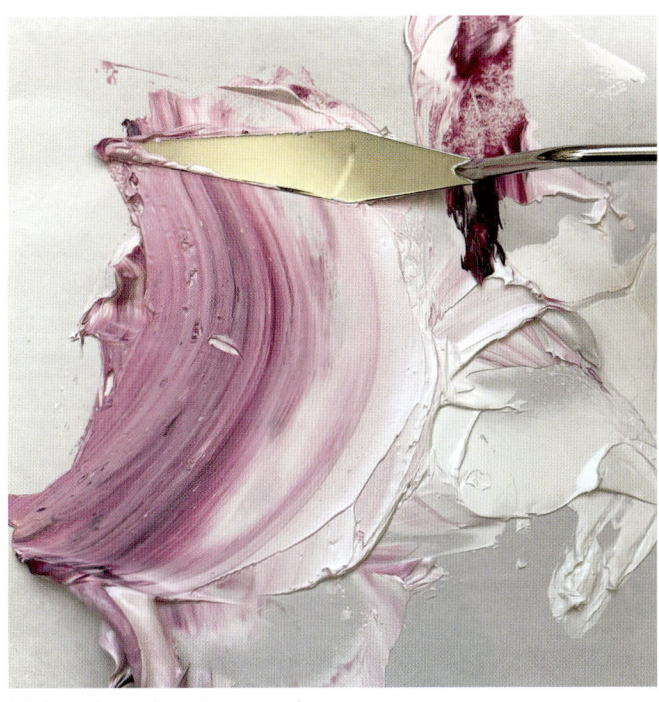

Vetas de color sin mezclar

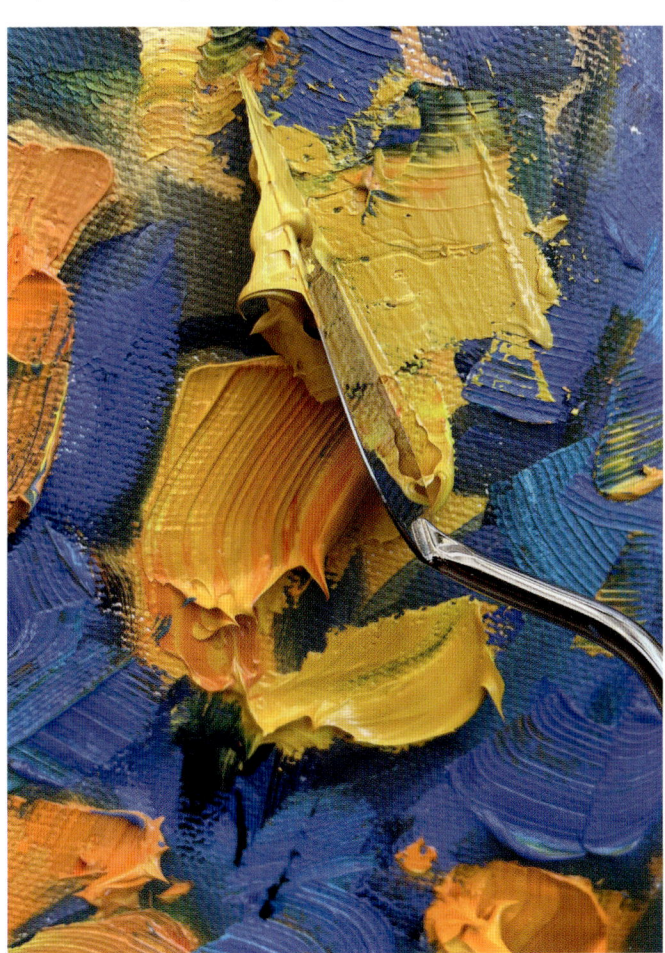

Rectificar errores

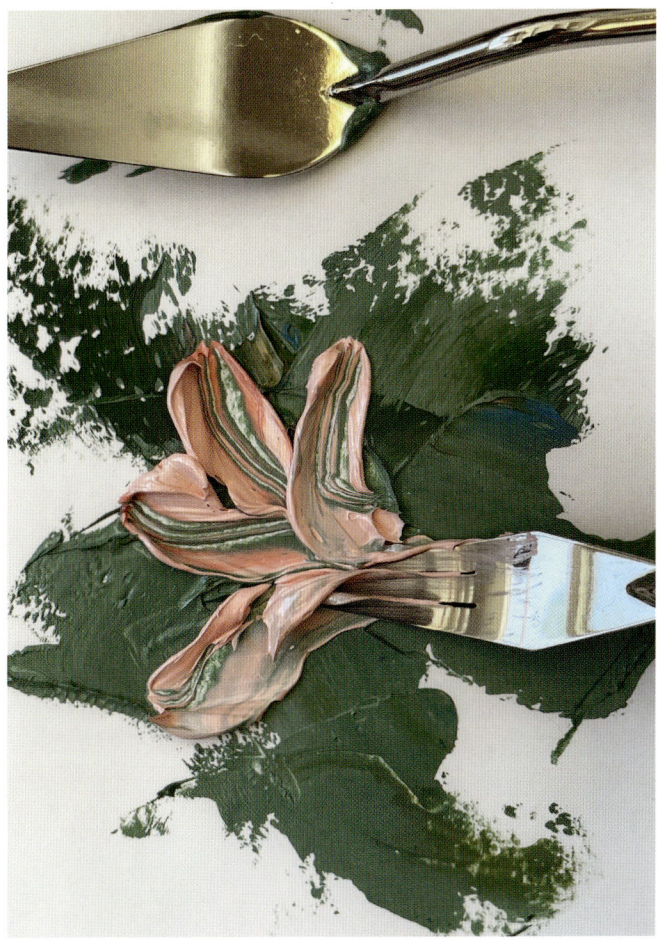

Espátulas de punta fina para los detalles

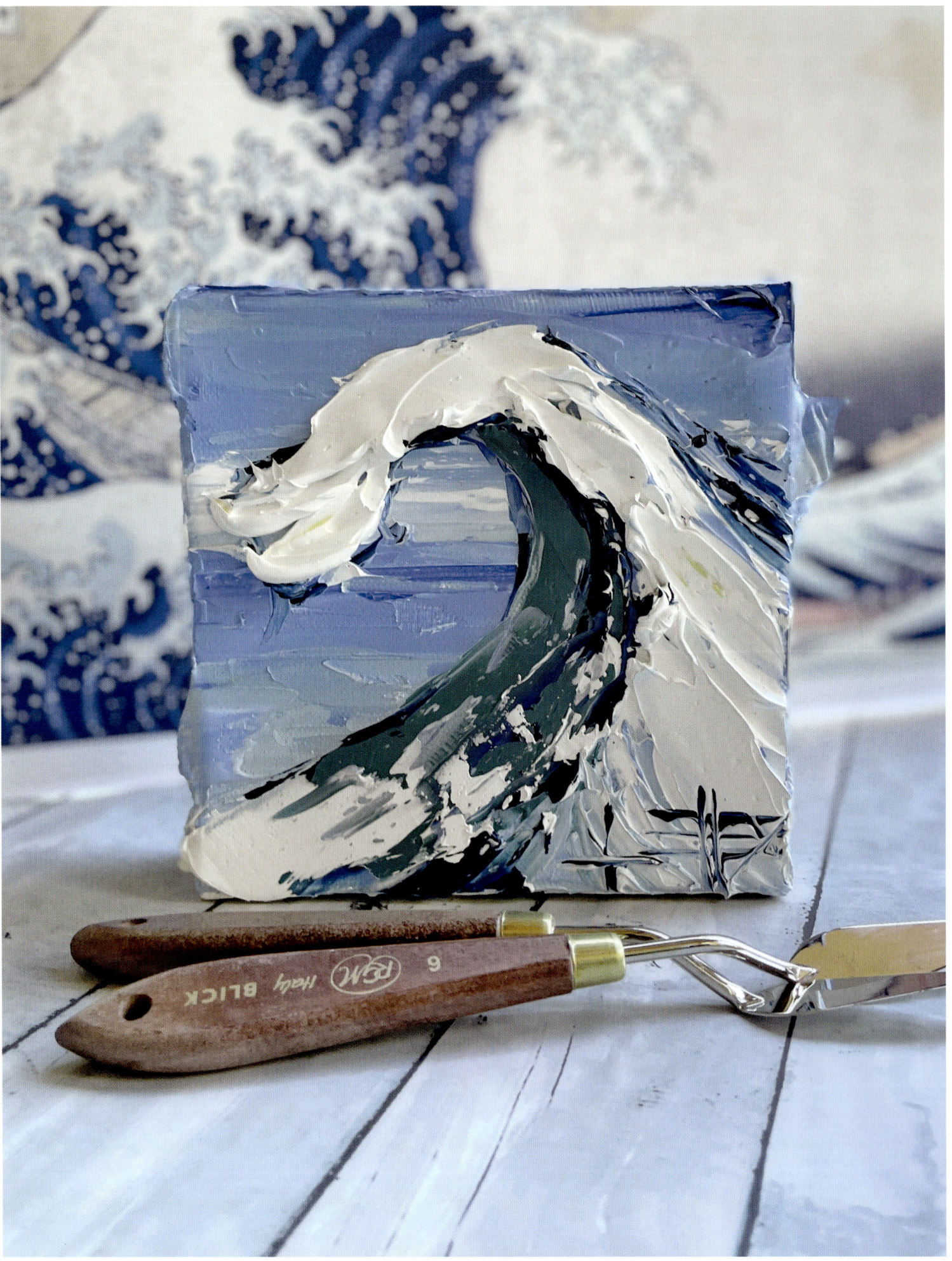

OLA MARINA
INSPIRADA EN HOKUSAI

Herramientas y materiales	Paleta de color	Nivel de dificultad

- Bastidor entelado de 15 × 15 cm y 3,5 cm de profundidad
- Espátula mediana, con forma de lágrima y punta redondeada
- Caballete de sobremesa o base giratoria «lazy Susan»
- Paletas desechables de papel
- Papel absorbente o trapo para limpiar las espátulas

Paleta de color

- Blanco de titanio
- Amarillo de cadmio
- Azul cerúleo
- Azul Prusia
- Ultramar francés o azul ultramar

Nivel de dificultad

45 minutos

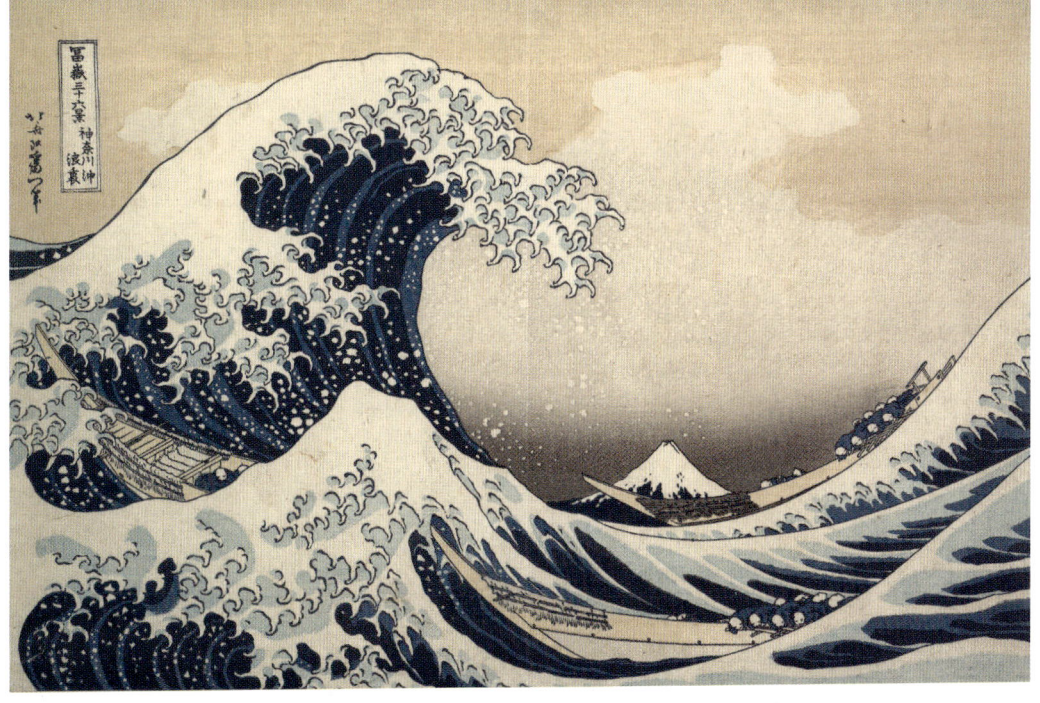

Inspiración

Si está empezando a pintar con espátula, le recomiendo que lo haga con este cuadro que recrea una ola marina. Es un proyecto excelente para practicar la fluidez y el movimiento de la espátula, con una paleta sencilla de azules y blancos. Está inspirado en el famoso cuadro *La gran ola de Kanagawa* del artista japonés Katsushika Hokusai.

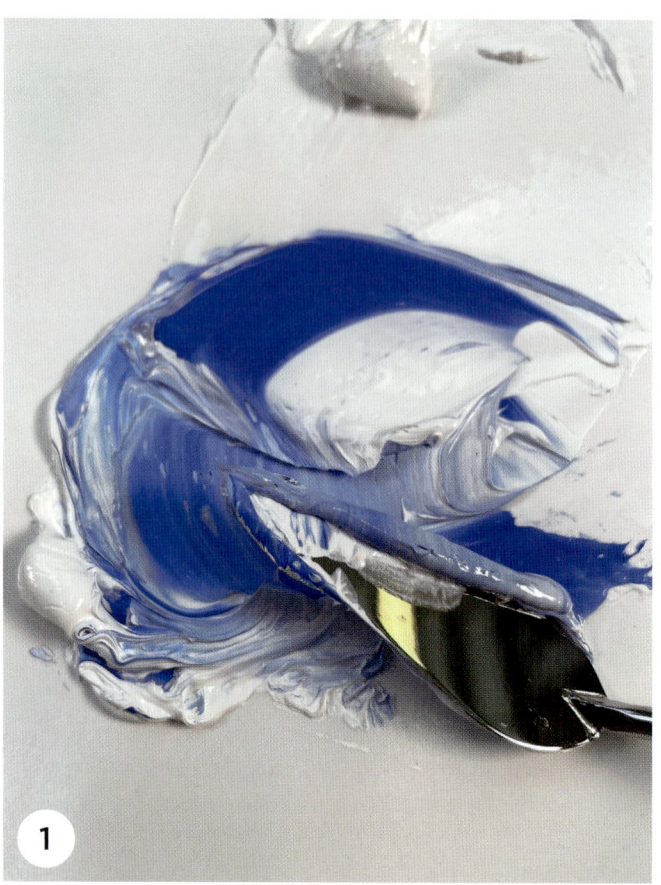
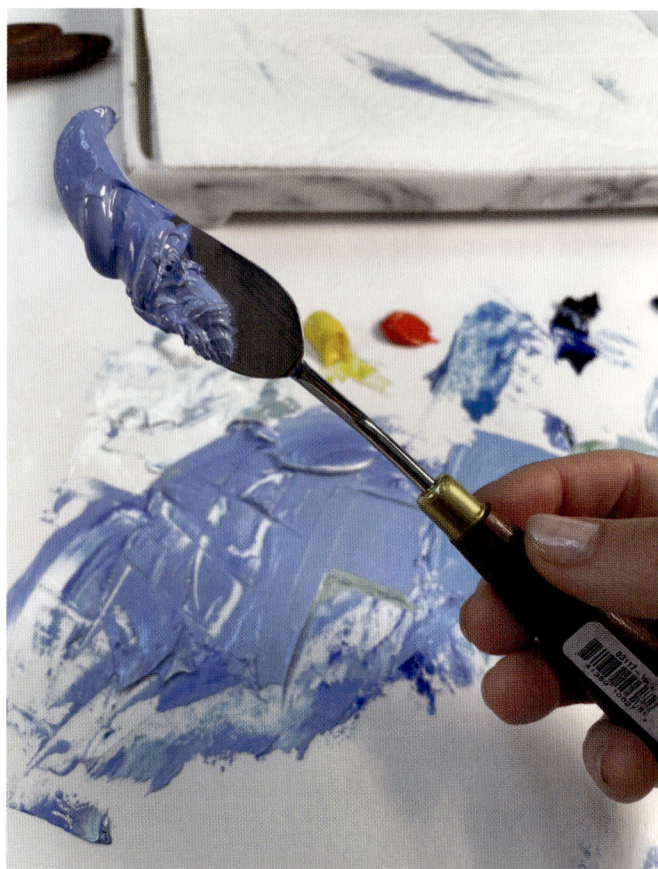

Instrucciones paso a paso

Paso 1: Disponer los colores y mezclar el azul para el cielo

- Disponga una porción grande de pintura blanca, del tamaño de 3 cucharadas soperas colmadas, en la parte superior izquierda de la paleta. En este proyecto, usaremos mucho blanco para crear textura en la exquisita ola espumosa. Esta textura extrema también creará movimiento y sombras, lo que dará a la ola una calidad tridimensional. Exprima aproximadamente 1 cucharada sopera de azul cerúleo, 1 de de azul ultramar y 1 cucharadita de amarillo. Me gusta ponerlos en ese orden en la parte superior de la paleta, de izquierda a derecha, para poder arrastrar la pintura hacia abajo y mezclarla con la espátula, añadiendo más pintura a medida que avanzo.

- Arrastre hacia abajo unas 2 cucharadas de blanco y aproximadamente 1 cucharadita de azul cerúleo y 1 de azul ultramar, y mézclelos con la espátula. Puede dejar algunas vetas en la pintura sin mezclarla del todo. Queremos dotar a este cuadro de una hermosa gestualidad y dar soltura a la ola.

- Haga un par de variaciones de valor aquí, con un azul ligeramente más oscuro, y arrastre un poco más de blanco para hacer un azul más claro.

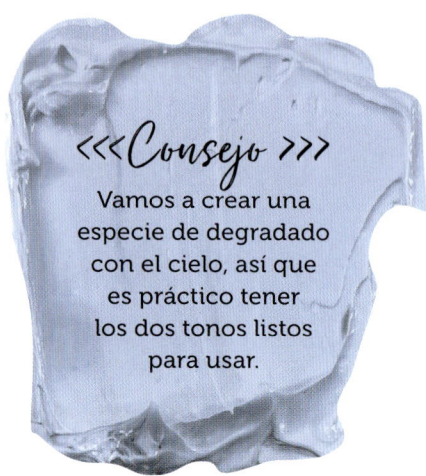

‹‹‹ Consejo ›››
Vamos a crear una especie de degradado con el cielo, así que es práctico tener los dos tonos listos para usar.

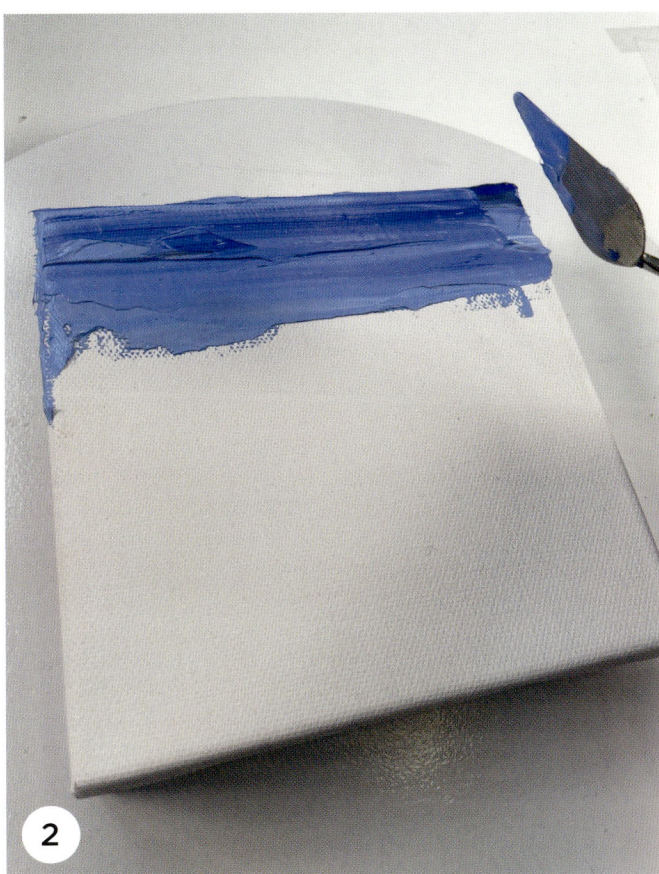

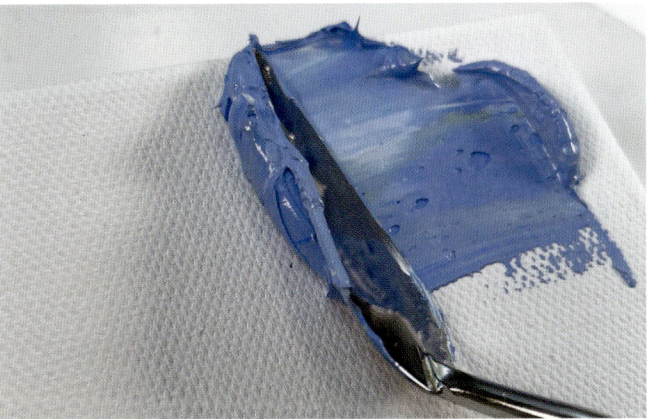

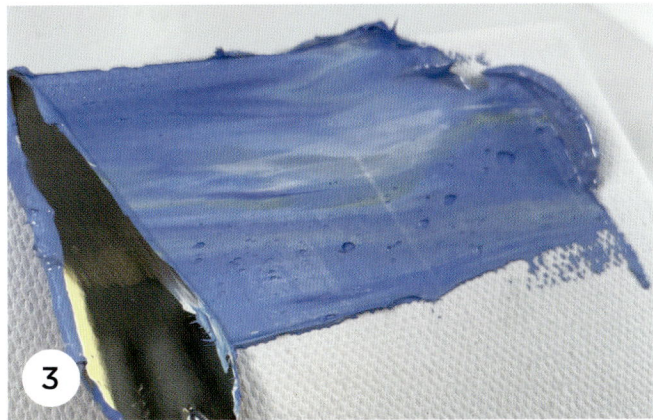

Paso 2: Crear el cielo

- Una vez que haya mezclado los colores, cargue la espátula con 1 cucharada grande del tono más oscuro de azul y deslícelo a lo ancho de la parte superior del lienzo de derecha a izquierda.
- Queremos que los barridos sean grandes y fluidos, como al aplicar el glaseado en una tarta.
- Recargue la espátula y repita este movimiento de izquierda a derecha, ligeramente por debajo del primer barrido, mezclando ambos a medida que avanza. En este cuadro, no pretendemos crear un cielo uniforme; queremos que se aprecien algunas variaciones y vetas que aporten interés y movimiento, así como un aspecto natural.

Paso 3: Pintar los bordes

- Uno de mis trucos más distintivos es utilizar pintura espesa que sobresalga por los bordes. Es una técnica muy divertida que añade interés y un toque muy dinámico, haciendo que el cuadro salte del lienzo.
- Vuelva a cargar la espátula con otra cucharada de azul algo más claro. Empiece con la espátula colocada fuera del lienzo, pero con la pintura tocándolo ligeramente. No presione demasiado. Solo estamos colocando y arrastrando suavemente la pintura, dejando una ligera protuberancia que sobresalga del borde. Si presiona demasiado, la pintura se aplastará sobre el borde y caerá por el lateral. La intención es aprovechar la firmeza natural de la pintura

para crear una dinámica tridimensional. Pero la pintura tiene sus límites, así que hay encontrar el punto ideal con la textura. Si es excesiva, el efecto resultará pesado y poco pictórico.

- También puede volver atrás y añadir un poco más de textura en los bordes, si no ha avanzado demasiado en la obra. Decidí que este cuadro sería más interesante si añadía un poco de textura en el borde izquierdo, aunque normalmente suelo poner un poco a ambos lados para equilibrar la composición.
- Utilizando el azul más oscuro con vetas que tenía en la paleta, he añadido un barrido por encima del primero. He empezado con una porción del tamaño de 1 cucharada

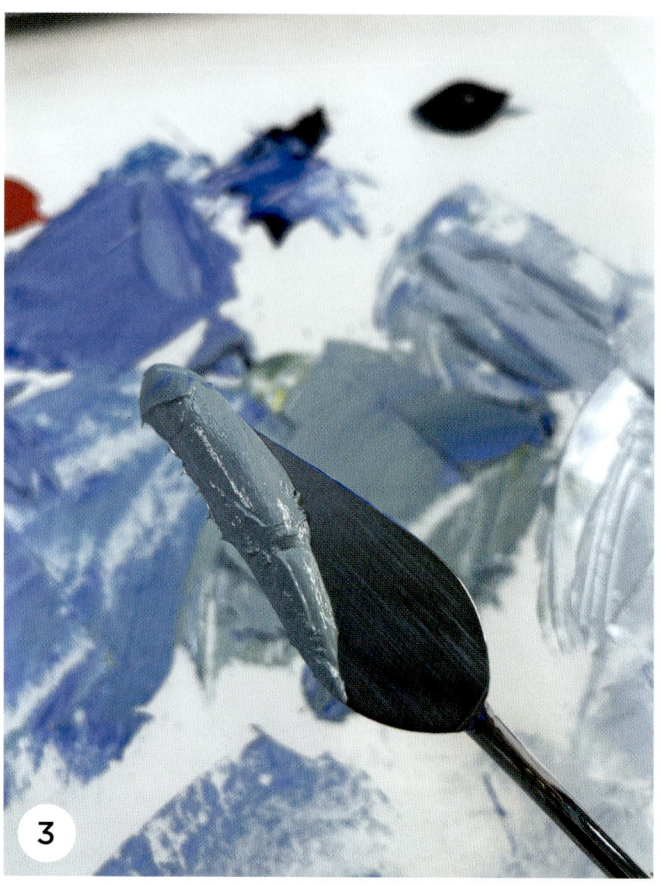

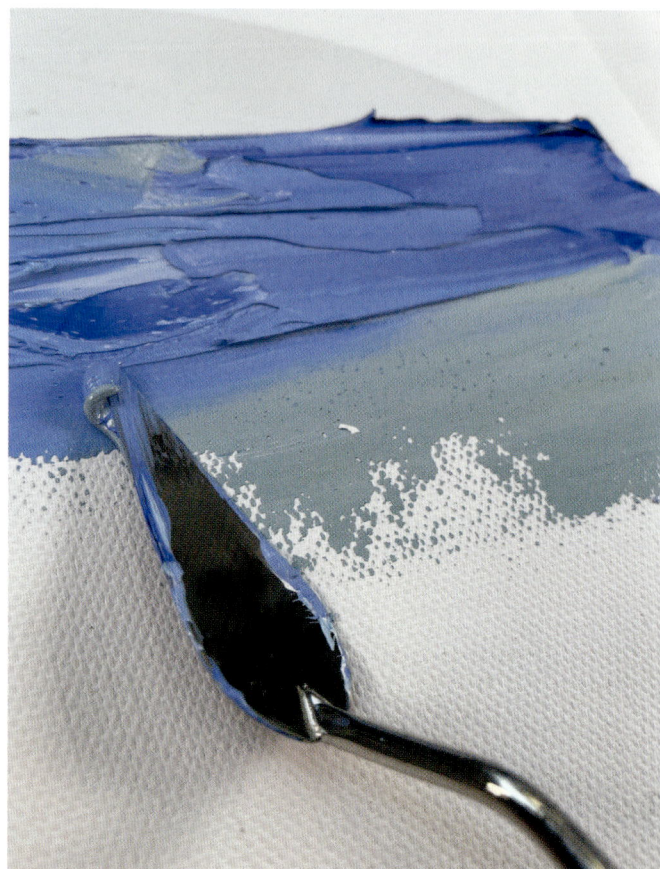

a la izquierda y la he presionado suavemente de izquierda a derecha, dejando que la textura sobresalga ligeramente. De este modo, he creado al mismo tiempo un bonito borde natural.

- En mis cuadros siempre intento combinar una buena técnica y detalles pictóricos con textura, interés y movimiento. Encontrar el equilibrio es un viaje personal, con muchas horas de práctica que le llevarán a encontrar su propio punto óptimo.
- Repita el movimiento arrastrando la pintura de derecha a izquierda a lo ancho de todo el lienzo. Vuelva a cargar la espátula con azul más claro y pásela de izquierda a derecha, ligeramente por debajo del trazo anterior. En este punto

ya debería haber rellenado la mayor parte de la zona superior del cielo azul.

- Ahora, aclararemos un poco el cielo alrededor de la línea del horizonte. Esto crea profundidad y efecto de recesión. Con una espátula limpia, tome 1 cucharadita de blanco y un poco de amarillo. Vamos a añadirlos al azul que ya hemos mezclado para darle un poco de luz. No añada demasiado amarillo; empiece con una pizca y agregue más si fuera necesario. El objetivo es conseguir un bonito color aguamarina o turquesa muy claro.
- Repitiendo los pasos de los primeros barridos de azul, ligeramente por debajo del último aplique uno largo y fluido del azul más claro de derecha a

izquierda, a lo ancho de todo el lienzo y utilizando toda la pintura. Vuelva a cargar la espátula y repita la acción de izquierda a derecha para obtener un trazo completo de azul más claro en todo el lienzo.

Paso 4: Crear la línea del horizonte y difuminar el cielo

- Ahora vamos a aclarar un poco más la línea del horizonte, lo que también creará un punto focal para la parte de la curva interior de la ola que asoma.
- Arrastre 1 cucharadita de blanco hasta el azul más claro y mézclelo para obtener un azul muy claro, pero más blanco que azul. Cargue la espátula con 1 cucharadita del blanco azulado, recogiéndolo con el borde derecho.

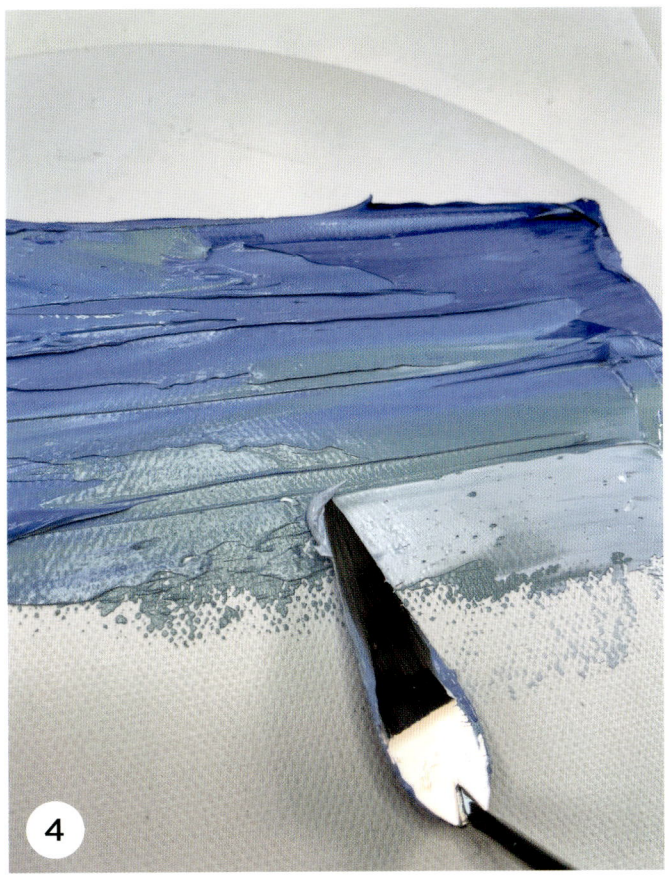

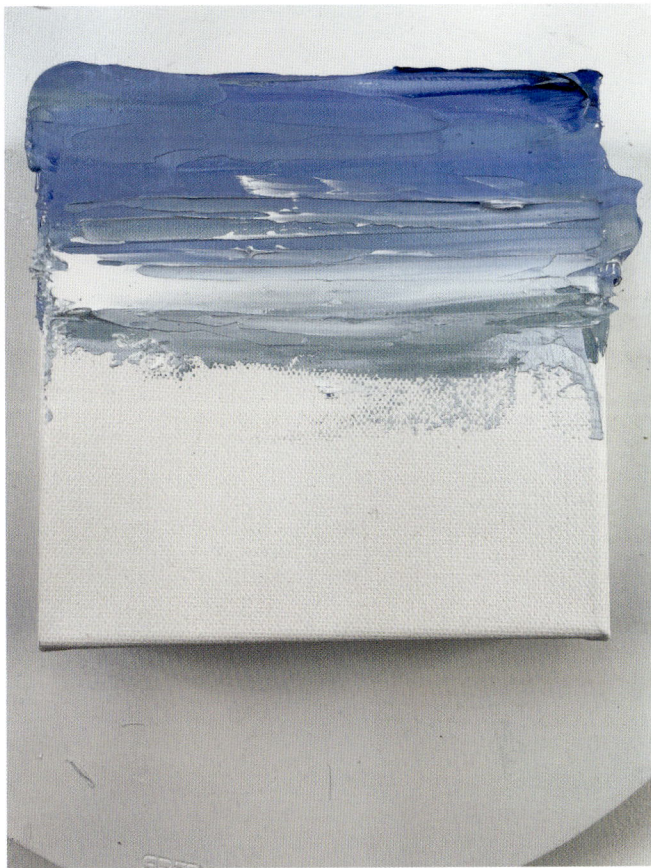

Entonces, realice un barrido a través del lienzo hasta donde llegue.

- Decidí que la composición necesitaba una parte blanca más prominente, así que repetí este paso con una espátula limpia y 1 cucharadita de blanco puro, colocada más hacia la punta del cuchillo (pero no justo en la punta, ¡recuerde que no hay que dar toques!).

- Ahora hay que difuminar todas las rayas del cielo para reducir la cantidad de líneas visibles. Hágalo con movimientos de barrido de lado a lado con la parte plana de la espátula. Asegúrese de no difuminar la línea blanca del horizonte.

Paso 5: Crear el agua

- Ahora terminaremos el resto del fondo del cuadro antes de colocar la magnífica ola encima. Para ello, hay que formar la base de pintura que luego nos permitirá aplicar la técnica «húmedo sobre húmedo». Si seguimos adelante y pintamos la ola ahora, sin la pintura de base debajo, será más difícil esculpir un flujo natural.

- Mezcle un poco del azul más oscuro que ya tiene en la paleta, cargue la espátula con 1 cucharada y aplíquelo repitiendo el movimiento de lado a lado del lienzo, de derecha a izquierda. Alinee la punta de la espátula con el punto donde desea situar la línea del horizonte. Recuerde que no debe colocarla directamente en el centro del cuadro. Es un error de composición.

- Además, tenga cuidado de no raspar demasiado blanco justo en la línea del horizonte cuando pase la espátula por el lienzo. Trate de hacerlo con firmeza y seguridad, y a lo ancho de todo la tela. La línea no ha de ser perfectamente recta. No vuelva atrás ni se complique, ya que los toques arruinarán el aspecto gestual. Recuerde que si necesita rehacerlo, puede aplicar más blanco y volver a trazar la línea del horizonte.

- Hasta aquí todo «pinta» bien. Tenemos un bonito degradado en el cielo, y el azul claro y el blanco se han mezclado orgánicamente para recrear nubes o niebla; perfecto para una escena inspirada en la costa.

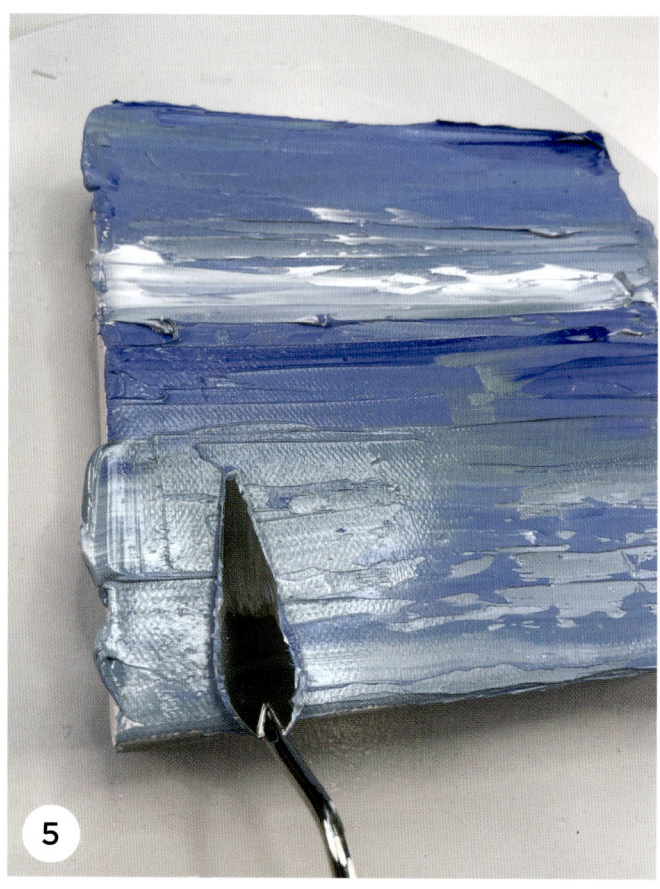

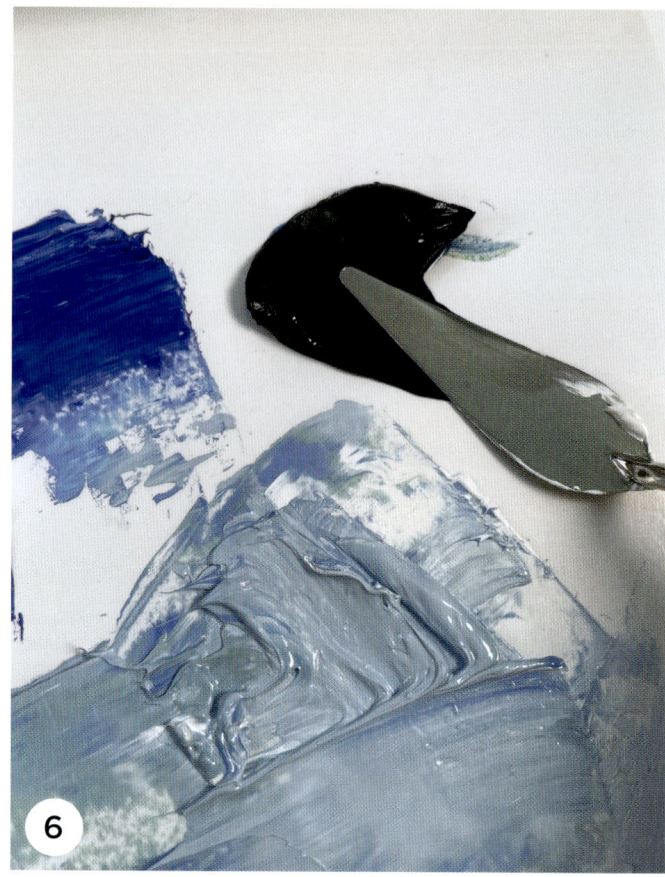

- Ahora terminaremos de pintar el fondo con nuestro azul y aclarando las cosas a medida que avanzamos por el agua. Arrastre un poco de blanco y una pizca de amarillo para mezclarlos con el azul aguamarina claro. Cargue la espátula y continúe el movimiento de lado a lado a través del lienzo. Añada un poco más de blanco a medida que avanza para clarificar el borde delantero del lienzo. Decidí volver a pintar los bordes para darle más interés.

Paso 6: Esbozar la ola

- Ahora vamos a la parte divertida. Resulta muy gratificante amontonar la pintura para crear una increíble y gruesa ola tridimensional, así que ¡manos a la obra!

- Vamos a esbozar el contorno básico de la ola para posicionarla en el lienzo.
- Arrastre una pequeña cantidad, 1 cucharadita aproximadamente, de azul de Prusia. Con una espátula limpia, mezcle la pintura de modo que quede homogénea y flexible. En esta parte del esbozo no estamos creando textura, sino deslizando la punta de la espátula por la superficie de la pintura que hay debajo para «dibujar».
- Cargue la espátula con una cantidad de pintura del tamaño de un guisante en la punta y en la parte inferior de la hoja.
- Empezando por la parte superior izquierda de la cresta de la ola, empiece a esbozar suavemente con la punta, aplicando trazos largos. Forme un

arco, de modo que la espátula acabe saliendo del lienzo por la derecha. Cuando se le acabe la pintura, cargue más y repita este paso.
- A continuación, crearemos la parte inferior de la ola, incluido el hueco por el que asomará el océano. Aquí puede ir despacio y tomarse el tiempo que necesite.
- Vuelva a cargar la espátula con una cantidad de azul de Prusia del tamaño de un guisante y dibuje la línea inferior; empiece por la izquierda y vaya hacia arriba, formando otro arco paralelo al superior, y luego hacia abajo, y de nuevo hacia la parte inferior izquierda del cuadro, dejando espacio suficiente para el hueco del océano. Trate de hacer trazos largos y sueltos, y recuerde

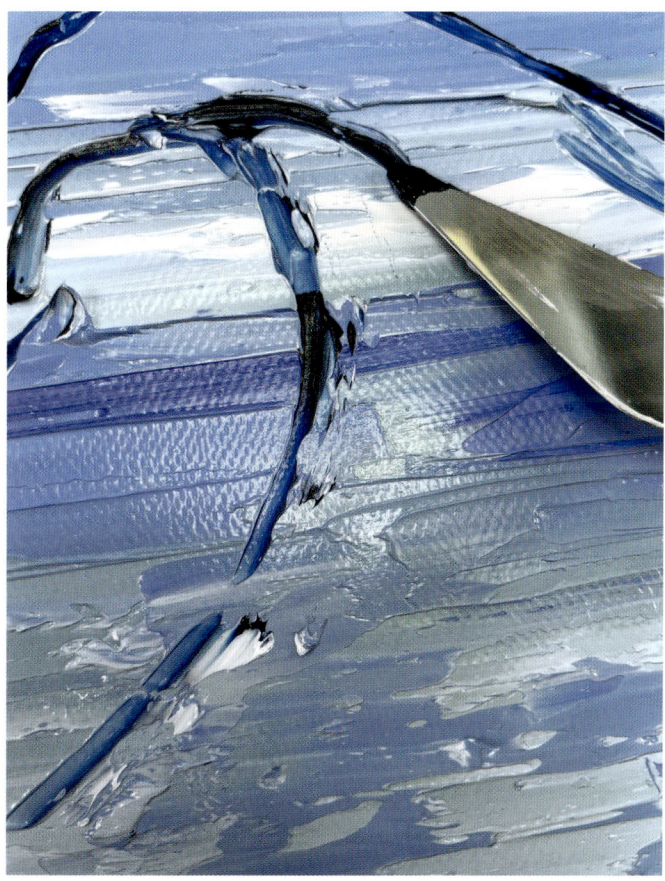

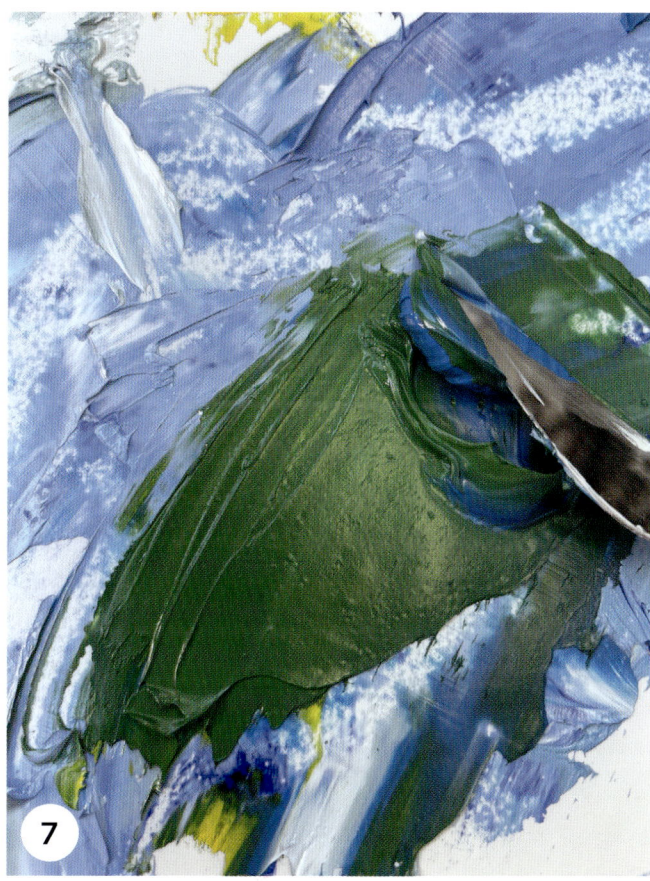

que si no le gusta la forma de la ola, siempre puede raspar la línea azul de Prusia con la punta limpia de la espátula, difuminar la pintura inferior y volver a empezar.

- Siguiendo desde la cresta de la ola, ahora queremos crear una línea que muestre la parte inferior turquesa de la misma, y separar la parte delantera de la trasera. Dibuje una línea hasta abajo, siguiendo la curva y ensanchándose a medida que desciende.

- Ahora rellene la punta de la ola para hacerla esponjosa y voluminosa. Las olas son impredecibles e inconsistentes, y es justamente esto lo que queremos reflejar en nuestra composición. Cuanto más tensa y perfecta sea, menos gestual parecerá y perderá su

atractivo lúdico. No queremos que nuestra ola parezca artificial o forzada. Haga varios trazos más pequeños para rellenar la punta de la ola.

Paso 7: Añadir la parte inferior turquesa de la ola

- Arrastre unas 2 cucharaditas de azul cerúleo y una porción de amarillo del tamaño de un guisante y mézclelos bien hasta obtener un color turquesa intenso y saturado. Cargue la espátula limpia con 1 cucharada de este color turquesa y, desde la parte inferior de la cresta, deslice la espátula en un solo trazo hasta salir del lienzo por la izquierda. Procure que el trazo sea amplio y realícelo de una sola vez. Y recuerde que cuanto menos se complique, mejor.

Paso 8: Añadir la espuma blanca

- Esta es mi parte favorita. Añadir grandes cantidades de pintura para recrear el movimiento de la ola es muy divertido.

- Exprima unas 3 cucharadas grandes de blanco. Asegúrese de hacerlo en una zona limpia de la paleta y de que la espátula también esté limpia. Eche una cantidad de amarillo del tamaño de un guisante y mézclelo ligeramente con el blanco. Queremos dejar algunas rayas aquí y allá, así que no lo mezcle del todo.

- Cargue la espátula con 1 cucharada grande de blanco y, empezando por la punta de la ola, coloque la espátula suavemente sobre el lienzo y deslícela hacia arriba y hacia la

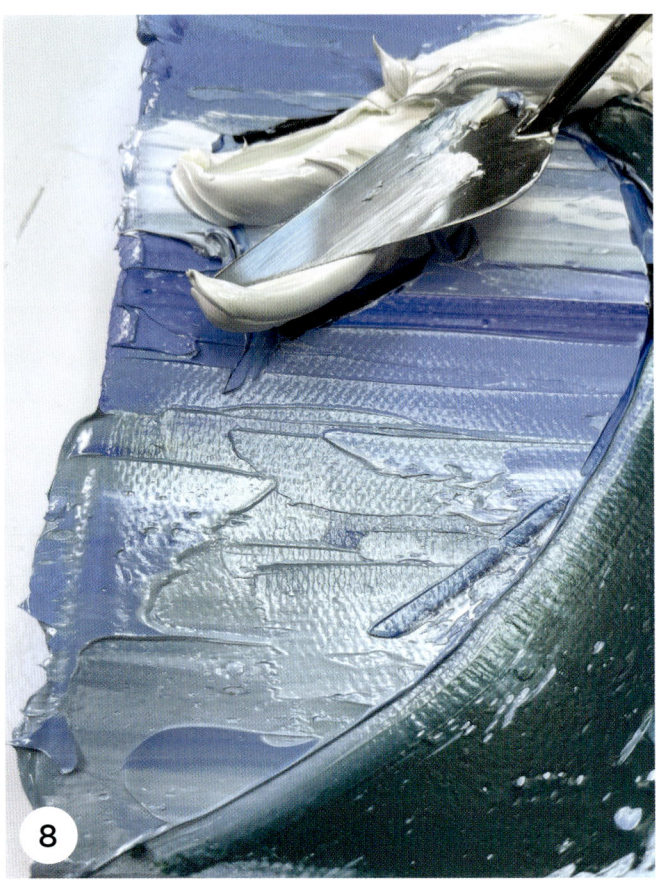

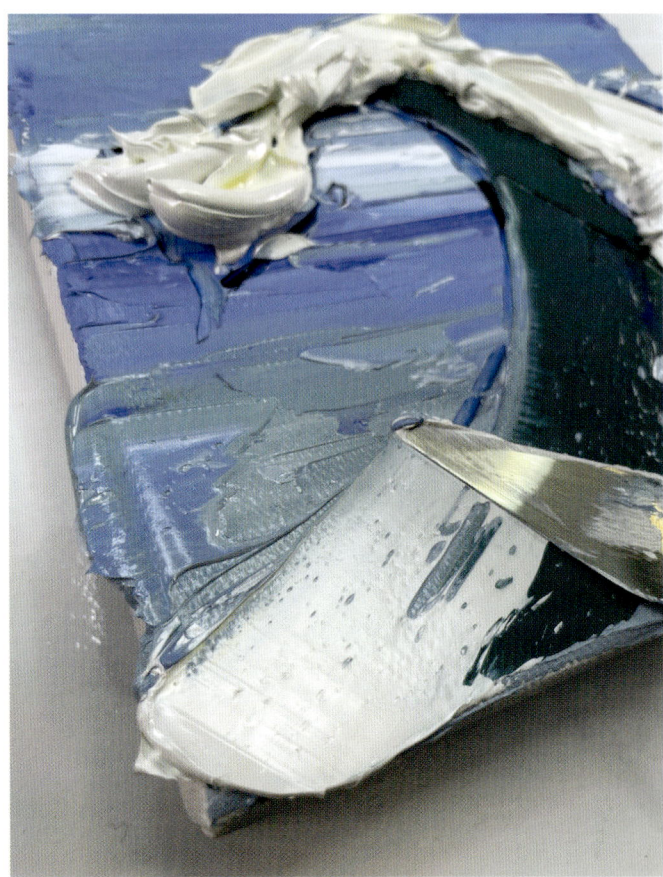

derecha en un movimiento largo y fluido, ejerciendo presión pero sin aplastar la pintura contra la tela. Siga el contorno azul oscuro a medida que avanza, girando suavemente la espátula para crear la curva. Continúe hasta el final, curvando hacia abajo hasta que la punta de la espátula toque el borde del lienzo.

- Conviene que practique esto primero en su paleta con pintura blanca pura. Así se irá familiarizando con el movimiento y no desperdiciará pintura.

- Limpie la espátula y vuelva a cargarla con otra cucharada grande. Repita el barrido, comenzando un poco por debajo de la punta de la ola y del primer trazo, tocándose estos apenas. Siga la curva

del azul oscuro, teniendo cuidado de estrechar el trazo y no pasar por encima del hueco del océano. Este es muy importante, pues se trata de un punto focal de la obra y el ojo se ve atraído hacia él de forma natural, así que asegúrese de no taparlo accidentalmente. Levante la espátula después de haber realizado el trazo en la punta de la ola.

- Ahora vuelva a cargar la espátula limpia con otra cucharada grande de blanco y continúe con un gran barrido por el lado derecho de la ola, siguiendo el movimiento hacia esa misma dirección. Queremos que en la parte inferior se vean motas de azul que sugieran espuma y movimiento, y la espátula lo ha conseguido de forma orgánica. Una de las razones por las

que me gusta tanto pintar con espátula es por la forma en que se pueden conseguir estos sorprendentes efectos: rápidamente y sin mucho trabajo.

- Ahora vamos a terminar la parte delantera de la ola con un poco de espuma. Con una espátula limpia, cargue 1 cucharada de blanco y, comenzando en la parte inferior izquierda y saliendo ligeramente del borde del lienzo, haga un barrido de izquierda a derecha y hacia arriba por la parte delantera de la ola, pero sin llegar hasta arriba.

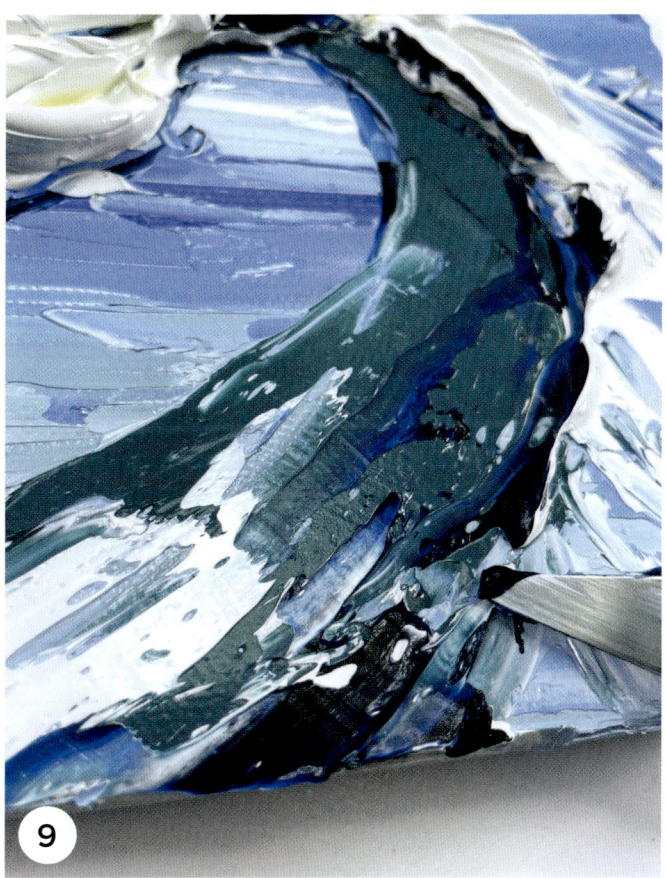

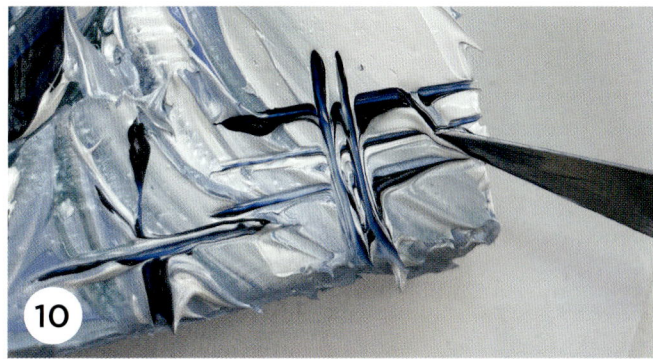

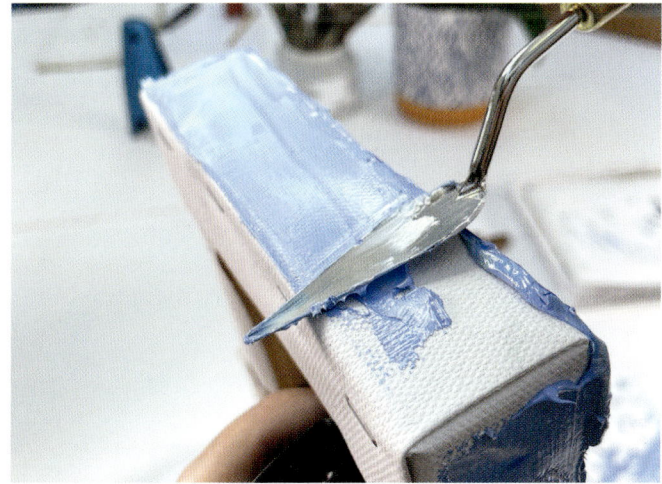

Paso 9: Retoques

- Para acabar este proyecto, vamos a añadir algunos reflejos y detalles sutiles.
- Rompiendo la gran zona de espuma blanca de la parte inferior izquierda, añada un toque de turquesa muy ligero por encima para que el azul asome a través del blanco.
- Con un poco del azul más claro que queda en la paleta, pase la espátula suavemente sobre la pintura blanca de la parte inferior derecha para romper la gran zona de blanco. Añada pequeños reflejos pasando la espátula por encima.
- A continuación, cargue la espátula limpia con una cantidad de azul de Prusia del tamaño de un guisante y esboce con cuidado y sutileza una cresta oscura, justo en el borde del blanco. Pase la punta y la parte superior de la hoja por todo el borde de la ola, desde arriba y sin presionar demasiado, para que quede irregular y natural.
- Por último, pase suavemente la punta de la espátula por encima de la pintura blanca, sin presionar demasiado, para crear rayitas y motas.

Paso 10: Firme su cuadro y pinte los bordes laterales (opcional)

- Firme el cuadro, ya sea en la parte delantera o en el borde pintado si se ha quedado sin espacio o si simplemente lo prefiere así. Yo firmé el mío en la parte delantera porque disponía de espacio.
- En el caso de estos pequeños lienzos, a veces es más fácil pintar los bordes laterales sosteniendo el marco con una mano y haciéndolo girar. Aquí no hay que ser exigente, no es necesario que el dibujo coincida exactamente. Se trata más bien de continuar con los colores y hacer desparecer el lienzo blanco. Cuando lo haya rellenado todo con la pintura azul que quedaba en la paleta, puede dejar secar el cuadro en una estantería, lejos del polvo y otros objetos.

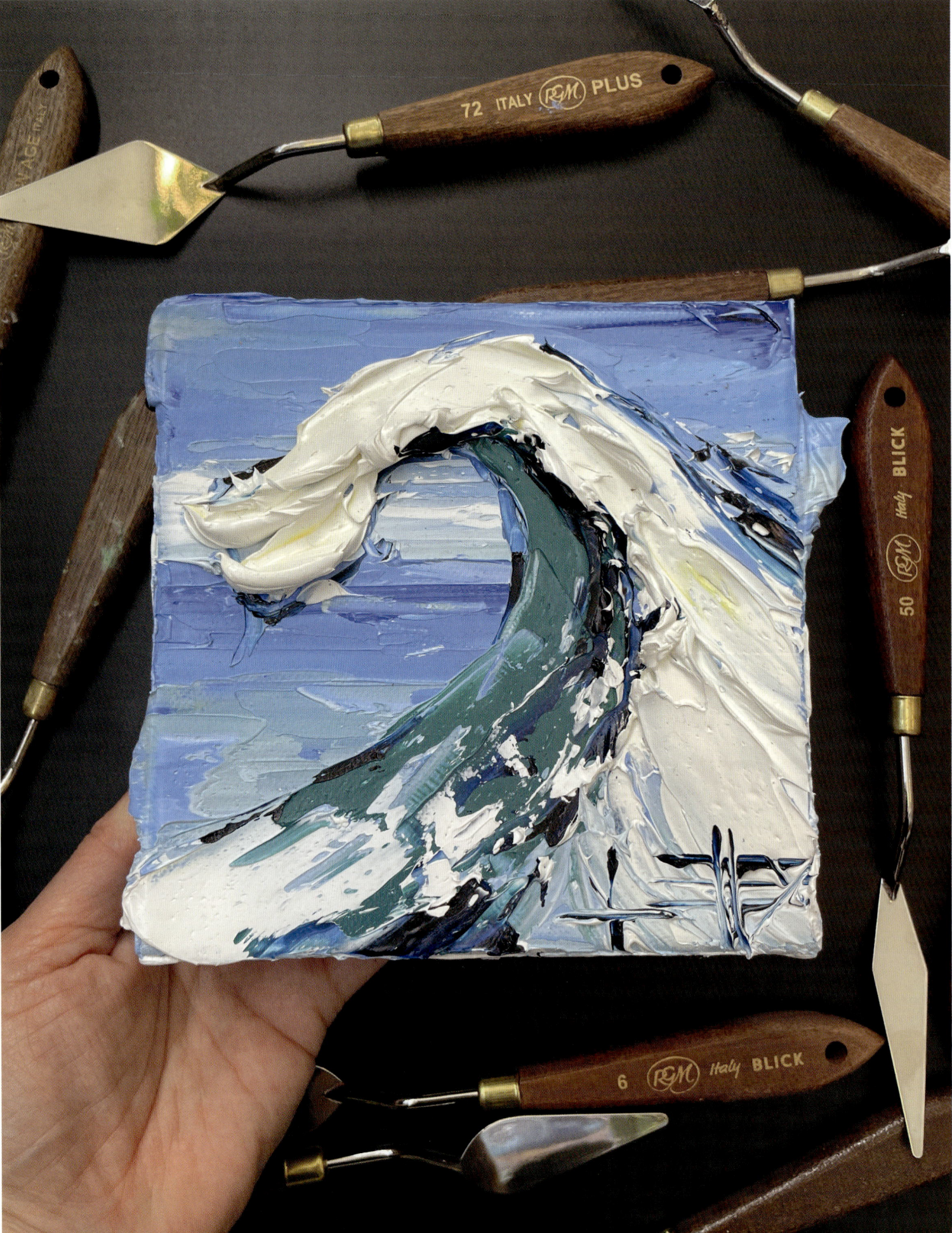

RESUMEN:

¿Se está familiarizando con esta técnica?

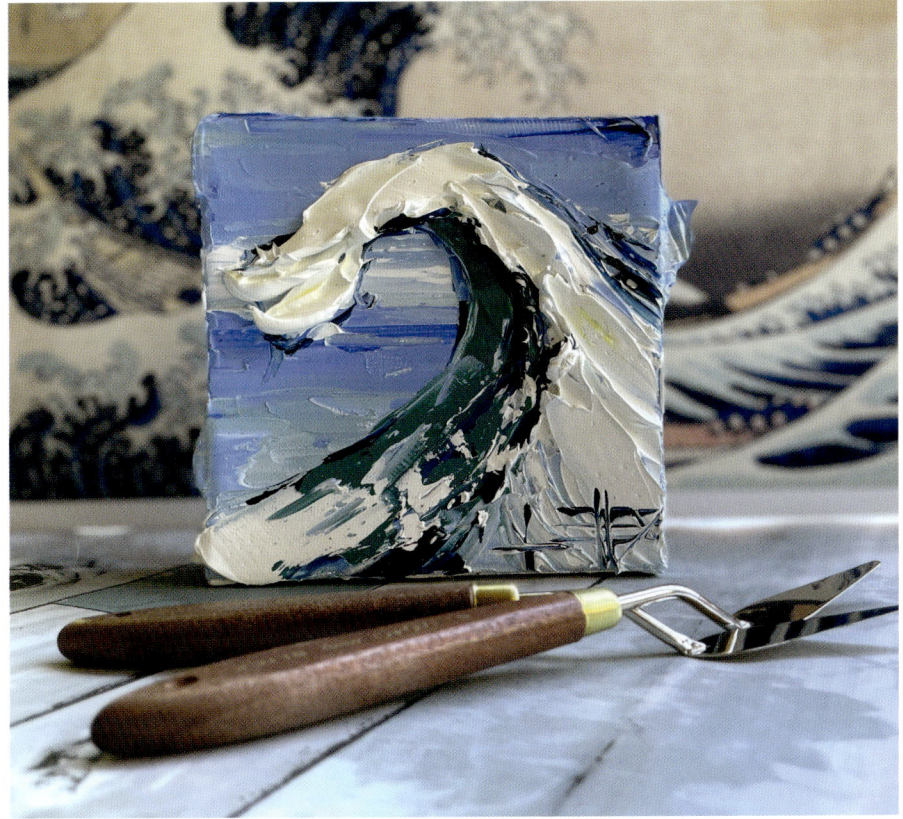

Realizar este cuadro es más difícil de lo que parece. Esta ola de gran movimiento requiere que la espátula haga trazos grandes, fluidos y curvos. Es más fácil decirlo que hacerlo, lo sé.

Practique con blanco de titanio puro en la paleta antes de lanzarse y recuerde que, si tiene que raspar errores, siempre puede mezclarlo con azul y usarlo para pintar los lados más tarde. Me gusta utilizar toda la pintura cuando es posible, así que siempre guardo la que sobra.

Encontrar el equilibrio entre una buena técnica y el abandono natural que hace que la pintura con espátula sea visualmente emocionante es un viaje sin fin. Yo siempre busco ese punto óptimo, y a veces funciona y se convierte en un cuadro genial y fabuloso, pero otras, no tanto. Sea como sea, la práctica mejorará sus habilidades y le convertirá en mejor pintor. Por cierto, cuando termine, tómese siempre un momento para hacer una pausa, observar los colores, las formas y la emoción que ha transmitido en la obra, y disfrutar realmente de la sensación de haber creado algo. Crear es difícil. Así que ¡enhorabuena!

<<Si el cielo me hubiera concedido cinco años más, podría haberme convertido en un pintor de verdad>>.

—KATSUSHIKA HOKUSAI

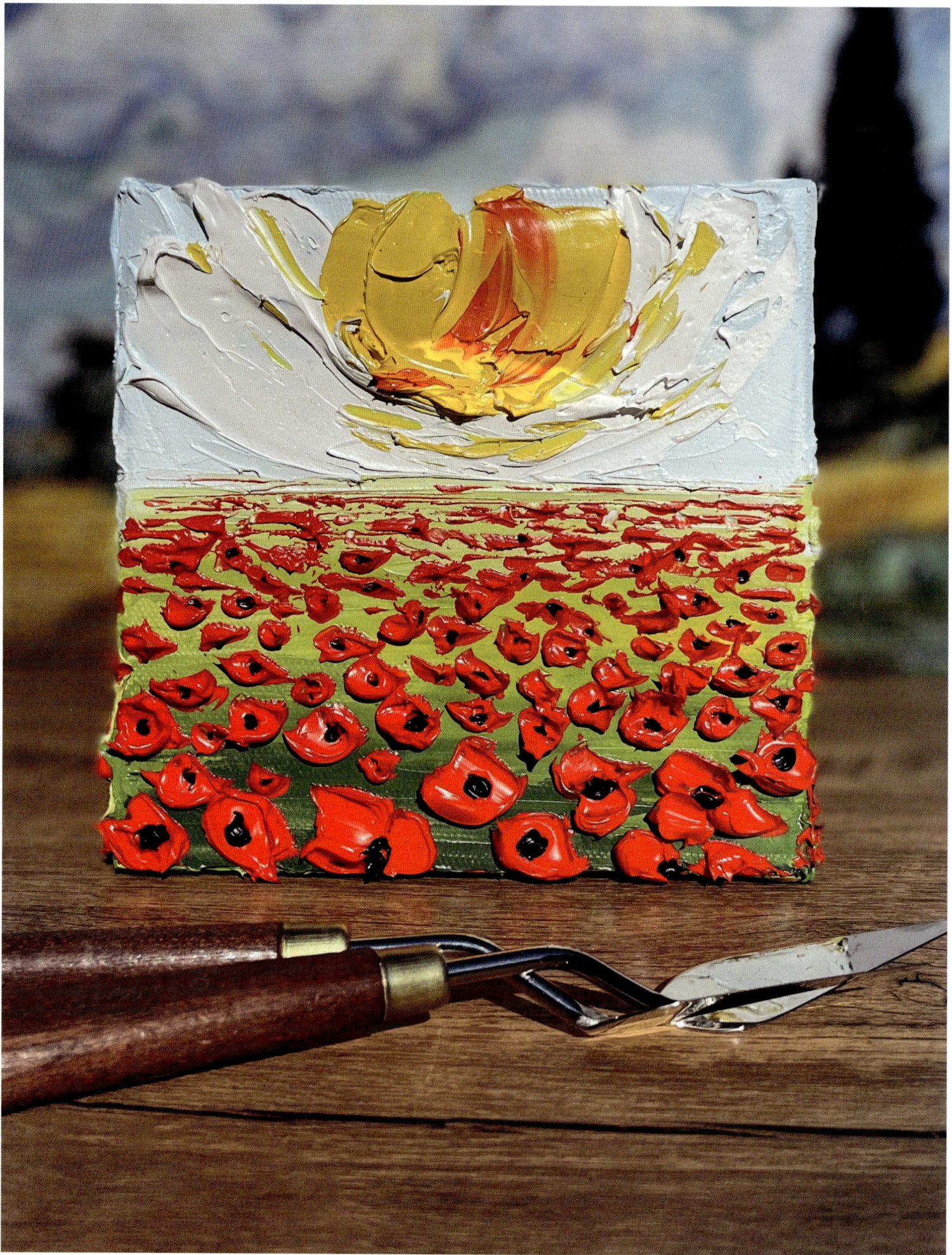

CAMPO DE AMAPOLAS
INSPIRADO EN VAN GOGH

Herramientas y materiales	Paleta de color	Nivel de dificultad

- Bastidor entelado de 15 × 15 cm y 3,5 cm de profundidad
- Espátula mediana, con forma de lágrima y punta redondeada, y espátula pequeña, con forma de lágrima y punta redondeada
- Caballete de sobremesa o base giratoria «lazy Susan»
- Paletas desechables de papel o paleta normal
- Papel absorbente o trapo para limpiar las espátulas

Paleta de color
- Blanco de titanio
- Amarillo de cadmio
- Rojo de cadmio
- Azul cerúleo
- Verde vejiga
- Gris de Payne

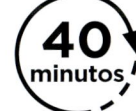

VAMOS A CREAR

un vistoso paisaje, inspirado en el gran maestro Vincent van Gogh. Esta obra presenta un campo de flores que se adentra en el fondo y dirige la mirada a un sol hipnotizador y texturizado. Es importante seguir los pasos indicados. Este cuadro utiliza la técnica húmedo sobre húmedo, por lo que estilísticamente hay que conseguir

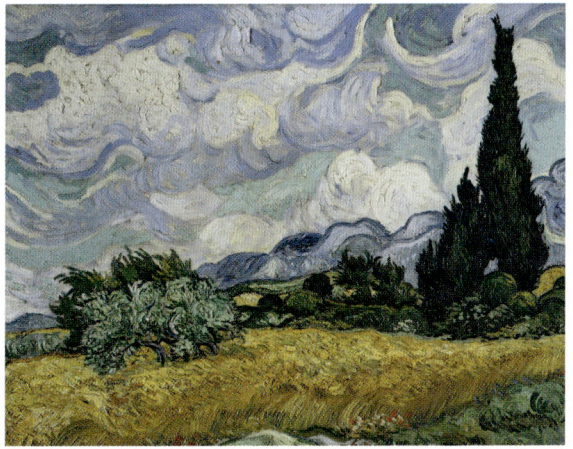

la composición adecuada y seguir la secuencia correcta a medida que se completa la obra. Es difícil volver atrás y hacer grandes cambios.

Este proyecto le llevará probablemente unos 40 minutos, pero no se preocupe si tarda más: lo importante es disfrutar. Le será de gran ayuda dedicarle todo el tiempo que necesite; elija un día que no tenga prisa y esté descansado. Pintar es una actividad meditativa y satisfactoria, por ello es una gran idea convertirla en una parte habitual de su rutina de cuidado personal. Además, podrá crear obras de arte originales, únicas e impresionantes. Si le preocupa empezar a pintar con una técnica nueva que puede estar fuera de su alcance, recuerde que yo empecé a utilizarla cuando era adulta, a los treinta y tantos, aprovechando breves ratos libres mientras criaba a mis hijos pequeños. Usted también puede hacerlo.

Antes de empezar

Empecemos viendo las mejores prácticas para pintar con espátula. Se trata de una técnica de bloqueo de color que utiliza tonos y texturas llamativos, con menos mezclas que la pintura a pincel. Para lograr transiciones de color efectivas y vistosas, es importante limpiar la espátula entre cada color, e incluso a veces entre cada pincelada.

Además, recuerde que no se pinta con la punta de la espátula. Se usa sobre todo la parte central de la hoja, que se gira ligeramente a izquierda y derecha mientras se arrastra hacia arriba y hacia delante y atrás por el lienzo (como cuando se unta queso fresco en el pan). Pintar con la punta puede ser tentador, pero da lugar a trazos que pueden parecer descuidados y recargados. Intente dar pinceladas grandes y desenfadadas que parezcan naturales y sencillas. (No es fácil, pero para eso estoy aquí, para enseñarle.)

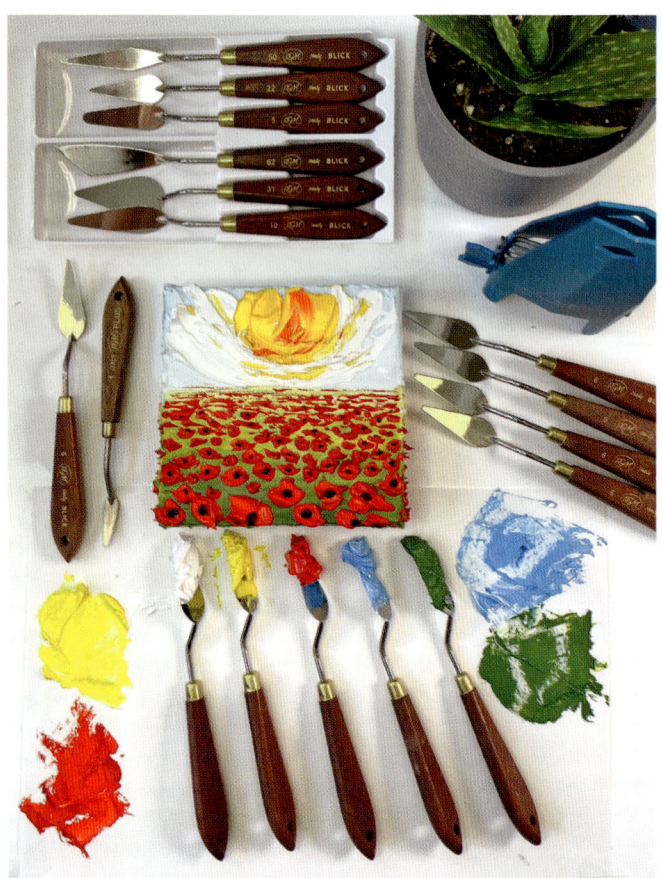

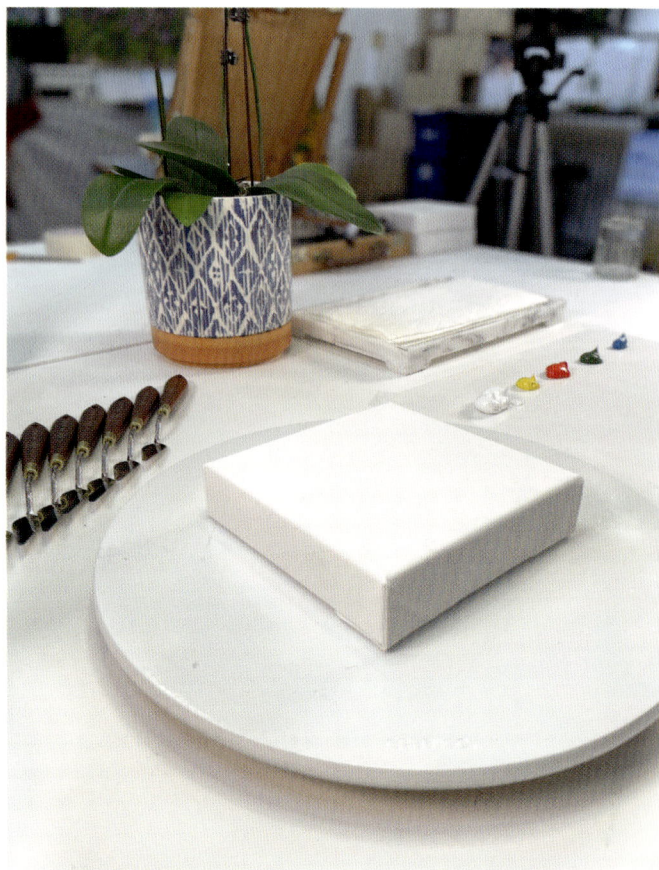

Prepárese para pintar

1 Conviene tener todos los materiales preparados antes de empezar. Cuando se utiliza la técnica húmedo sobre húmedo, es necesario completar el proyecto en una sola sesión. Pero no se preocupe, ¡se pinta con rapidez!

2 Coloque el caballete o la base giratoria en una posición y a una altura que le resulten cómodas, ya sea de pie o sentado. Asegúrese de tener suficiente espacio para levantar los codos y maniobrar con la espátula. Si es posible, trabaje en una zona con luz natural.

3 Ponga la paleta a la derecha si es diestro, o a la izquierda si es zurdo. Asegúrese de que las espátulas están limpias y al alcance de la mano. Tenga al menos de cinco a diez trozos de papel absorbente apilados cerca de los demás materiales.

4 Ahora ya está preparado para disponer los colores en la paleta y empezar su obra. ¡Vamos allá!

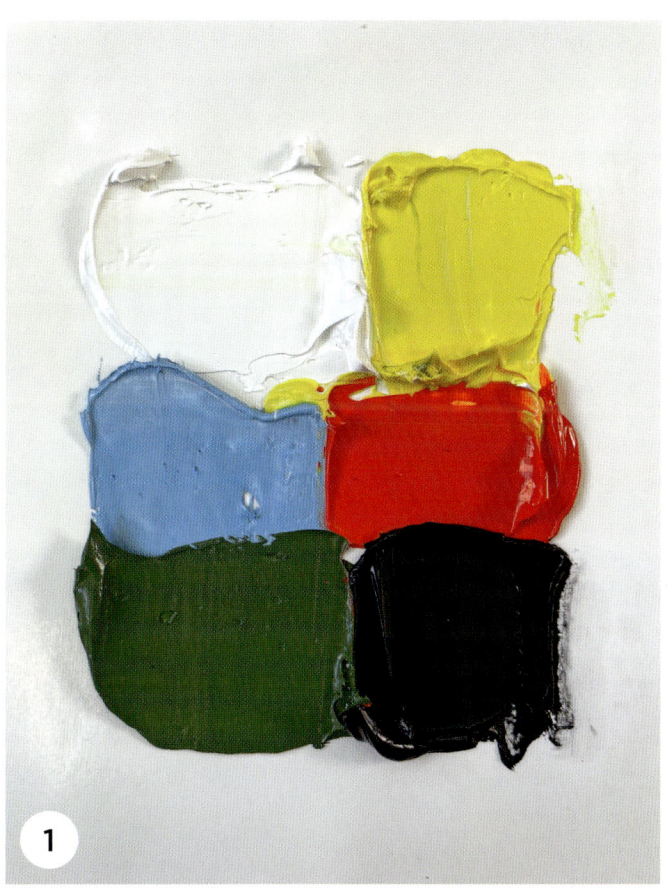

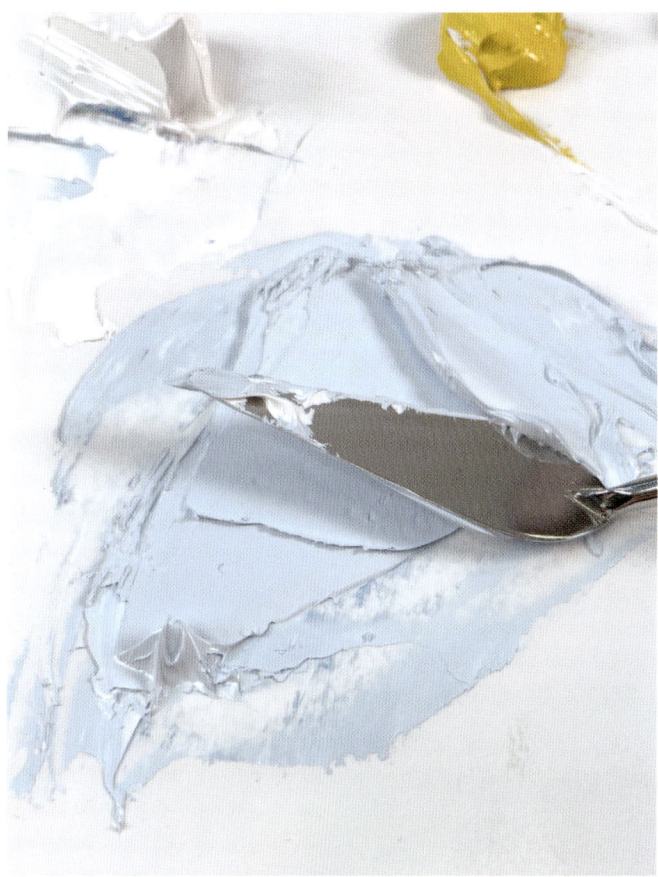

Instrucciones paso a paso

Paso 1: Disponer los colores y mezclar el color azul para el cielo

- Disponga una porción grande de pintura blanca, del tamaño de 2 cucharadas, en la parte superior izquierda de la paleta. Exprima aproximadamente 1 cucharada de azul cerúleo, 1 de amarillo de cadmio, 1 de rojo de cadmio, 1 de verde vejiga y 1 de gris de Payne. Me gusta poner los colores en ese orden en la parte superior de la paleta, de izquierda a derecha, para poder arrastrar la pintura hacia abajo y mezclarla con la espátula. No me gusta desperdiciar pintura, ¡es cara!

- Arrastre hacia abajo 1 cucharada de blanco y una cantidad de azul cerúleo del tamaño de un guisante, y mézclelos bien con la espátula. Haga un par de variaciones en el valor con un azul ligeramente más oscuro, y arrastre un poco más de blanco para hacer un azul más claro. Aquí creará una especie de degradado con el cielo, así que es práctico tener los dos tonos listos para usar.

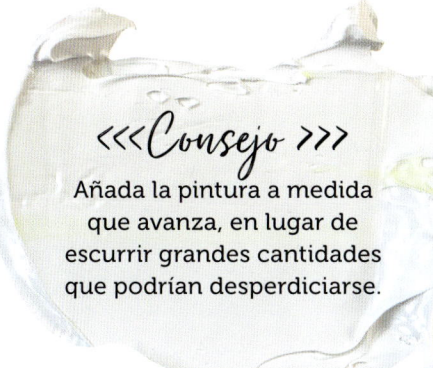

<<< Consejo >>>

Añada la pintura a medida que avanza, en lugar de escurrir grandes cantidades que podrían desperdiciarse.

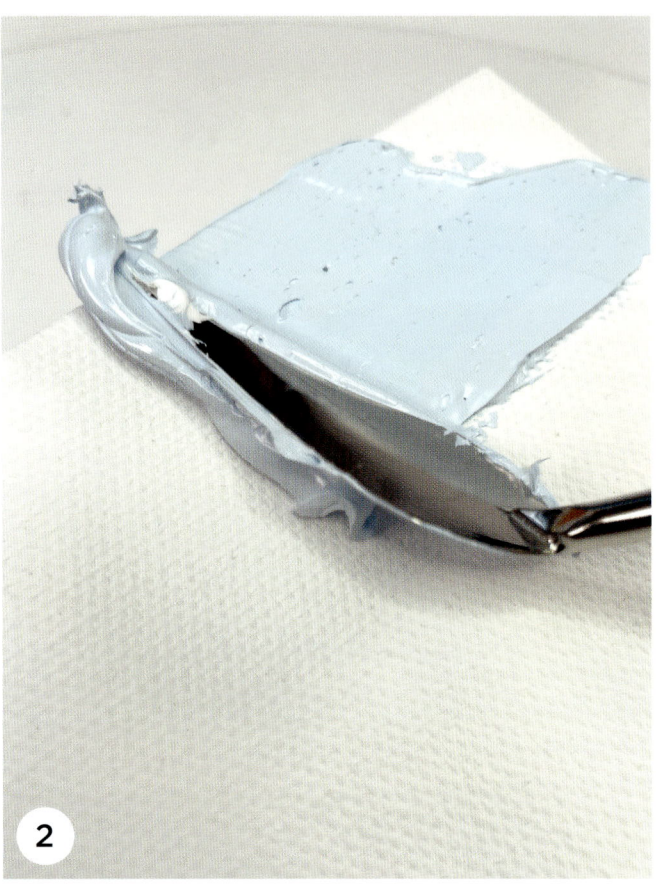

Paso 2: Crear el cielo

- Cargue la espátula con el azul más oscuro y empiece a crear el cielo. Hágalo con movimientos de barrido de lado a lado, empezando por la parte superior de derecha a izquierda, y después de izquierda a derecha. Una vez que tenga una franja azul en la parte superior, cargue la espátula de nuevo con el azul ligeramente más claro y repita el movimiento lateral, terminando con el azul más claro (casi blanco) en la línea del horizonte, ligeramente por encima de la mitad del cuadro. Nunca debe trazarse la línea del horizonte en el centro. Difumine las rayas hasta que se desvanezcan y obtendrá un bonito degradado.

Paso 3: Crear las nubes

- Cargue la espátula con 1 cucharada grande de blanco y deslícela hacia abajo, directamente sobre el azul. Empiece por arriba, un poco a la derecha del centro, moviendo la espátula de manera que forme una curva cuyo final acabe en la línea del horizonte. Repita este movimiento en el otro lado. Vuelva a cargar la espátula limpia con otra cucharada de blanco y, empezando ligeramente a la izquierda del centro, arrastre la pintura hacia abajo creando una curva que termine en la línea del horizonte con forma de U. Deje un espacio redondeado de cielo azul en la parte superior central para hacer el sol en el siguiente paso.

- Añada más barridos de blanco si cree que necesita más textura. Este movimiento es muy gestual y debe ser fluido y divertido. Es importante saber cuándo parar, ya que si se excede con la espátula, el resultado será demasiado cargado y la obra perderá su carácter desenfadado. Cuanto mayor sea el barrido, mejor quedará, pero si empieza a hacer pequeños toques, perderá rápidamente su aspecto gestual. Si no le convence el resultado, recuerde que una de las mejores ventajas de pintar con espátula es la posibilidad de raspar y volver a empezar.

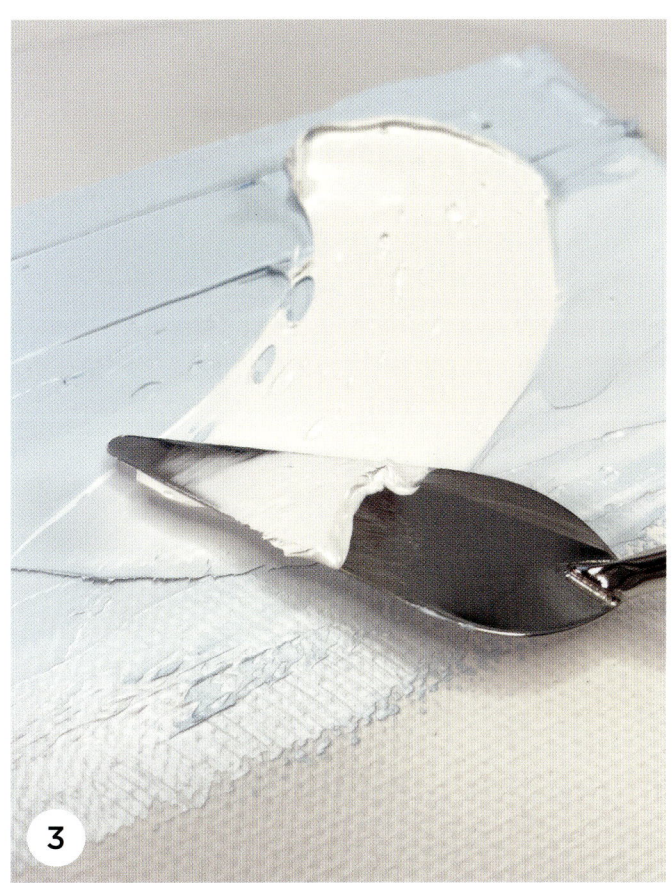

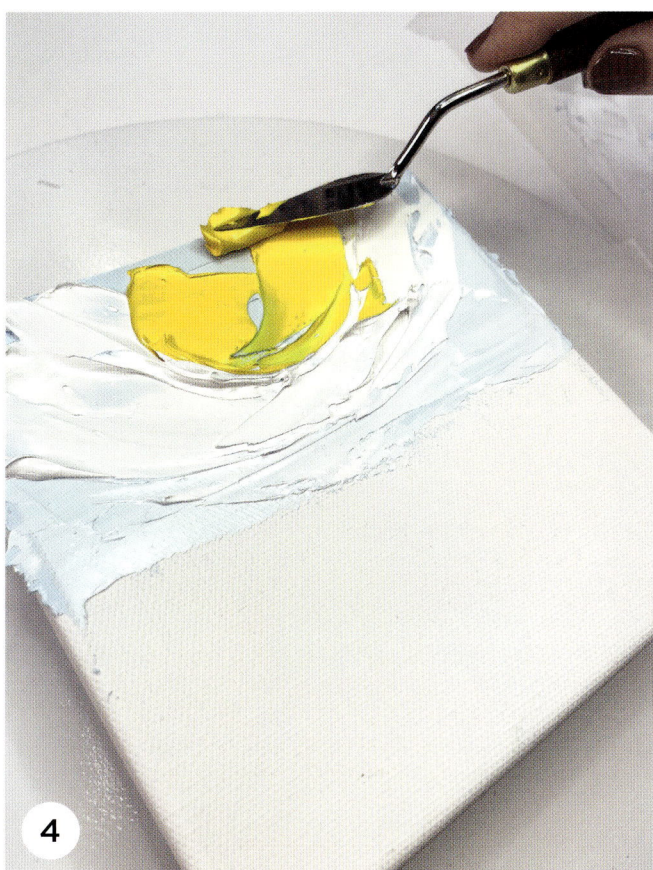

Paso 4: Crear el sol

- Cargue la espátula limpia con 1 cucharada de amarillo y comience en la parte superior, un poco a la izquierda del centro, para hacer un trazo circular mediante un movimiento similar al anterior. El objetivo es lograr un sol redondo. Repita este paso en el otro lado, comenzando en la parte superior, ligeramente a la derecha, y terminando con una bonita forma redonda. Esta parte puede ser difícil, pero recuerde que con la espátula no busca la perfección; así que si su sol no es perfectamente redondo, no pasa nada. Para corregir las manchas de pintura que impidan la redondez, basta con rasparlas con la punta de la espátula.

- No le recomiendo que utilice la punta de la espátula para trabajar el sol. A mi me gusta añadir algunas vetas de amarillo a las nubes para que la transición de dicha tonalidad al blanco no sea tan brusca. Aplique una pizca de amarillo en la punta de una espátula y añada pequeñas rayas y reflejos en los bordes de los barridos de las nubes, siguiendo el movimiento ascendente y descendente de las mismas.

Pruebe una base giratoria «lazy Susan»

Aquí es donde la base giratoria resulta realmente útil. Pintar con espátula requiere mucho espacio para el movimiento de los codos, así que la posibilidad de girar el cuadro para maniobrar con la espátula y hacer formas difíciles y complejas es una ventaja.

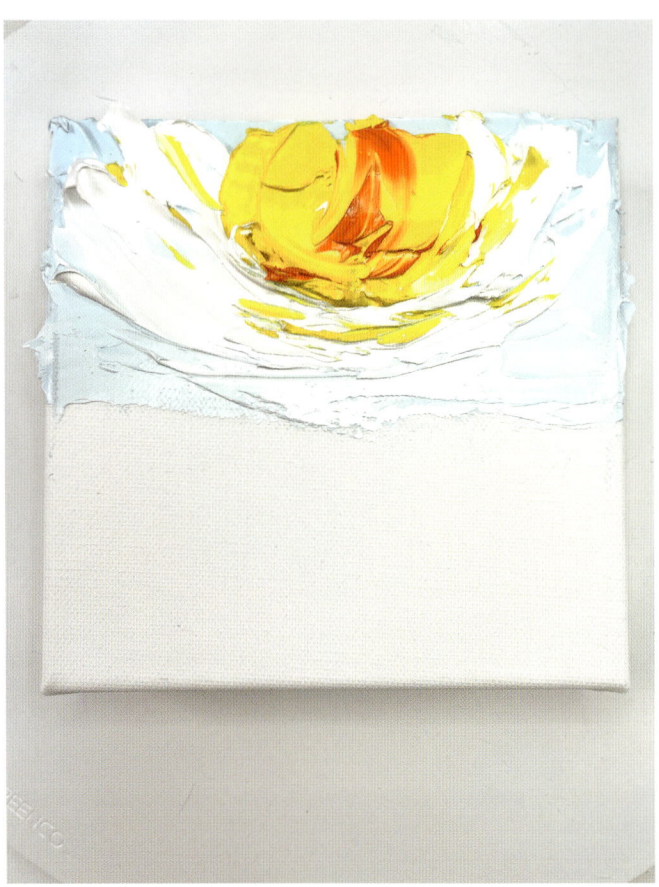

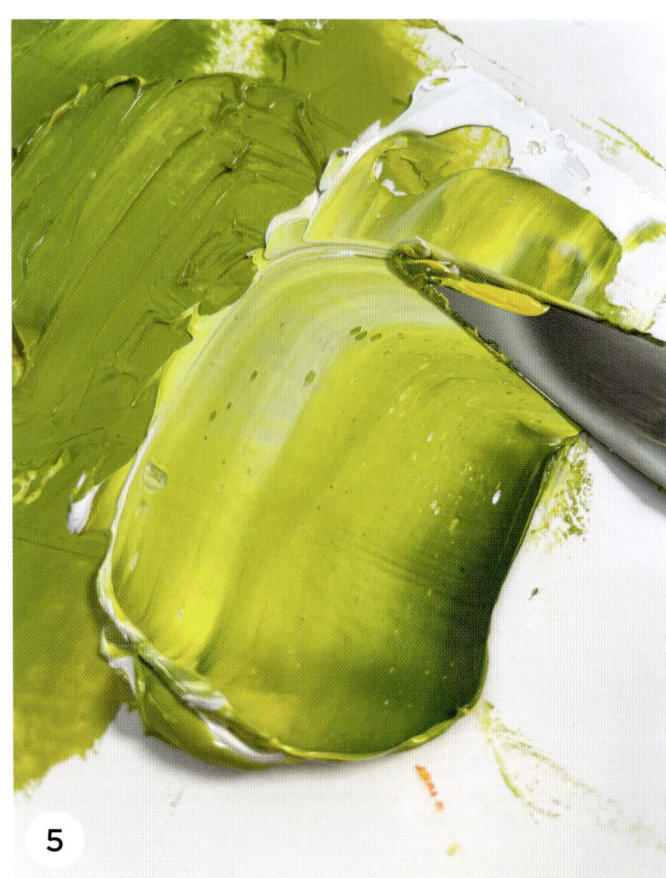

- Mezcle un poco de naranja para dar más dinamismo al sol y romper la gran mancha amarilla. Con una espátula limpia, mezcle una cantidad de rojo de cadmio del tamaño de un guisante con 1 cucharadita de amarillo para crear un bonito y vibrante color naranja.
- Cargue la espátula limpia con una cantidad de naranja del tamaño de un guisante en la punta y haga un barrido circular, «dibujando» con la punta del cuchillo. Este barrido debe estar ligeramente descentrado para crear un equilibrio compositivo; no queremos que todo esté exactamente en el centro.

- Si cree que la franja naranja es demasiado oscura o excesiva, utilice una espátula limpia para pasar directamente por encima y eliminar parte de la pintura con el lado derecho del filo, haciendo el mismo movimiento que utilizó para crear la franja.

Paso 5: Degradado entre el horizonte y la hierba

- Ahora vamos a completar el resto del fondo antes de abordar los pasos finales. Este cuadro resulta tan llamativo en parte porque el rojo y el verde están en lados opuestos de la rueda cromática, lo que significa que son colores complementarios.
- Mezcle una cantidad de verde del tamaño de un guisante con 1 cucharada de pintura amarilla. Como en el caso del cielo azul, asegúrese de mezclar variaciones de verde, con un tono muy claro para la línea del horizonte y un tono más oscuro para el primer plano. Este degradado dará mucha profundidad a la pintura.

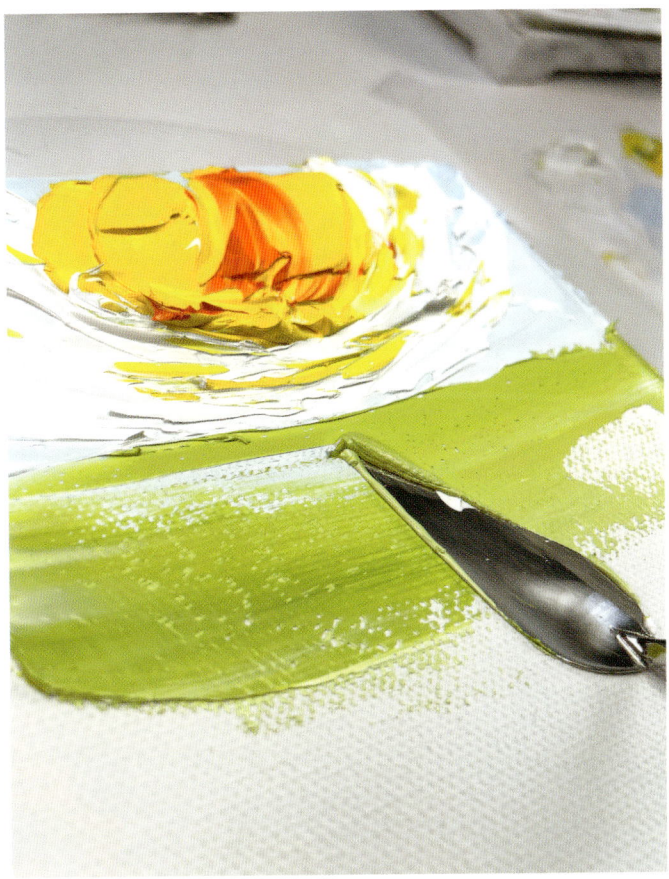
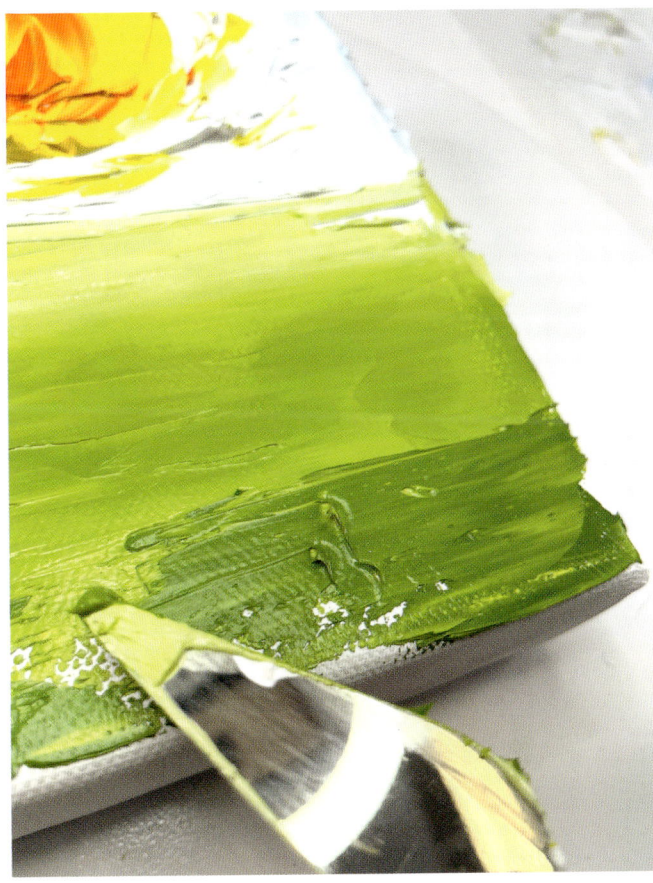

- Cargue el borde derecho de la espátula con 1 cucharada del verde amarillento más claro, asegurándose de alinear la punta del cuchillo con la parte inferior del cielo. No raspe el cielo ni el sol. Lo ideal es hacer un solo barrido, grande y fluido y de derecha a izquierda, llenando el lienzo y formando la línea del horizonte. El borde recto de la espátula es ideal para trazar líneas naturales.

- Ahora puede rellenar el resto del degradado. Cargue la espátula con 1 cucharada, o un poco menos, de verde ligeramente más oscuro y repita el barrido para crear otra franja debajo de la primera, haciendo coincidir los bordes.

- Limpie la espátula y cárguela de nuevo con el verde más oscuro. Para terminar, dé una última pasada por la parte inferior. Ahora puede mezclar las rayas haciendo trazos de lado a lado con la parte superior de la espátula (no la punta).

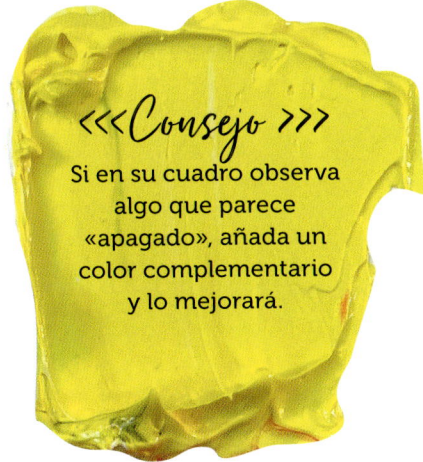

<<< *Consejo* >>>

Si en su cuadro observa algo que parece «apagado», añada un color complementario y lo mejorará.

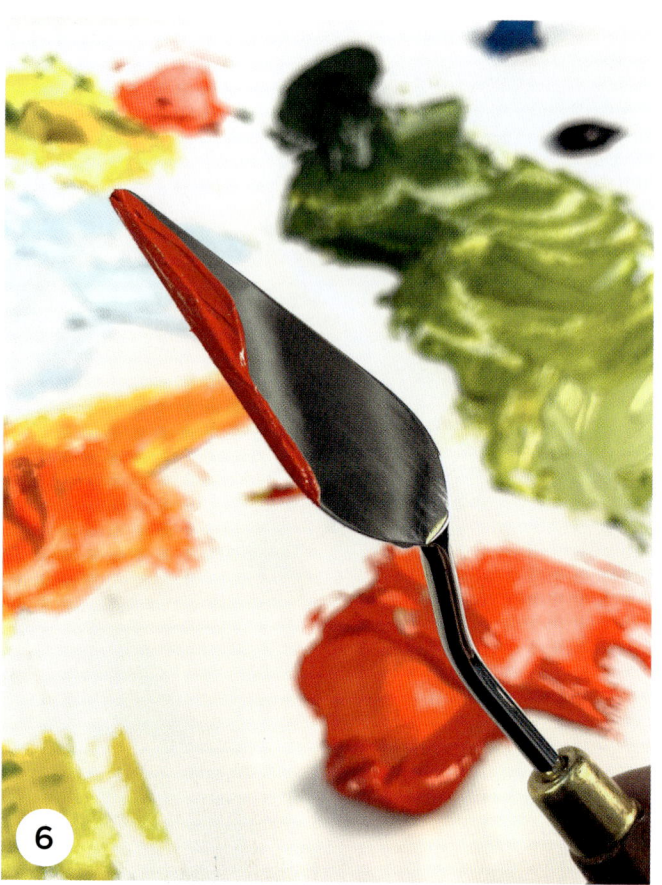

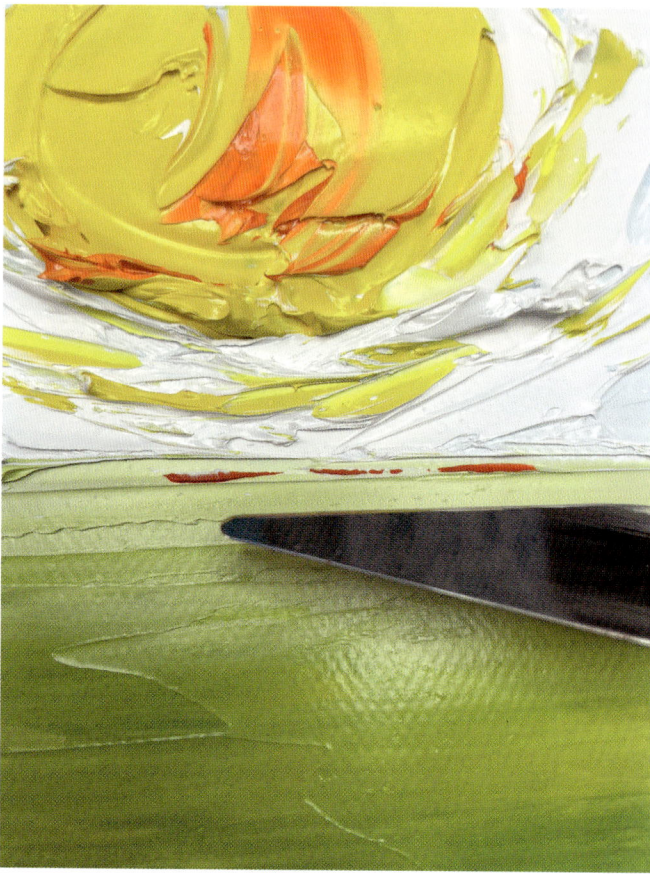

Paso 6: Mezclar el rojo y crear las amapolas

- Ahora empieza la parte divertida. Utilizando el rojo cadmio de su paleta, termine la pieza con flores preciosas, vibrantes y extremadamente texturizadas. Empiece por la línea del horizonte y avance hasta las amapolas grandes del primer plano.

- Utilice el borde derecho de la espátula (no la punta). Mezcle un poco de rojo para obtener una porción más fina y que sea ligeramente más fluida y menos texturizada. En este punto no deseamos tener más textura, ya que se trata de un detalle pequeño. Deje la textura extrema para los elementos más grandes, como el sol y las amapolas situadas en el primer y segundo planos. Para crear profundidad y movimiento, deje algunas partes más planas para que que resalte mejor la textura de la parte superior.

- Ponga una cantidad mínima de rojo en el filo derecho de la espátula y utilícelo para trazar algunas líneas bajo la línea del horizonte. Procure que no sean continuas del todo, sino ligeramente escalonadas para que parezcan desiguales. Estas son las amapolas que aparecen en la lejanía, y deben ser diminutas para crear profundidad.

- Limpie la espátula y vuelva a cargarla, esta vez utilizando un poco más de pintura con textura. Repita las líneas irregulares, asegurándose de dejar pequeñas manchas. Procure dejar muchos huecos por los que asome el verde.

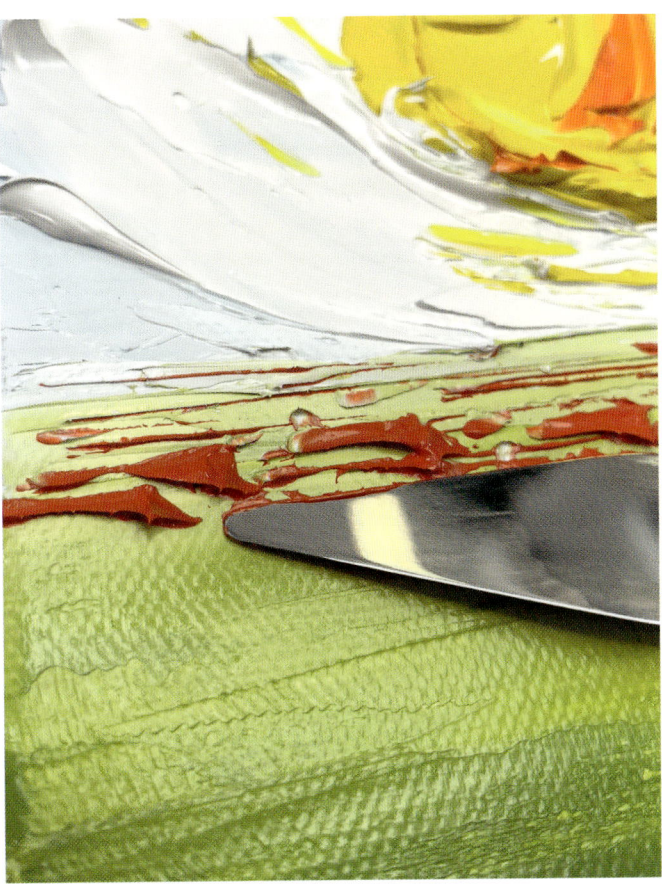
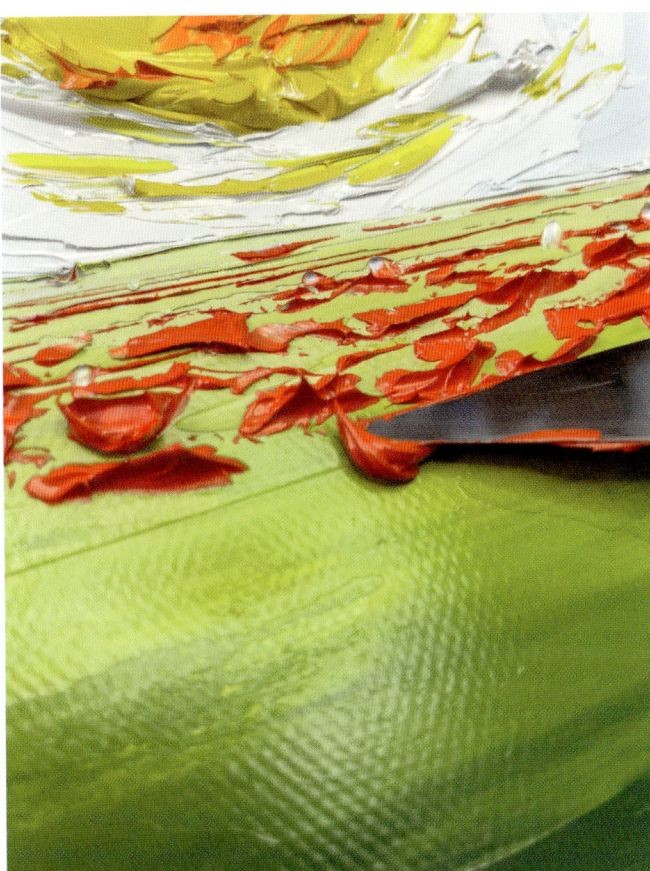

- Ha llegado el momento de empezar con las amapolas individuales. Cargue la punta de una espátula limpia con una cantidad de pintura del tamaño de un guisante y aplíquela rápida y firmemente, sin aplastarla contra la capa de pintura verde que hay debajo. Vaya levantando la espátula a medida que avanza.
- Repita la acción utilizando diferentes ángulos y, para algunas amapolas, haga varios pétalos con el mismo movimiento, usando la punta de la espátula para unir las manchas y crear distintas variaciones. Las flores nunca son idénticas, y cuanto más podamos capturar estas diferencias, mejor quedará el cuadro. Además, así aportará sensación de movimiento y un increíble reflejo de la luz. Junto con las sombras creadas por la textura, conseguirá que el cuadro brille de verdad.
- A medida que avance en el primer plano, utilice cada vez más pintura (limpiando la espátula cada vez) y haga flores cada vez más grandes, terminando con la más gruesa en la parte inferior. A estas alturas, debería utilizar aproximadamente 1 cucharadita o más de pintura para cada pétalo o flor.

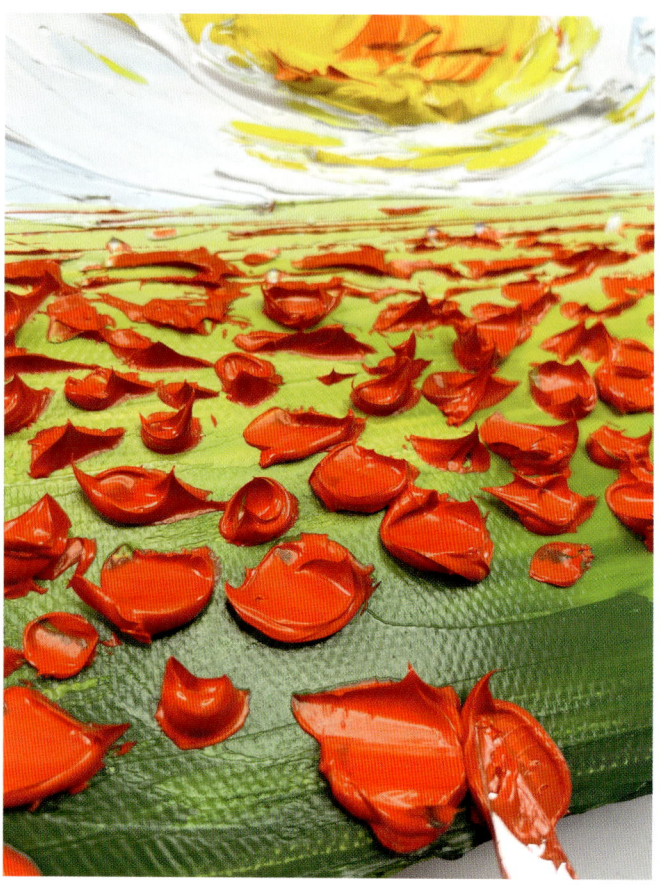
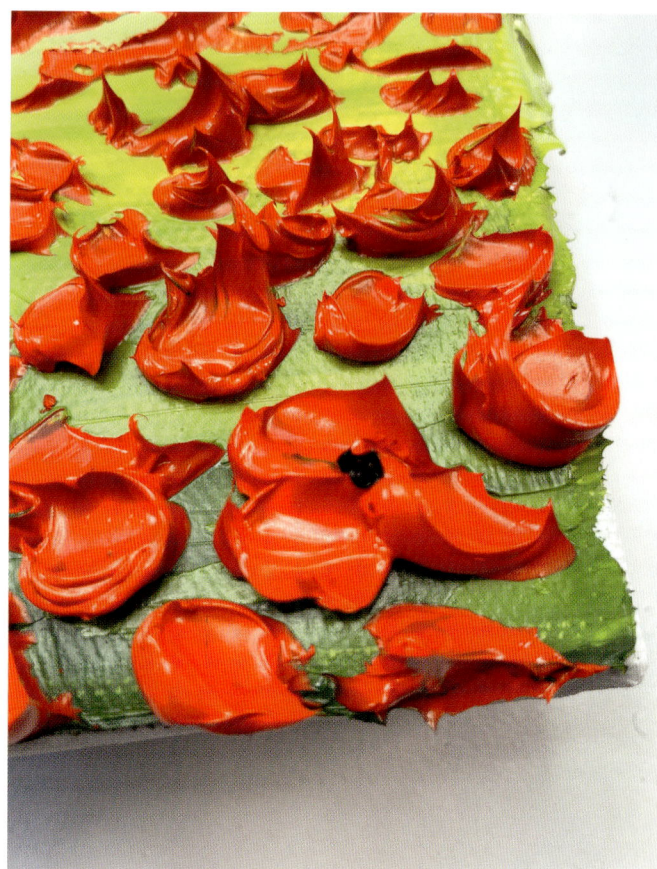

- Ahora es necesario terminar la pieza con algunos reflejos negros en los centros de las flores para crear definición y unirlo todo.
- Ponga una pequeña cantidad de gris de Payne en la espátula más pequeña, si la tiene, y rellene el centro de cada amapola. Hágalo en todas ellas, utilizando cantidades más pequeñas para las amapolas del fondo. No aplique gris en las filas del fondo que no presentan formas de amapola bien definidas.

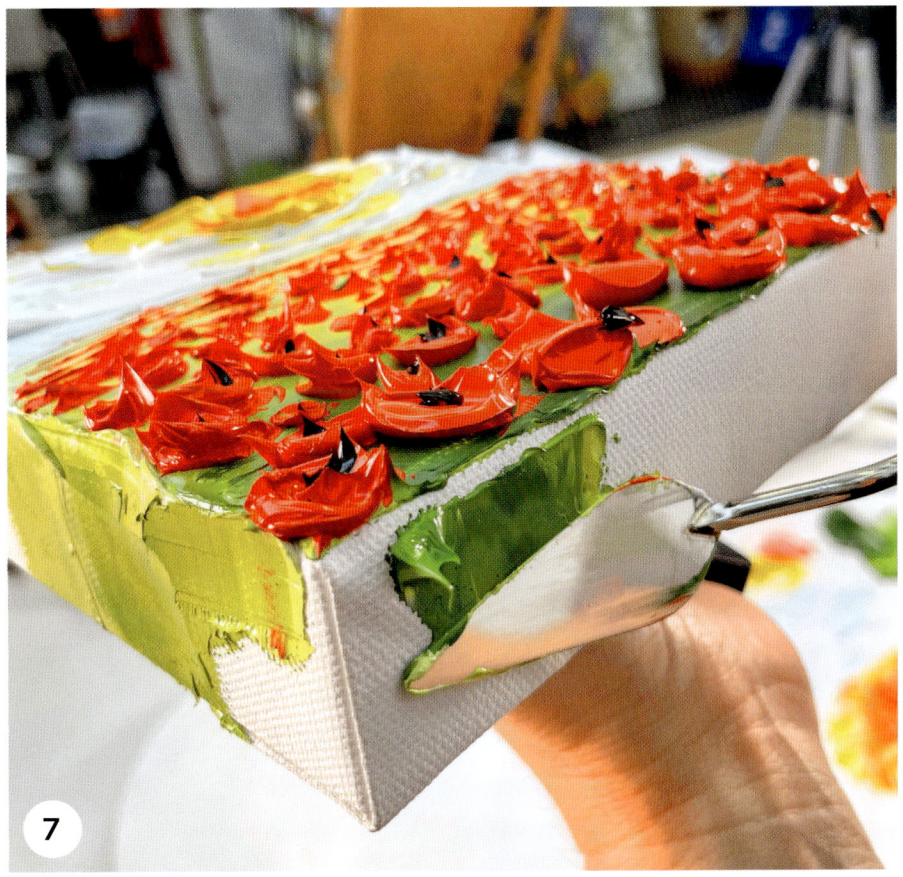

7

Paso 7: Terminar la obra

- Enhorabuena iha terminado su obra! Ahora puede firmarla. En las obras más pequeñas me gusta firmar en el borde derecho. También me gusta pintar todos los laterales de mis cuadros con los mismos colores y motivos, pero menos texturizados que en la superficie. Estos laterales forman parte del cuadro y contribuyen a crear el efecto de textura tridimensional.

- No hay una forma realmente fácil de pintar los lados del marco. Si usa un caballete, podrá acceder a tres de ellos sin problemas, pero a mí me gusta sujetar la pieza con las manos e ir pintando poco a poco. Luego, lo pongo plano sobre una paleta de papel para que se seque. Asegúrese de que deposita su cuadro en una zona libre de polvo; una estantería o armario pueden ser dos sitios adecuados para tal fin.

- Cuando esté seco al tacto, podrá colgarlo en la pared para que se seque por completo, tal y como hacía Vincent Van Gogh.

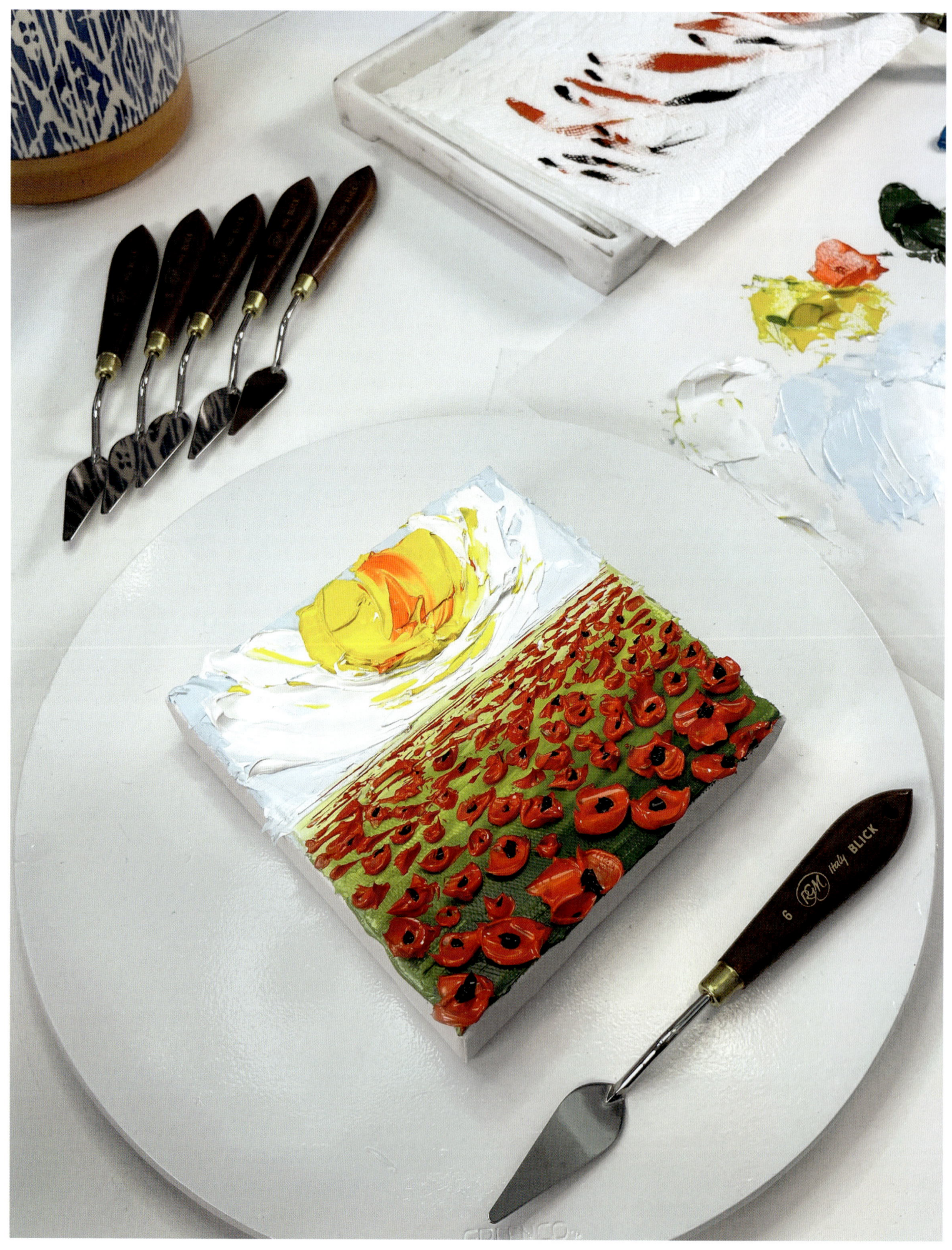

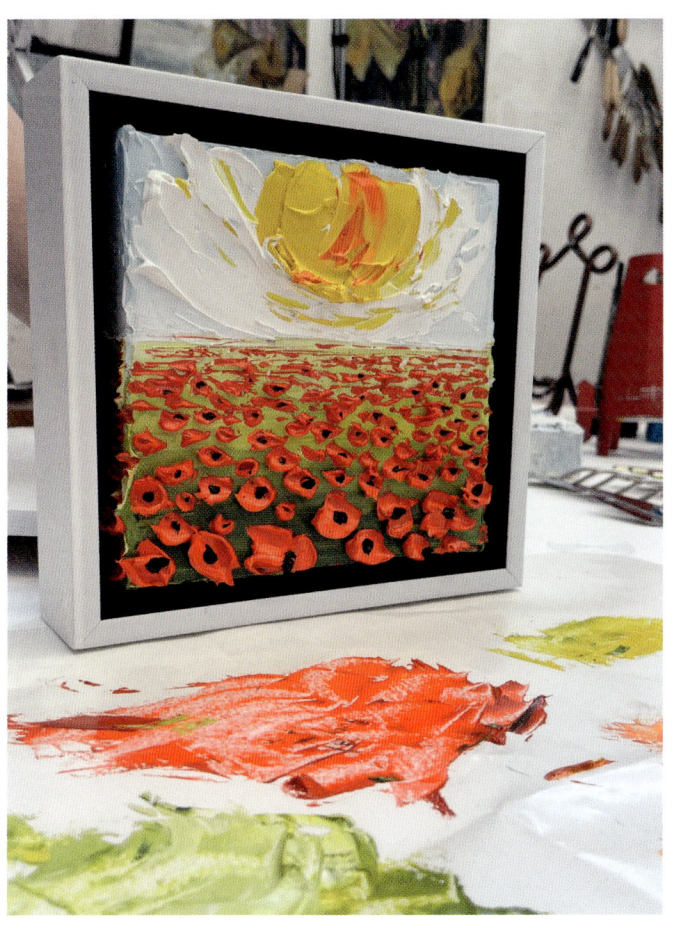

RESUMEN: *¿Cómo le ha ido?*

Mientras pintaba, ¿se relajó y dejó que la espátula fluyera? Esta técnica no es fácil y requiere práctica, así que, independientemente de si le han gustado o no los resultados, ¡siéntase bien por haber pintado un cuadro!

Me encanta la sensación de productividad que se genera al terminar un cuadro, sobre todo cuando son pequeños y rápidos. En un mundo ajetreado lleno de compromisos y responsabilidades, es mi explosión de creatividad y mi chispa de alegría del día. Es algo que me satisface, y por eso he perseverado y he practicado lo suficiente para perfeccionar mi habilidad. Como todo artista sabe, algunos cuadros salen mejor que otros, y la pintura con espátula es muy espontánea. Hay que seguir intentándolo y disfrutar de los felices «incidentes».

Si se mantiene receptivo a la improvisación, la flexibilidad y los retoques, y sabe cuándo parar, tendrá un buen comienzo. Recuerde que si algo queda bien y tiene estilo, es mejor dejarlo así. No le dé demasiadas vueltas ni lo cambie; solo déjelo y aprecie la belleza de su obra.

¿Le está cogiendo el truco a la técnica del bloque de color? Utilizar colores limitados, brillantes y complementarios hará que los elementos de su pintura cobren vida. Intente realizar barridos y pinceladas suaves y decididos. El exceso de trabajo, las vacilaciones y los toques dan lugar a colores confusos y a una pérdida del aspecto gestual que desea para su obra.

« ¿Qué sería de la vida si no tuviéramos el valor de intentar algo nuevo? ».

—VINCENT VAN GOGH

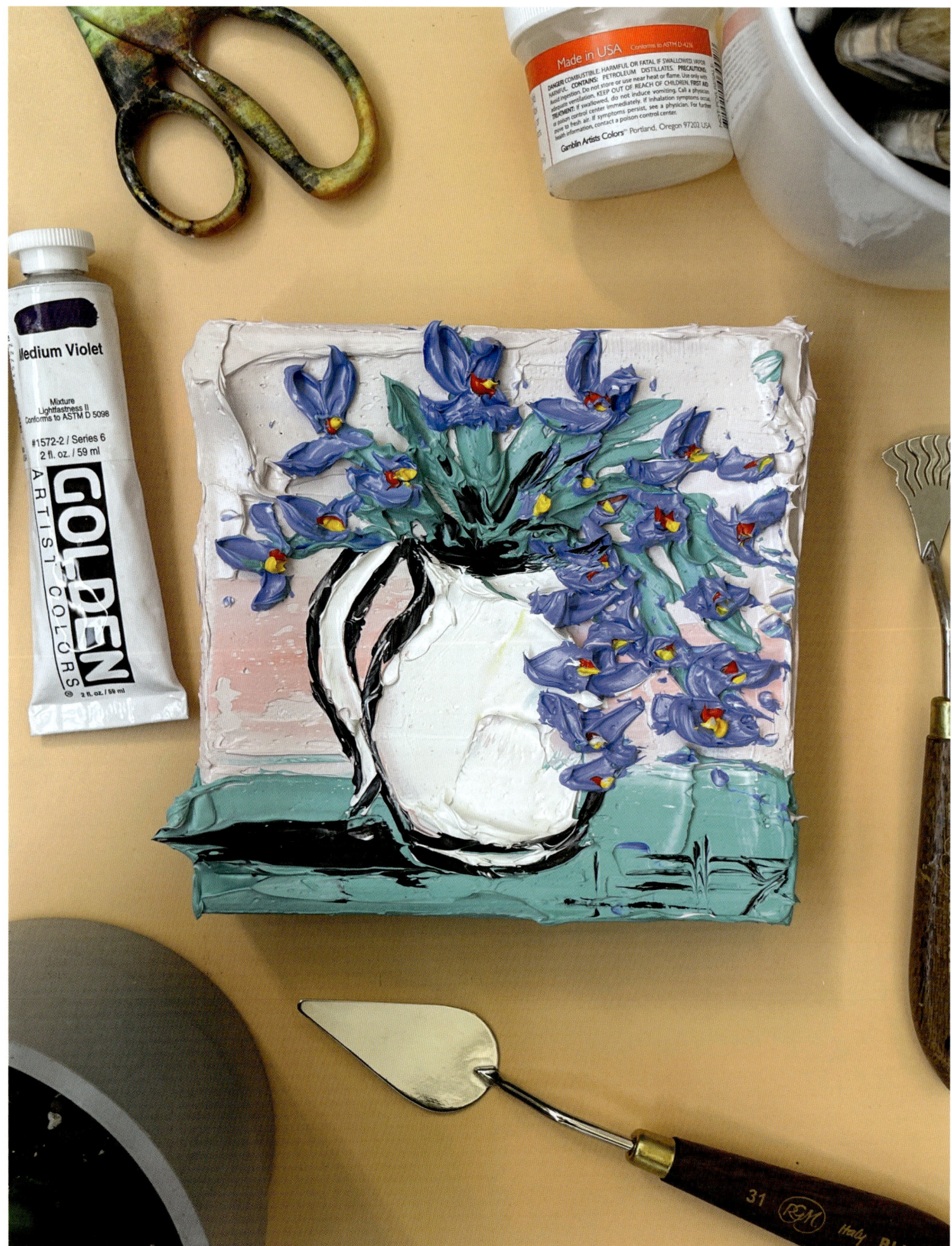

LIRIOS
INSPIRADOS EN VAN GOGH

Herramientas y materiales	Paleta de color	Nivel de dificultad

Herramientas y materiales

- Bastidor entelado de 15 × 15 cm y 3,5 cm de profundidad
- Espátula mediana, con forma de lágrima y punta redondeada
- Espátula pequeña, con forma de lágrima y punta redondeada (opcional)
- Espátula de punta especial con hoja fina de longitud media (opcional)
- Espátula con parte superior angular (opcional)
- Caballete de sobremesa o base giratoria «lazy Susan»
- Paletas desechables de papel
- Papel absorbente o trapo para limpiar la espátula

Paleta de color

- Blanco de titanio
- Amarillo de cadmio
- Rojo de cadmio
- Carmesí alizarina
- Verde esmeralda
- Gris de Payne
- Azul ultramar

Nivel de dificultad

Inspiración

En el verano de 2021, el Museo Metropolitano de Arte y PBS de Nueva York se puso en contacto conmigo para que colaborase en un proyecto de Instagram. Decidí pintar una versión de los *Lirios* de Van Gogh, que forma parte de la colección permanente del Met neoyorquino. Es un bodegón precioso y etéreo, con una paleta de rosas apagados, azules ultramar y verdes esmeralda. Quería darle un toque realmente contemporáneo a la obra más tradicional. El original fue pintado por Van Gogh en mayo de 1890, justo antes de abandonar el manicomio de Saint-Rémy (Francia). En *Lirios* buscó un efecto armonioso y suave disponiendo las flores violeta sobre un fondo rosado. El fondo rojo se ha desvanecido desde entonces, debido al uso de pigmentos rojos fugitivos. En mi versión, los colores son más saturados y vibrantes, pero siguen siendo encantadores y armoniosos. Por suerte para nosotros, y gracias a los increíbles materiales artísticos que existen hoy en día, disponemos de todas las herramientas necesarias.

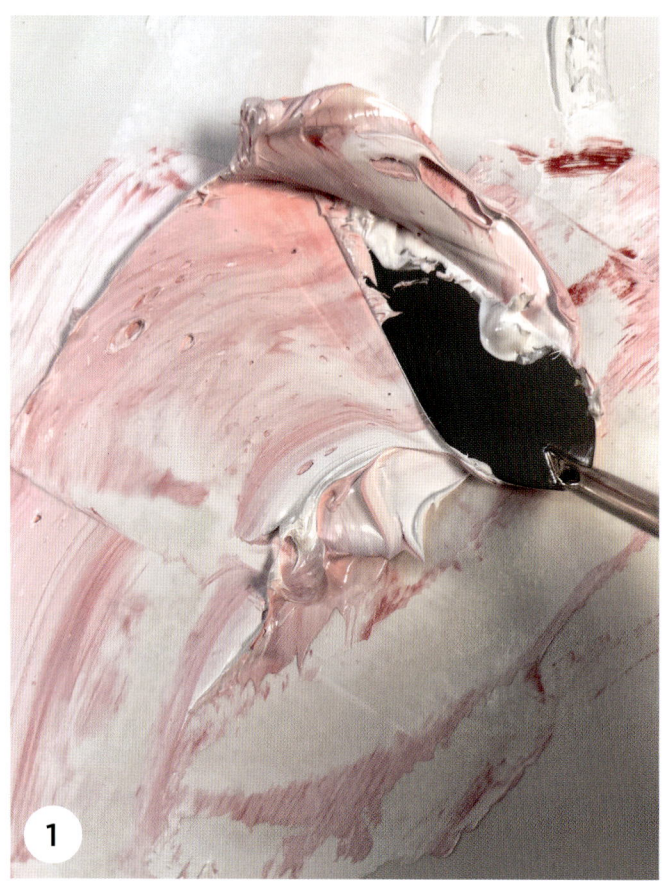

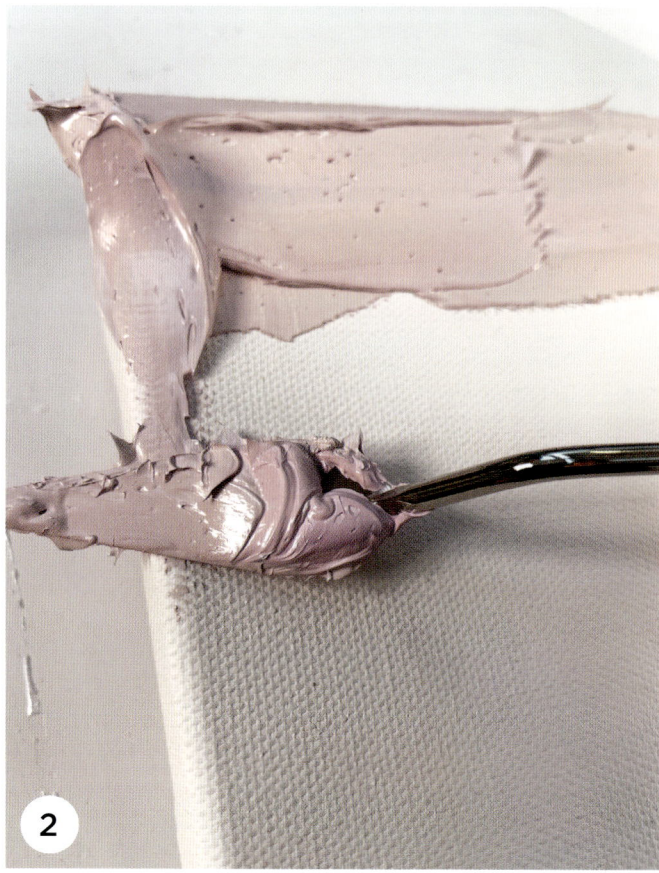

Instrucciones paso a paso

Paso 1: Distribuir los colores y mezclar el color básico del fondo

- Disponga una porción grande de pintura blanca, del tamaño de 3 cucharadas colmadas, en la parte superior izquierda de la paleta. Antes de rellenar el jarrón del cuadro, vamos a bloquear el color del fondo, por lo que queremos mezclar varios tonos de rosa muy claro con algunas variaciones en los colores para acentuar la pared texturizada detrás de las flores.

- Exprima aproximadamente 1 cucharadita de amarillo de cadmio, 1 de rojo de cadmio, 1 de carmesí alizarina, 1 de azul ultramar, 1 de gris de Payne y 1 de verde esmeralda.

- Empiece arrastrando 1 cucharada de blanco y ½ cucharadita de carmesí, y mézclelos hasta obtener un color rosa claro. A continuación, añada una pizca de verde esmeralda para atenuarlo un poco. Queremos que sea un rosa bastante apagado, pero más brillante que el de la pintura original.

- Necesitaremos variaciones de este color, así que deje algunas más claras y también algunas vetas.

- Ahora le daremos algo de calidez con una pizquita de amarillo de cadmio y otra de rojo de cadmio.

- Llegado a este punto debería tener una gran cantidad de rosa malva muy suave con algunas variaciones de tonalidad.

Paso 2: Crear el fondo

- Cargue la espátula con 1 cucharada de rosa y, empezando por la parte superior derecha del lienzo, empiece a rellenar el fondo con un gran barrido a lo largo del mismo. Repita este movimiento recargando la espátula con otra cucharada de rosa y haciendo un barrido de izquierda a derecha. Decidí salirme del borde del lienzo, lo que lo hace mucho más moderno e interesante.

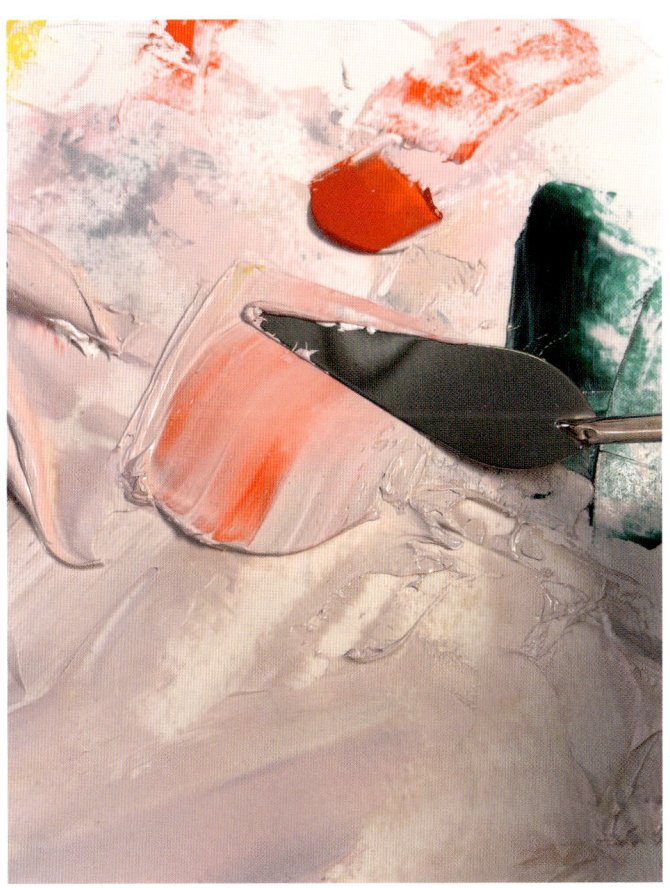

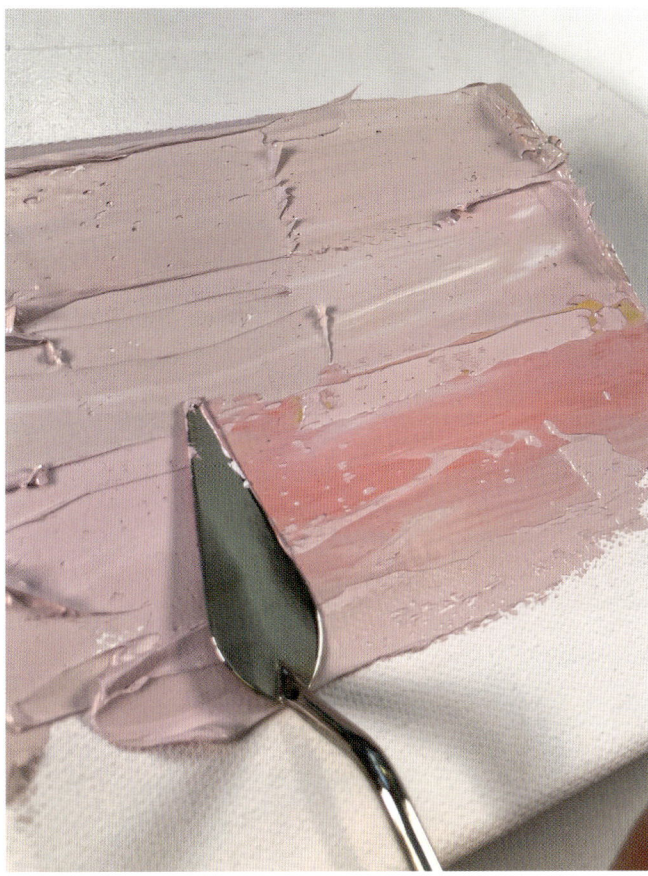

- Me pareció que la enorme mancha de la izquierda era un poco exagerada, así que la reduje un poco con un barrido hacia abajo en el borde. Es una cuestión de gusto personal. A algunas personas no les gusta el efecto «fuera del borde», así que haga lo que le parezca mejor.
- Continúe con el fondo, rellenando el lienzo de lado a lado con más pintura y haciendo los mismos movimientos grandes y gestuales. Deténgase cuando llegue a las tres cuartas partes del lienzo.
- Aquí es donde la pared se une a la zona plana en la que se encuentra el jarrón, y queremos crear algo de contraste.

- Arrastre una pizca de rojo de cadmio y mézclelo con 1 cucharadita de rosa claro hasta obtener un bonito color coral saturado. Vamos a esparcirlo por la pintura existente para que resulte más interesante.
- Cargue el borde de la espátula con 1 cucharadita y, empezando por la derecha, pásela ligeramente por la capa de pintura rosa ejerciendo una ligera presión, pero sin mezclar las dos capas.

Paso 3: Crear el fondo de la base verde

- Ahora rellenaremos el fondo verde, y después empezará la parte realmente divertida: el jarrón de flores de textura extrema.
- Arrastre hacia abajo 1 cucharada de blanco y 1 cucharadita de verde esmeralda. Mézclelo para obtener un bonito color verde menta claro inspirado en Van Gogh. A continuación, añada un punto de carmesí alizarina para atenuarlo un poco. Los colores recién sacados del tubo suelen ser demasiado brillantes, por lo que añadir el color complementario suele darles un aspecto más realista. El rojo y el verde son opuestos en la rueda cromática y, por lo tanto, complementarios, así que funcionan bien

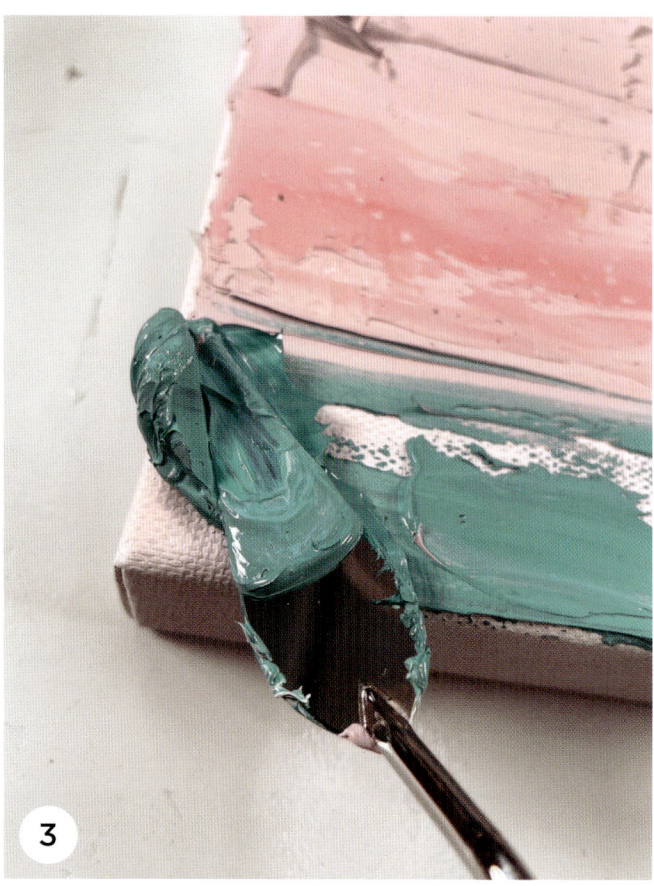

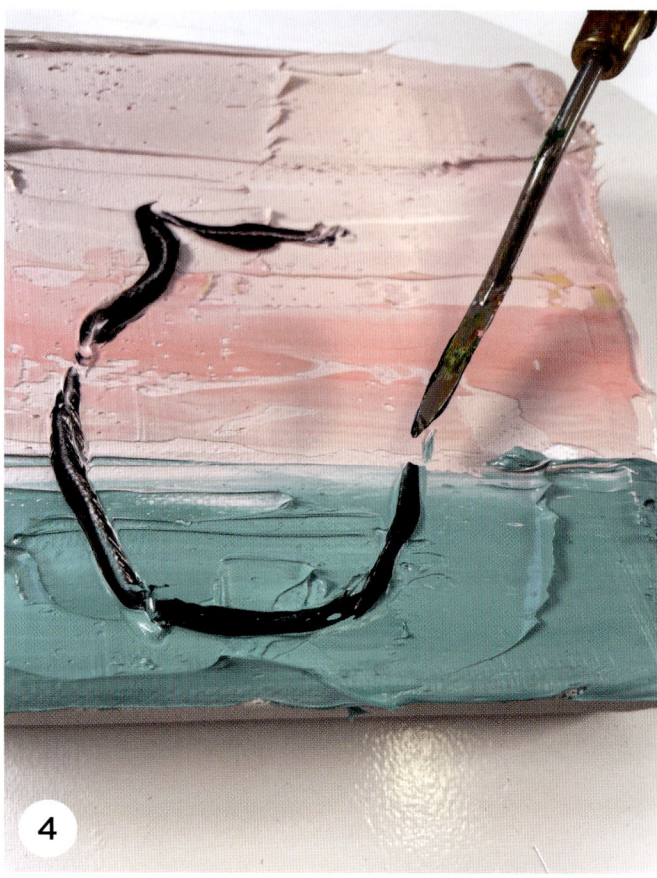

juntos. También queremos mezclar y tener listos diferentes tonos, tanto para el fondo como para las hojas del jarrón, así que haga algunos más oscuros utilizando más verde esmeralda y aclare otros con blanco. Téngalos todos juntos en la paleta listos para usar.

- Empiece a crear el fondo verde menta. Ponga 1 cucharada de verde en la espátula y pásela por el lienzo de derecha a izquierda, de modo que la punta arrastre por la parte inferior de la capa de pintura rosa en línea recta, difuminándola ligeramente y creando una línea recta natural. Limpie la espátula y cárguela con otra cucharada de verde. Empiece por la izquierda y realice un barrido hacia la derecha,

rellenando el lienzo blanco. Aquí he vuelto a salirme del borde solamente por diversión.

Paso 4: Esbozar el jarrón

- Ahora vamos a dibujar el contorno del jarrón con una espátula para detalles. Si no dispone de este tipo de espátula, puede utilizar una normal o mediana. Arrastre 1 cucharadita de gris de Payne y mézclelo para que quede homogéneo y flexible. Aquí no hay textura, solo estamos esbozando el contorno oscuro sobre el fondo rosa y verde.
- Cargue la punta y la parte central de la hoja con una pequeña cantidad de gris de Payne y comience a esbozar su jarrón; empiece en la parte superior central, ligeramente hacia la izquierda, y forme un arquito.

- Limpie la espátula, vuelva a cargarla y comience a dibujar el lado izquierdo del jarrón en forma curva, igualando los bordes. No tiene que quedar perfecto, pero mantener la espátula muy limpia y no usar una cantidad demasiado grande ni gruesa del color oscuro realmente ayuda. Si es necesario, puede raspar fácilmente la pintura oscura, alisar el rosa e intentarlo de nuevo.
- Tampoco queremos intentar pintar todo el lateral del jarrón. Es demasiado difícil y una distancia demasiado grande como para cubrirla sin recargar la espátula. Nos quedaríamos sin pintura y perderíamos también el contorno oscuro, así que es mejor trazar las líneas en pequeños incrementos.

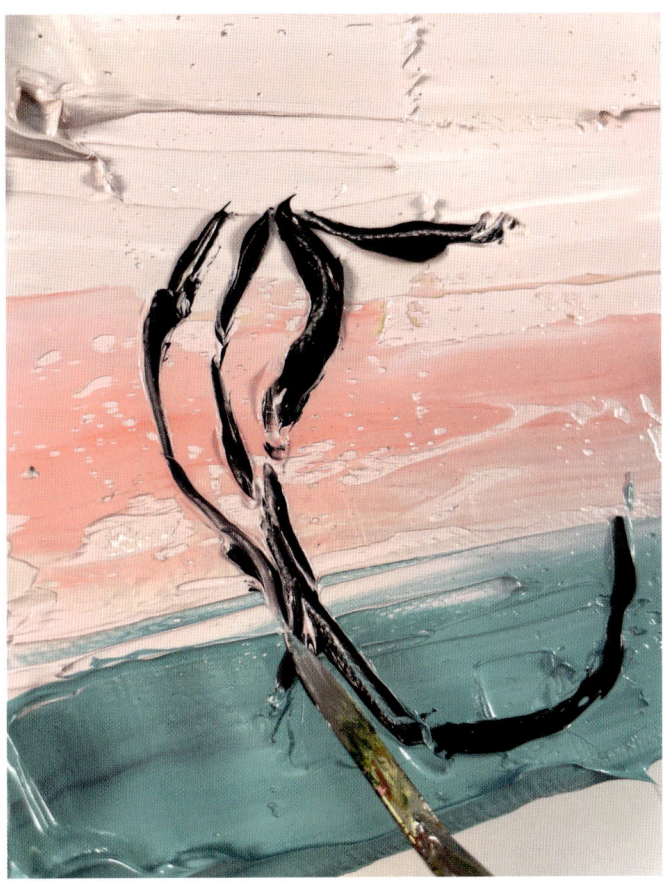
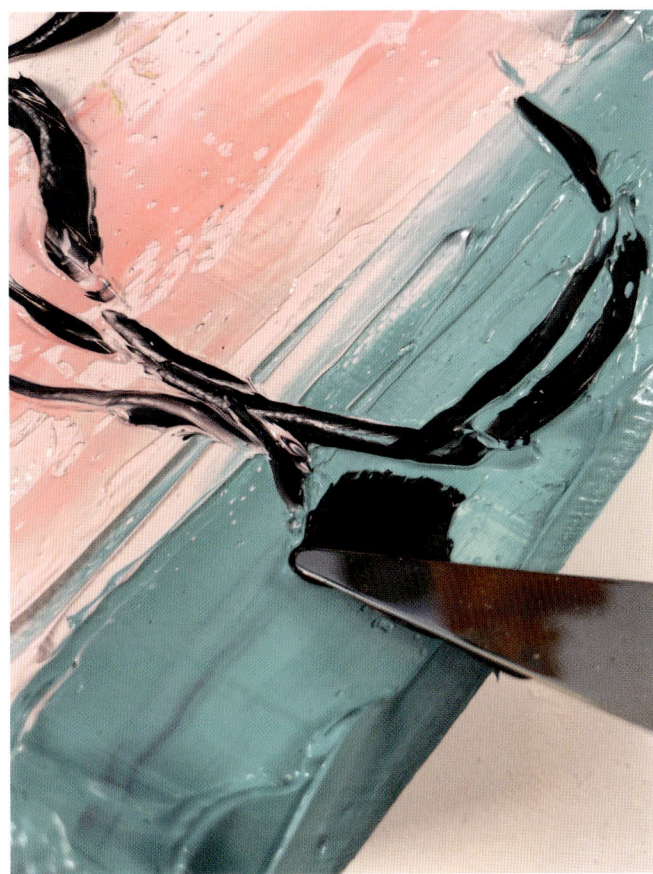

- Limpie y vuelva a cargar la espátula, y comience a dibujar la parte inferior del jarrón donde se encuentra en el verde, formando un pequeño arco, pero asegurándose de que es más grande que el arco superior. A continuación, limpie y vuelva a cargar su espátula, y continúe dibujando el lado izquierdo del jarrón, siguiendo la curva natural de donde se asentaría el borde. Ahora repita el movimiento en el lado derecho, terminando justo por debajo de la mitad. No necesitamos rellenar esta parte, ya que las flores se derramarán fuera del jarrón y la cubrirán, así que si colocamos el color oscuro aquí, interferirá con las flores y enturbiará los colores.

- Ahora continuaremos con el asa. Limpie y recargue la espátula, y dibuje el asa oscura utilizando la misma técnica, haciendo una curva, estrechándose en la parte más gruesa del jarrón, pero continuando después para crear otra parte curva que sobresalga más abajo, que será el extremo del asa.
- A continuación, limpie la espátula y vuelva a cargarla para terminar el asa, y luego esbozando la parte superior, siguiendo la curva del borde anterior.
- Limpie la espátula de nuevo, vuelva a cargarla y dibuje otra línea siguiendo el arco de la parte inferior.
- La última porción de gris de Payne es para dibujar la sombra del jarrón. Con la espátula normal, cargue la parte plana de la punta plana y pásela por el verde del lado izquierdo del jarrón, manteniéndola recta y moviéndola hacia la izquierda, tocando apenas la base del jarrón. Esta parte queda mejor si la línea es horizontal, así que si accidentalmente la ha hecho demasiado grande o abultada, raspe la pintura oscura moviéndola lateralmente de derecha a izquierda, usando la punta de la espátula o el borde afilado inclinado hacia el lado.

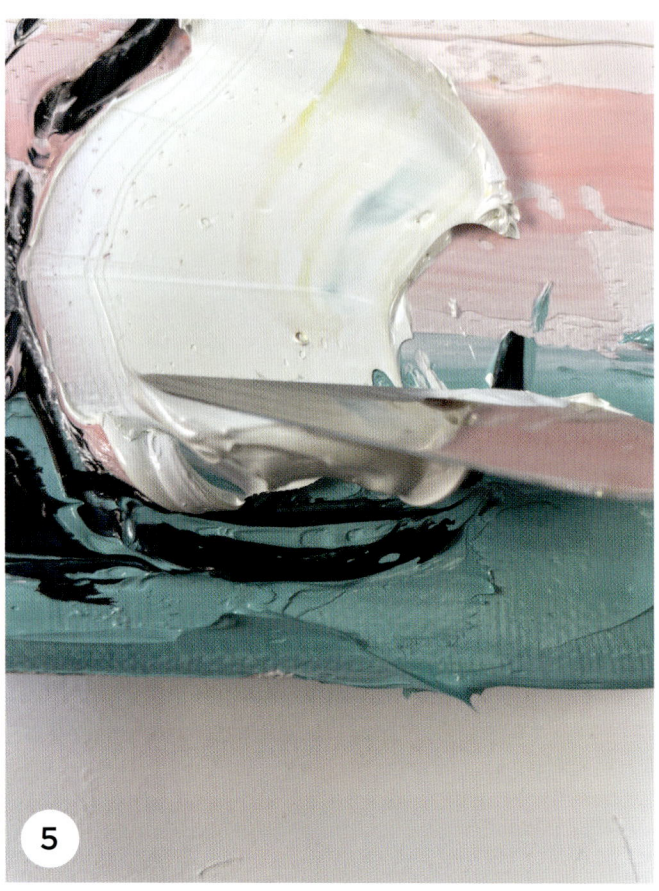

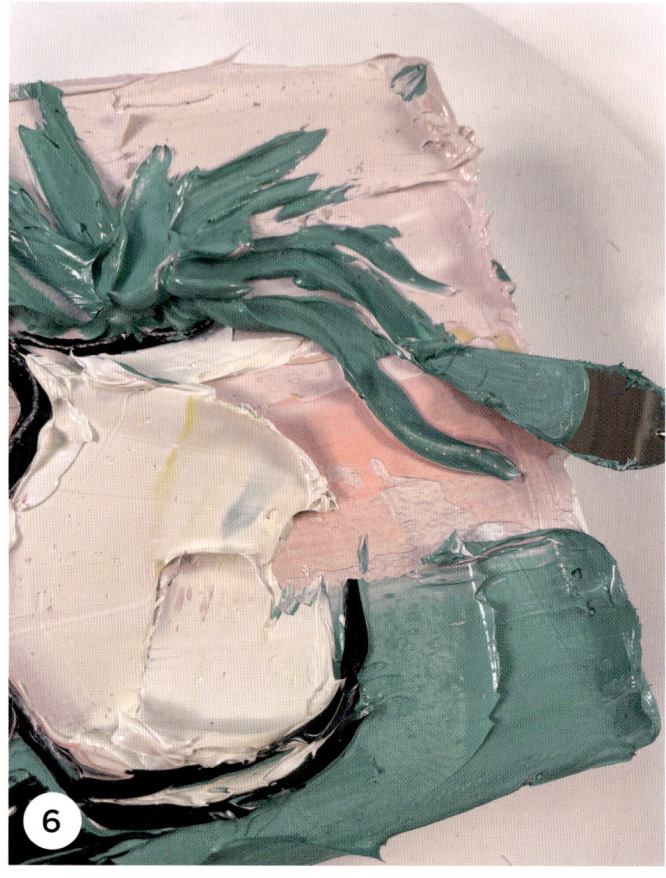

Paso 5: Añadir blanco al jarrón

- Ahora empezaremos a crear la textura del jarrón. Ponga un par de cucharadas de blanco y un punto de amarillo y mézclelos. Cargue la espátula con 1 cucharada y comience por la parte superior del jarrón, pero tenga cuidado de no cubrir los bordes oscuros que ha esbozado. Haga un barrido hacia abajo, hacia el centro del jarrón, rellenando la forma interior del jarrón todo lo que pueda.

- Si se fija bien, verá unas bonitas vetas amarillas orgánicas, resultado de no haber mezclado del todo. Estas siempre añaden interés a la obra. Además, en este caso, atenúan un poco el blanco crudo.

- Limpie y vuelva a cargar la espátula, y continúe con otra porción muy texturizada, empezando esta vez por la parte inferior y llevando la espátula hacia arriba.

- A continuación, rellenaremos el mango. Arrastre la espátula a través de la pintura hacia los lados y hacia abajo, de modo que se forme una cresta de pintura más gruesa. Queremos una parte más fina y texturizada aquí para colorear el mango entre las dos líneas oscuras.

- Ponga la punta de la espátula en la parte superior del lienzo y desplácela suavemente hacia abajo, dejando que la pintura texturizada se deslice hacia el mango, intentando no sobrepasar las líneas negras. También queremos una pequeña porción de blanco en la parte inferior que se curve hacia fuera, para dar al asa su clásica forma curvada. Si utiliza un lazy Susan, es más fácil girar el cuadro boca abajo para capturar este detalle. También es necesario retocar un poco el color oscuro, así que vuelva a cargar la espátula fina con gris de Payne y esboce las líneas oscuras alrededor del extremo del asa, solo para ordenarla un poco.

Paso 6: Añadir los tallos verdes

- Arrastre 1 cucharadita de verde esmeralda y 1 cucharada de blanco y mézclelos. Cargue el filo de la espátula con 1 cucharada de esta mezcla y, con la punta apuntando hacia el borde del lienzo, comience a hacer los tallos poniendo la pintura sobre la tela en tiras,

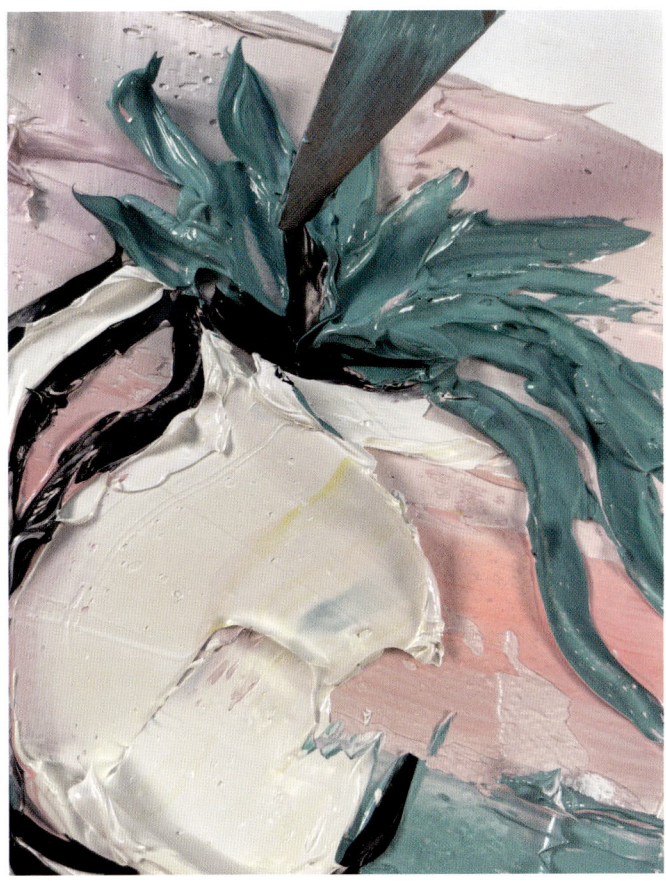
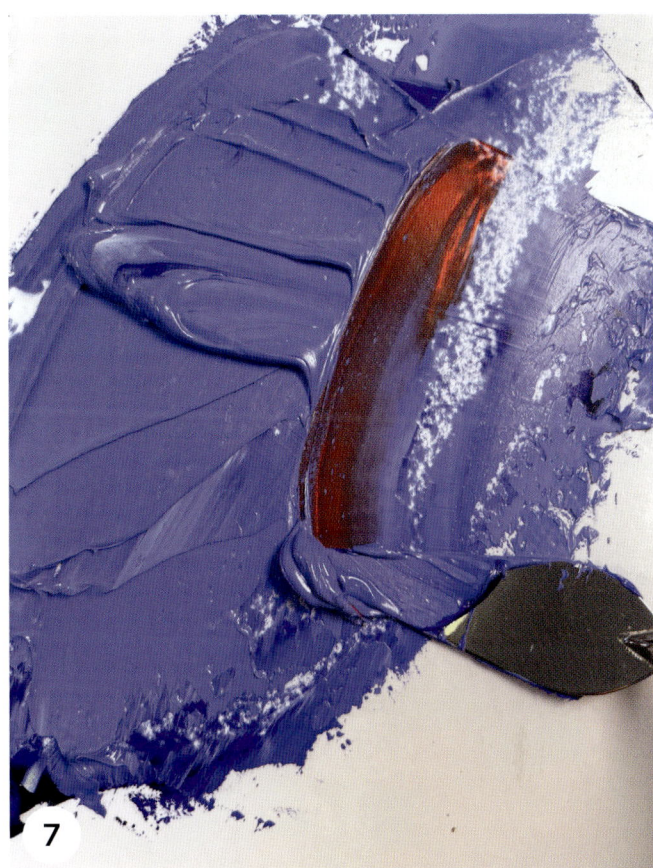

aplicando una suave presión y tirando de la espátula hacia arriba antes de sobrepasar el borde oscuro del jarrón.

- Limpie y vuelva a cargar la espátula, y repita este movimiento, asegurándose de crear franjas en forma de abanico que conecten con la abertura del jarrón.
- Si usa un lazy Susan, puede darle la vuelta al cuadro y hacer algunas franjas empezando por la abertura del jarrón y terminando antes del borde del lienzo. Esto añadirá un poco más de diversidad a la forma de los tallos.
- Mantenga estas franjas a una altura bastante uniforme. Hacia la derecha de nuestro lienzo, vamos a añadir algunos tallos más largos y hojas que caigan para acentuar las flores que

salen en cascada del jarrón. Añada varias franjas más largas a la derecha, que fluyan suavemente hacia abajo, hasta que haya cubierto todo el espacio que va hacia arriba en la apertura del jarrón. Procure no aplastar los tallos. Queremos que el fondo rosa siga asomando por aquí.

- Ahora mezcle un poco de gris de Payne y dibuje un poco más de definición oscura en la base de los tallos, donde se unen al jarrón. Queremos un bonito contraste oscuro aquí, yo me pasé un poco de la línea oscura cuando hice los tallos. También arrastré un poco de la pintura oscura hacia arriba con el lateral de la espátula para dar más definición a los tallos.

Paso 7: Añadir las flores azules

- Ahora empieza la mejor parte. Añadir las flores muy texturizadas es siempre una manera alegre de terminar que realmente aporta vida a la obra. En este punto suelo estar bastante impaciente por terminar. El ímpetu me hace avanzar y estoy lista para sentir que lo he logrado.
- Arrastre 1 cucharada de azul ultramar y un par de cucharadas de blanco y mézclelos sin aplicar demasiada presión. Añada una pizca de rojo de cadmio y mézclelo con el azul para atenuarlo un poco. En este caso está bien que haya vetas de azul y blanco, pero intente mezclar bien el rojo de cadmio.

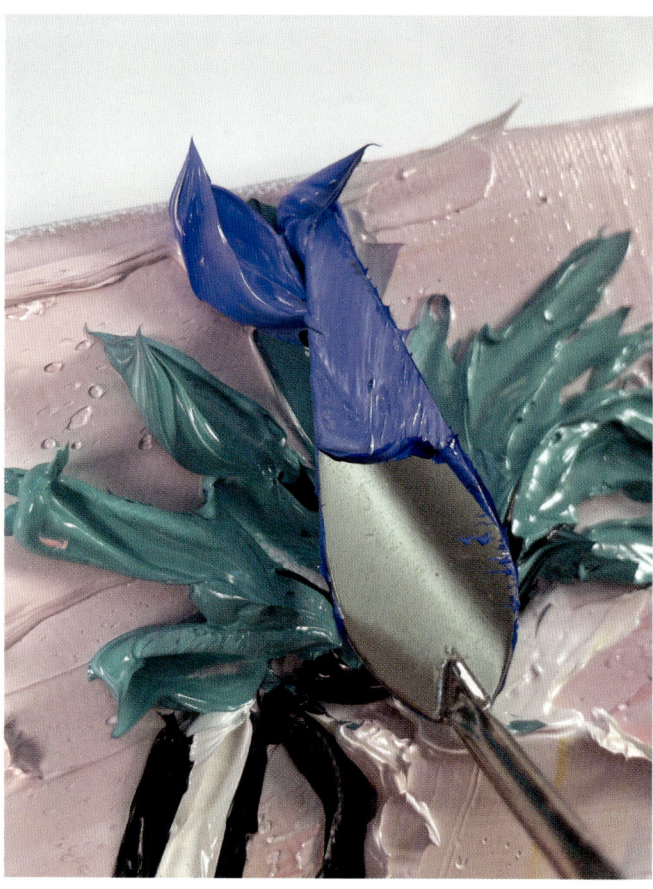
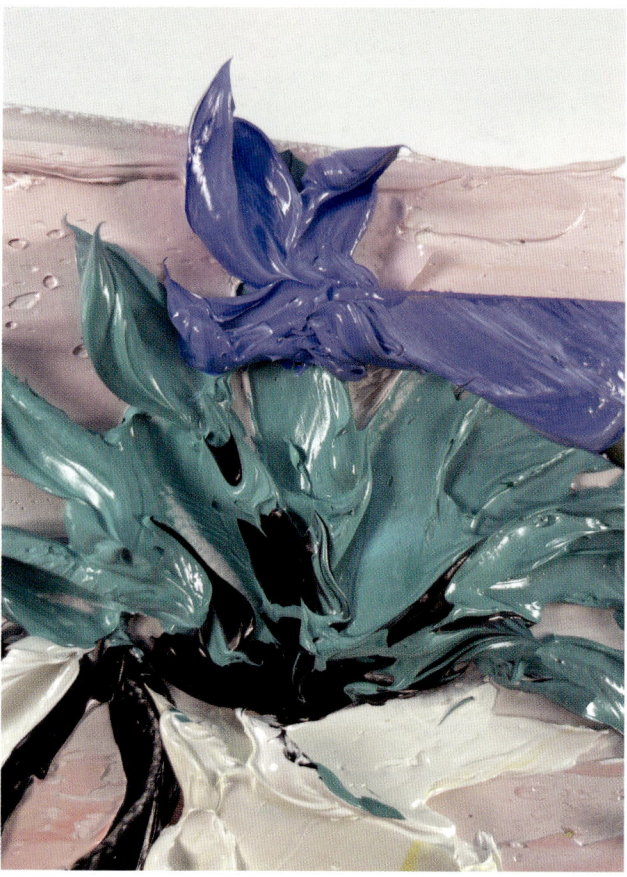

- Cargue la punta de la espátula con ½ cucharadita de azul. Ahora haremos los detalles, por eso utilizaremos más la punta de la espátula. El trazo debe ser algo alargado; para ello, cuando cargue la espátula, arrástrela hacia abajo en la paleta algo más de 1 centímetro, girando la mano ligeramente en el sentido de las agujas del reloj al recoger la pintura. De esta forma, logrará que se distribuya a lo largo de la espátula.

- Empezando por el centro de los tallos en la parte superior, pinte el primer pétalo de lirio (sin dar toques) colocando la punta de la espátula sobre el lienzo y arrastrándola hacia abajo solo un poco antes de arrastrarla hacia arriba, aplicando presión para que la pintura se adhiera a la tela creando la forma alargada del pétalo.

- Aquí puede ser útil usar una espátula más pequeña. Llevo mucho tiempo haciendo esto, así que no me resulta difícil utilizar la espátula grande para definir los detalles más pequeños, pero una espátula más pequeña es más fácil de manejar para obtener un buen resultado.

- Limpie la espátula, vuelva a cargarla y continúe con el siguiente pétalo a la derecha del primero utilizando la misma técnica.

- Observe que los míos sobresalen un poco del borde superior del lienzo. Para hacerlo, coloque la punta de la espátula de modo que la pintura quede justo en el borde y, a continuación, aplique una ligera presión para que la pintura se adhiera. Arrástrela hacia abajo y luego desplace la espátula hacia arriba.

- Ahora rellenaremos los pétalos inferiores. Con una espátula limpia, y usando la misma técnica para cargar la espátula, ponga la punta de la espátula ligeramente a la izquierda de los pétalos que ya ha pintado, pero en una posición más horizontal y arrastrándola lateralmente hacia el centro de la flor. Si tiene un lazy Susan, puede girarlo para colocar el lienzo donde le parezca adecuado para completar los ángulos y la dirección de los pétalos.

- Para el último pétalo deberá repetir este paso, comenzando por el lado exterior derecho y dibujando el pétalo hacia el

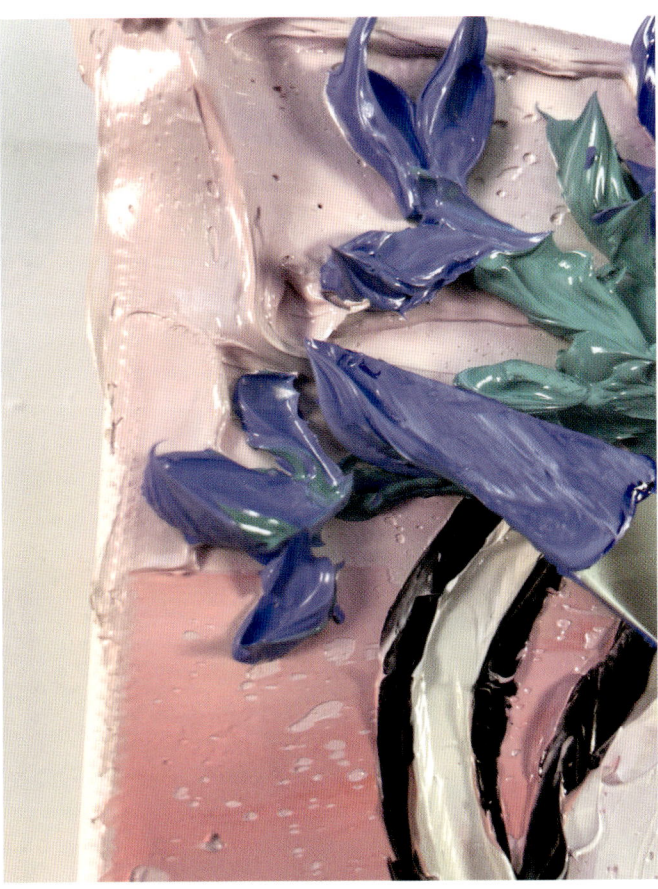
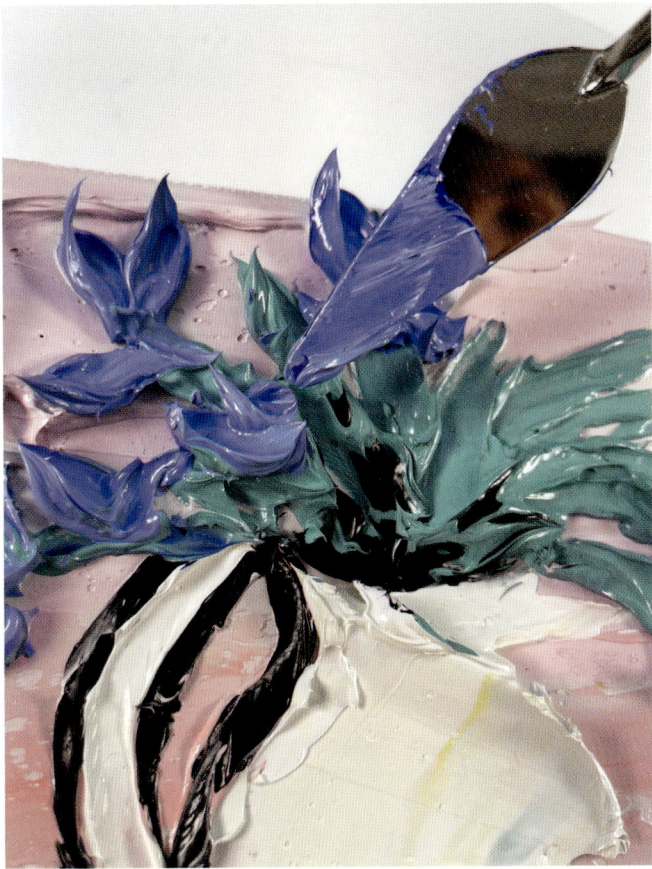

centro de la flor. Una vez más, si usa un lazy Susan puede dar la vuelta al lienzo para completarlo. Es un poco complicado, y una buena regla que hay que recordar es que la mayor parte del tiempo se dibuja la punta de la espátula hacia fuera y hacia dentro, hacia el centro de la flor, y no al revés. Si no tiene un lazy Susan, le recomiendo que coloque el lienzo boca abajo o lo gire para conseguir estos detalles más direccionales. Incluso puede pintarlos directamente sobre una mesa, en plano.

- Repita esta técnica para hacer otra flor a la izquierda. La mía es un poco más grande para obtener algo de variación.

- Después, haga otra justo por encima de la parte superior del asa, pero con cuidado de no pintar sobre la pintura del asa. En este punto empiezo a variar las formas de las flores para que no sean todas perfectamente iguales. La tercera, por ejemplo, solo tiene tres pétalos. También es importante no aplastarlas todas juntas. De lo contrario, se formará un lío de pintura texturizada y se perderá el efecto de bloque de color.

- A medida que avanzamos sobre la pintura verde muy texturizada, resulta más difícil colocar la pintura azul encima. Aplicar grueso sobre grueso es complicado. Cuando la pintura de debajo está muy texturizada, suelo añadir una mancha encima en lugar de una flor perfectamente formada y texturizada. Hágalas con pequeños toques, sin

excederse. Si no está satisfecho con los pétalos azules, puede quitarlos con la punta de la espátula, volver a aplicar el verde y empezar de nuevo. En este caso, intente que los trazos sean lo más grandes posible para evitar un aspecto recargado.

- Pasemos ahora a los tallos de la derecha. Ya hemos trabajado bastante en el lado izquierdo, y más pintura empezará a enturbiar lo que ya tenemos. Haga otra flor a la derecha de la primera y luego otra a la derecha de esta, en el extremo superior de los tallos, pero no más arriba para que no parezca que están flotando. A menudo, solo tienen unos tres pétalos y son bastante dinámicas y sueltas, bailando alrededor de los tallos.

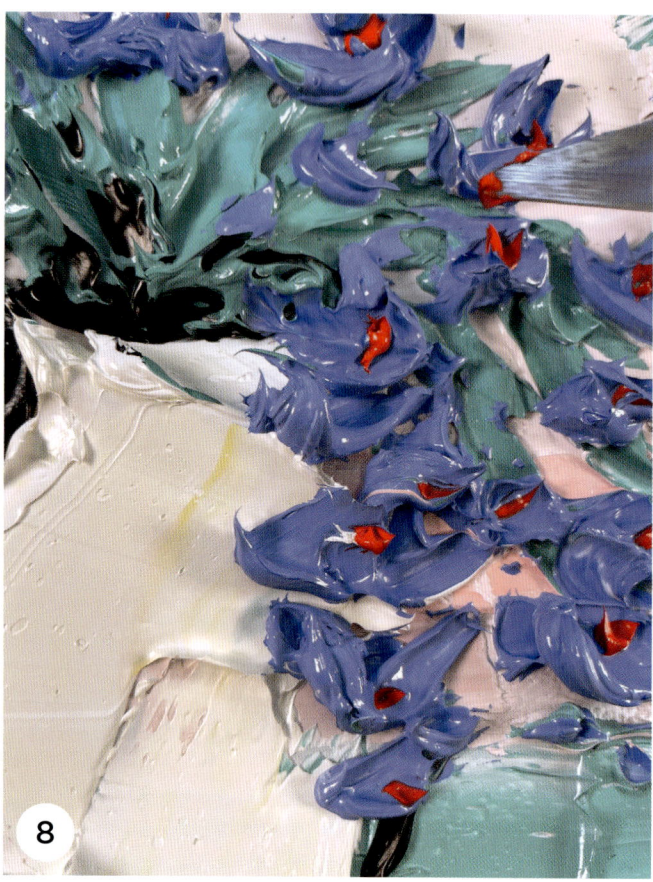
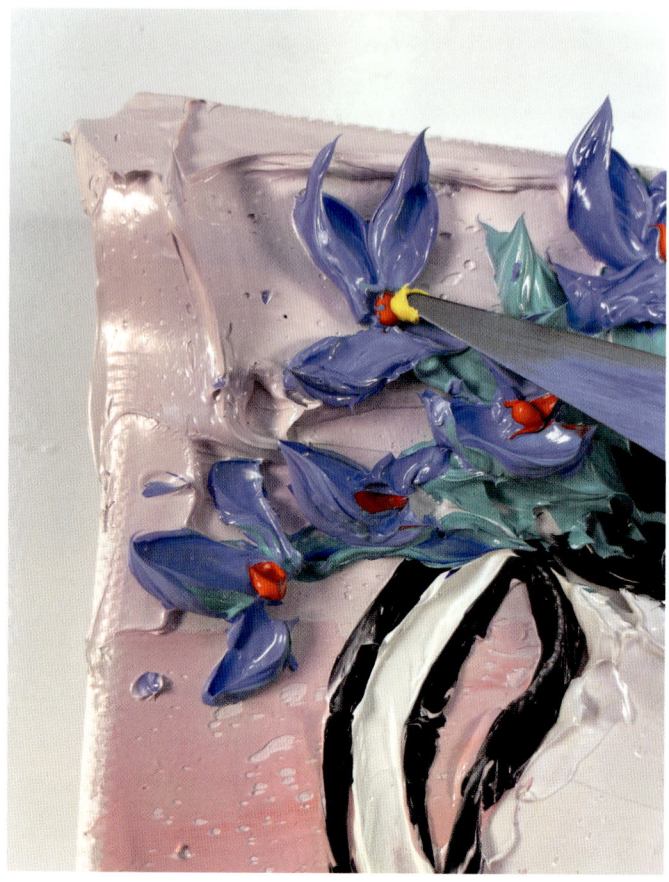

Queremos que sean inconsistentes, y yo les pongo unos cuantos pétalos singulares que dan la impresión de asomar también a través de los tallos.

- Continúe bajando por los tallos caídos, colocando más pétalos aquí y allá. En lugar de intentar pintar flores completas más pequeñas, continúo con los pétalos sueltos hasta llenar la zona verde del tallo con una buena cobertura de pétalos, terminando en el fondo del jarrón, donde se acaba la pintura blanca.

Paso 8: Crear los detalles de las flores rojas y amarillas

- Terminemos estas flores y finalicemos la obra. Cargue una pizquita de pintura en el extremo de la punta de la espátula y aplíquelo en el centro de una de las flores azules con cuidado, sin presionar demasiado. Limpie la espátula y repita la operación, poniendo un punto rojo en el centro de cada flor completa. Añada también un poco a las flores rotas, colocando puntos al azar en los pétalos azules texturizados, pero sin exagerar. Si lo prefiere, puede utilizar la espátula más pequeña.

- Repita esta acción con la pintura amarilla, poniendo los puntos ligeramente a la derecha de los puntitos rojos y no directamente encima.

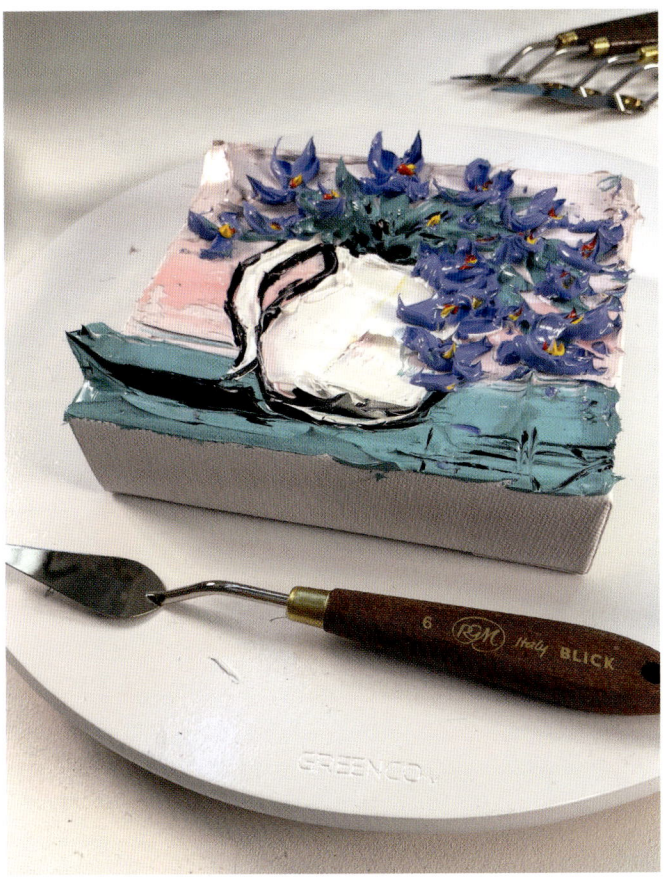
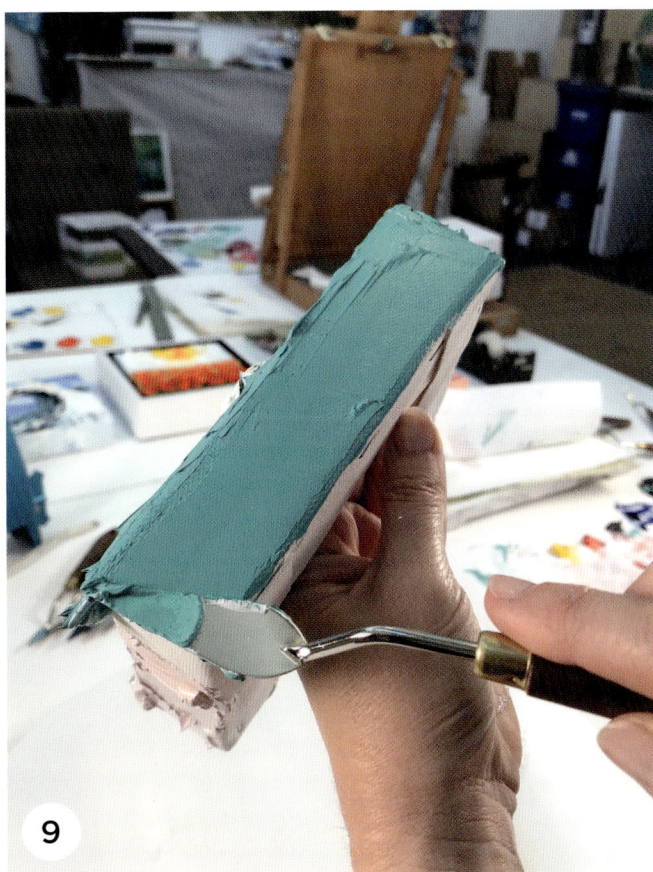

Paso 9: Pintar los lados

• Con lo que queda de pintura rosa, cubra los laterales del marco con barridos hacia delante y hacia atrás y hacia arriba y hacia abajo. Es importante seguir la fluidez de la obra y hacer que los lados sean gestuales, por eso yo varío mucho los tipos de pinceladas que utilizo aquí. Una vez más, al tratarse de un lienzo de pequeño tamaño, me resulta fácil cogerlo con una mano e ir pintando los laterales poco a poco. Haga coincidir los lados verdes, sin preocuparse de ser exacto, cubriendo todo el lienzo con la pintura sobrante. Por último, pinte el lateral inferior con grandes trazos laterales. Yo suelo hacerlo bastante plano y con poca textura para que el cuadro pueda colocarse en una estantería si es necesario.

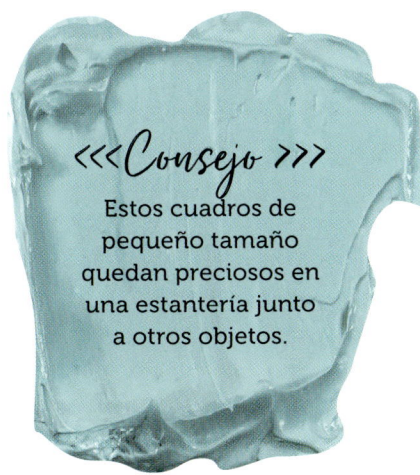

‹‹‹ Consejo ›››
Estos cuadros de pequeño tamaño quedan preciosos en una estantería junto a otros objetos.

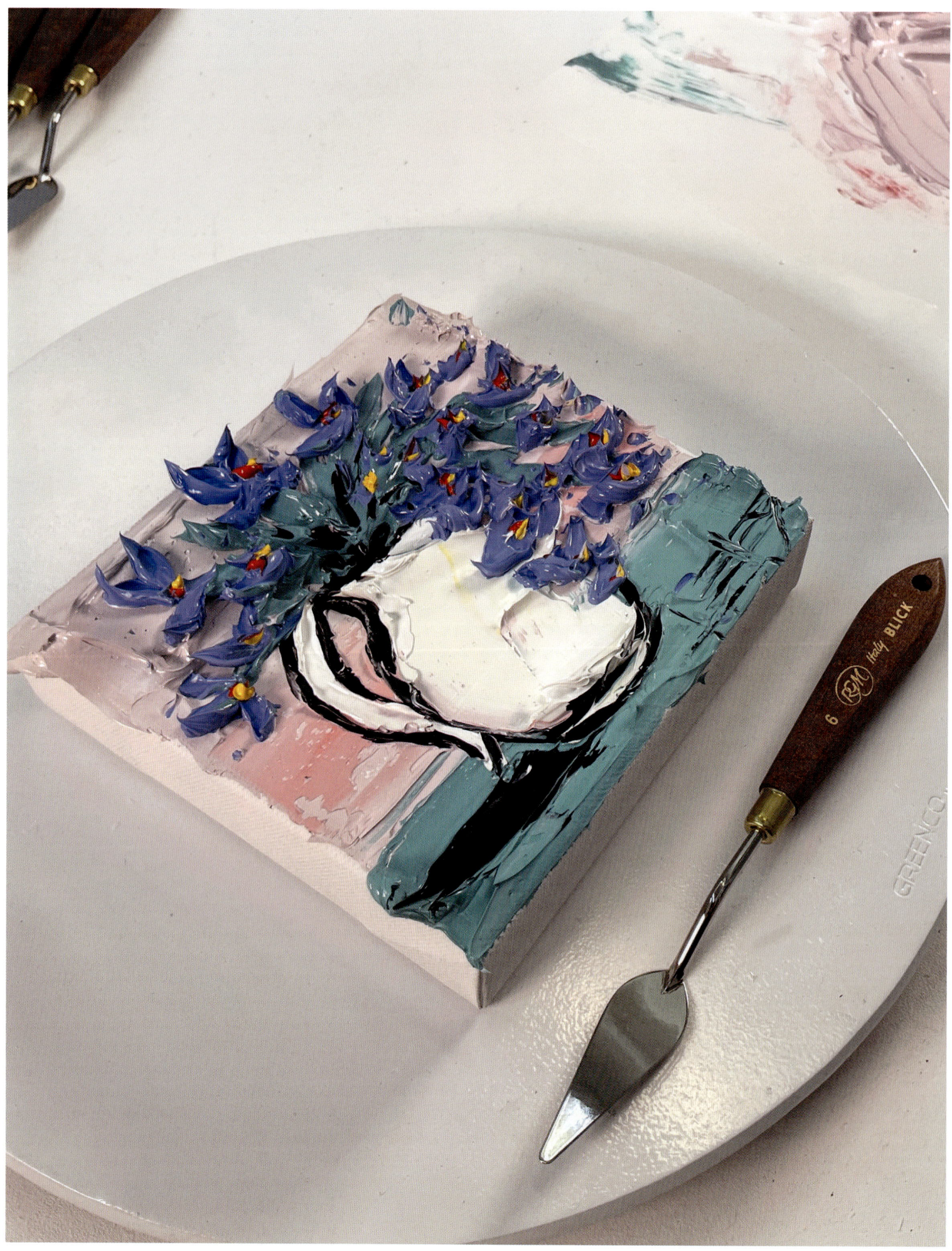

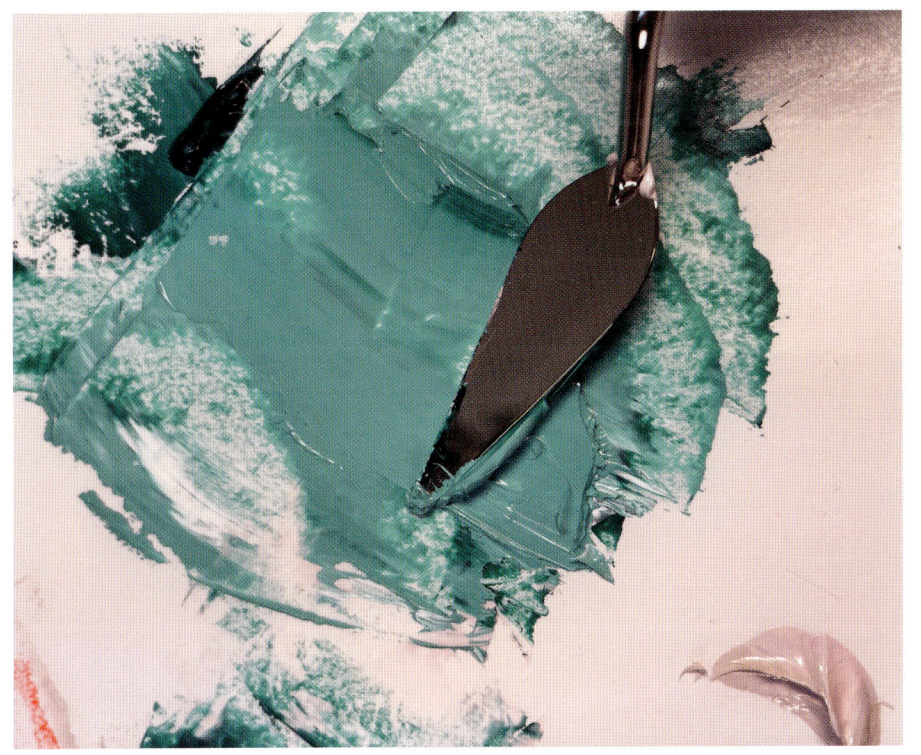

RESUMEN:

¿Está satisfecho?

Espero que esta obra le haya dado su dosis de lirios inspirados en Van Gogh. Me encanta la paleta de colores de ensueño con el rosa y el verde complementarios, y la forma en que las flores azules «saltan» del lienzo.

Como de costumbre, esta obra es más difícil de lo que parece, así que mi consejo es que practique todo lo que pueda, si es posible, un poco cada día. Así es como yo he perfeccionado mi técnica a lo largo de los años, pintando a diario y disfrutando con lo que hago.

Algunos cuadros quedan mejor que otros cuando hay muchas tramas, y este se equilibra perfectamente con el jarrón y los tallos texturizados y la textura extrema de las florecillas.

«Si realmente amas la naturaleza, encontrarás belleza en todas partes».

—VINCENT VAN GOGH

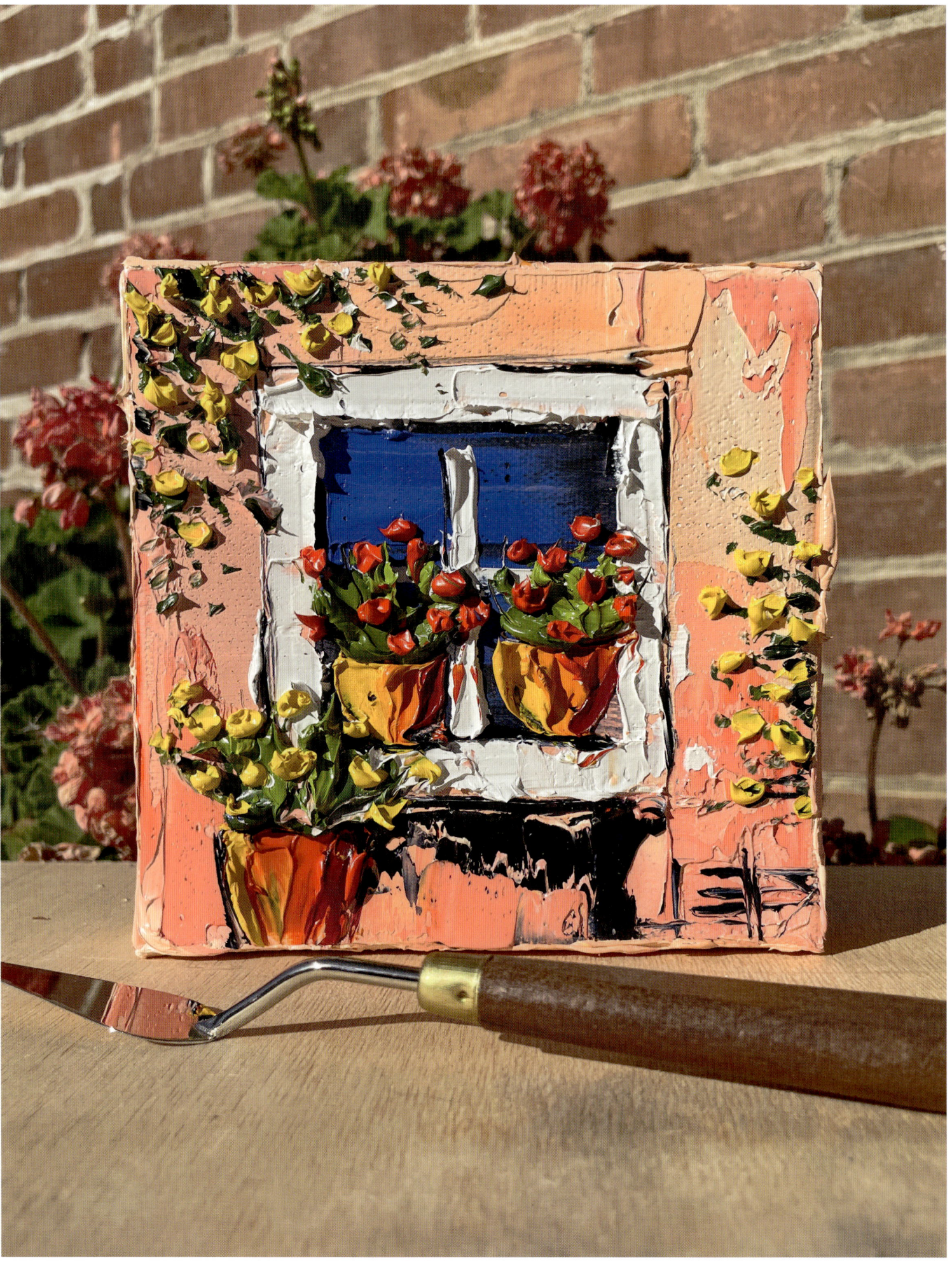

(LA CASITA)
PICCOLA CASA

Herramientas y materiales	Paleta de color	Nivel de dificultad

Herramientas y materiales

- Bastidor entelado de 15 × 15 cm y 3,5 cm de profundidad
- Espátula mediana, con forma de lágrima y punta redondeada
- Espátula pequeña, con forma de lágrima y punta redondeada
- Espátula, con hoja delgada y larga (opcional)
- Caballete de sobremesa o base giratoria «lazy Susan
- Paletas desechables de papel
- Papel absorbente para limpiar la espátula

Paleta de color

- Blanco de titanio
- Amarillo de cadmio
- Rojo de cadmio
- Carmesí alizarina
- Azul ultramar
- Verde vejiga
- Gris de Payne

Nivel de dificultad

45 minutos

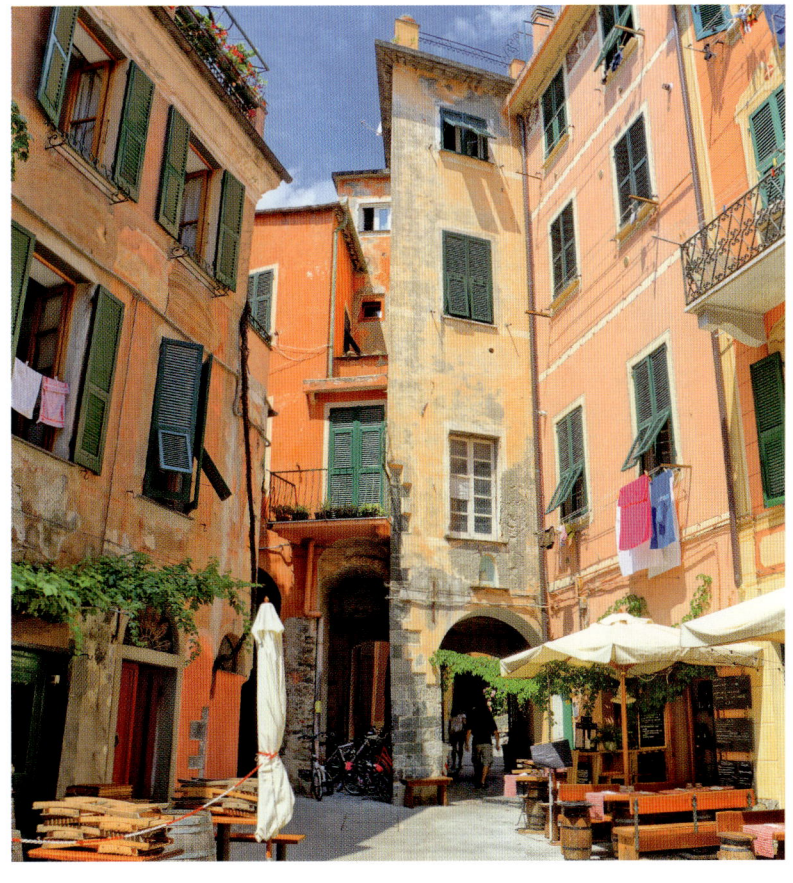

Inspiración

Este cuadro está inspirado en los viajes por Europa que hice cuando era una joven universitaria. Con un billete de tren y mi mochila, fui de Londres a París, después a Barcelona y de vuelta por la costa hasta la Riviera francesa. Mónaco y Niza eran lugares soleados y glamurosos, todo lo que siempre había soñado. Luego crucé la frontera con Italia y visité Génova, Verona, Venecia, Roma y Pisa, para terminar en la Costa Amalfitana, un lugar de ensueño, antes de regresar al Reino Unido vía Suiza. Nada abre tanto la mente como viajar, y aún recuerdo esta experiencia muy vívidamente, por lo que se convirtió en la inspiración de muchos de mis paisajes urbanos y piezas arquitectónicas. Siempre me ha gustado la fusión de arquitectura y naturaleza, me encantan los gruesos muros de piedra con macetas de coloridos geranios.

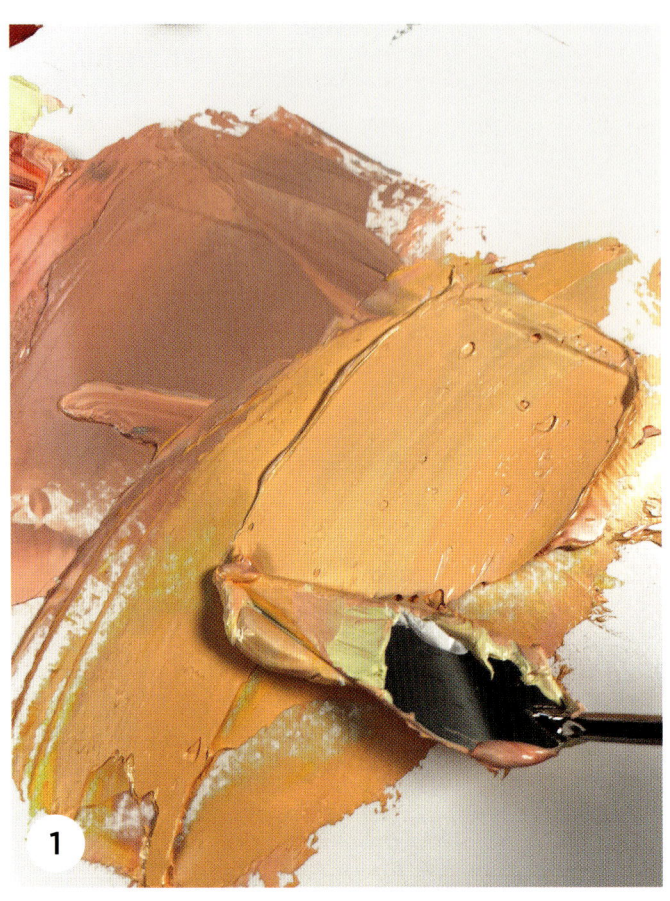
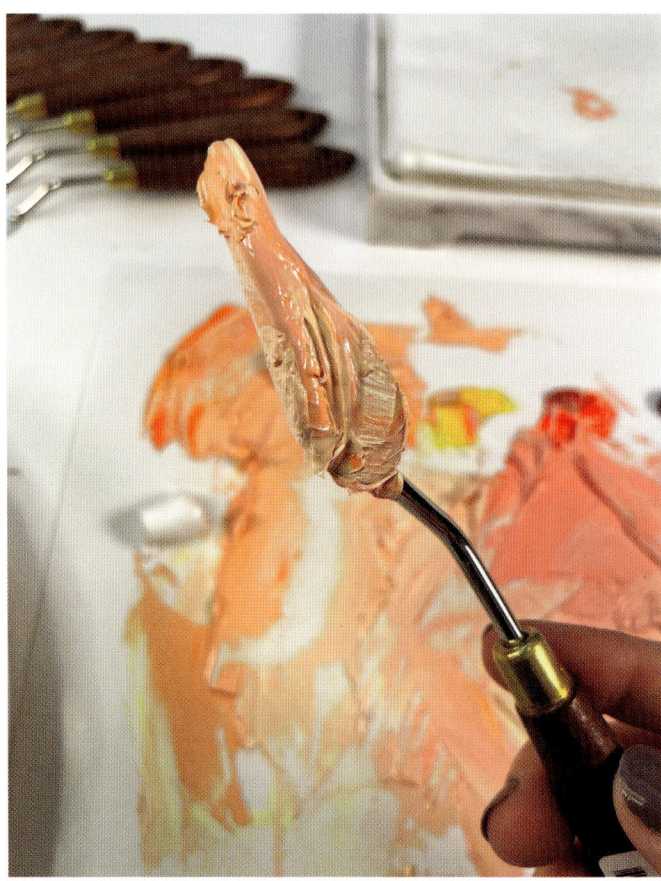

Instrucciones paso a paso

Paso 1: Disponer los colores y mezclar el color melocotón para el fondo

- Disponga una porción grande de pintura blanca, del tamaño de 3 cucharadas colmadas, en la parte superior izquierda de la paleta. Primero vamos a rellenar todo el fondo de esta pieza, antes de crear la ventana y las flores encima, así que debemos mezclar la cantidad adecuada de color melocotón con algunas variaciones para hacer resaltar la textura de la piedra.

- La espátula es perfecta para reproducir muros de piedra antiguos. Con la práctica descubrirá que al deslizar la espá-tula se crea un aspecto rústico e irregular. Da la impresión de haber pasado muchas horas jugando con el pincel para lograr el aspecto de una vieja pared de ladrillo, ¡y en realidad solo se tardan unos segundos!

- Exprima aprox. 1 cucharadita de amarillo de cadmio, 1 de rojo de cadmio, 1 de carmesí alizarina, 1 de verde savia, 1 de azul ultramar y 1 de gris de Payne. Me gusta ponerlos en ese orden en la parte superior de la paleta, de izquierda a derecha, para poder arras-trar la pintura hacia abajo y mezclarla con la espátula, añadiendo más pintura a medida que avanzo.

- En primer lugar haremos el color melocotón. Es mi color de base para varios motivos, como edificios europeos, arena de playa (atenuada), puestas de sol, paisajes desérticos y flores.

- Arrastre unas 2 cucharadas de blanco, 1 cucharadita de amarillo de cadmio y 1 de rojo de cadmio. No los mezcle todos inmediatamente, añada primero una cantidad de amarillo del tamaño de un guisante y mézclelo. A conti-nuación, añada una cantidad de rojo de cadmio del tamaño de un guisante y mézclelo hasta obtener un color melo-cotón claro.

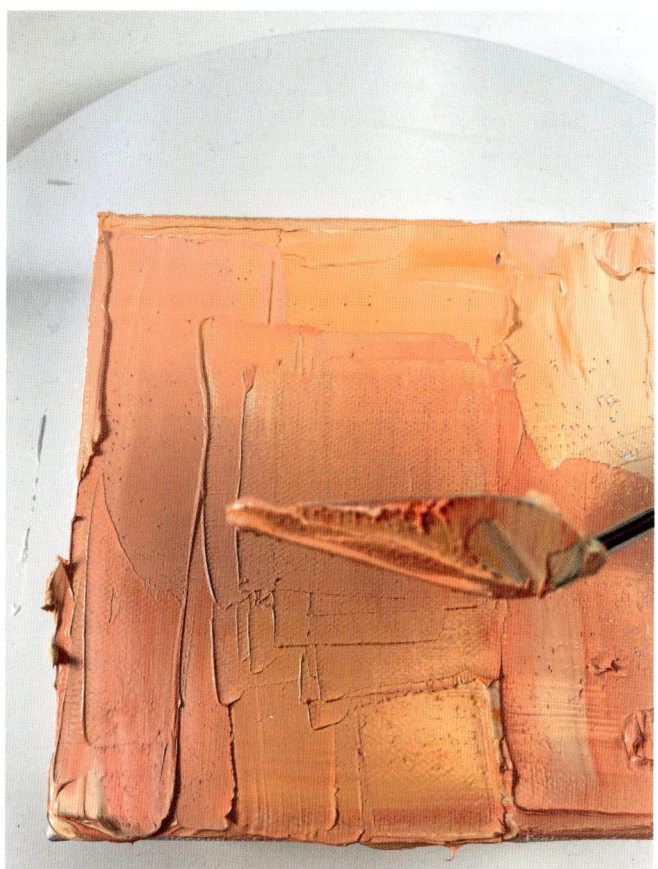

No queremos que la mezcla sea demasiado oscura ni tampoco que el fondo se vea muy oscurecido, así que vaya añadiendo los colores al blanco poco a poco hasta que consiga el tono que le guste. Las viejas paredes de piedra son descoloridas y desiguales, con ladrillos desgastados, arañazos y manchas, por lo que queremos que nuestra pintura también sea un poco irregular. Por lo general, mezclo varios tonos y los dejo en la paleta listos para usar. Añado una pizca de verde a una parte del melocotón claro, para atenuarlo y hacerlo menos saturado. También añado un poco de alizarina carmesí a una parte del melocotón claro para conseguir una variación más rosada y también un tono más anaranjado.

- Cuando haya mezclado todos estos tonos, estará listo para empezar.

Paso 2: Crear el fondo

- Cargue la espátula con aproximadamente 1 cucharada de color melocotón de tono medio, manteniendo las vetas, y comience en la parte superior derecha del lienzo. Deslice la pintura en el lienzo con un gran barrido hacia abajo.
- En este caso empezamos verticalmente; al pintar con espátula, es importante pensar siempre en el movimiento de la obra. Las paredes y las estructuras suben y bajan, así que la dirección de la pintura, sobre todo cuando se ven las vetas, da la apariencia de una pared vertical.

- Recargue la espátula con otra cucharada más pequeña y realice un barrido lateral de derecha a izquierda en la parte superior del lienzo. No queremos que todo el cuadro tenga solamente barridos de arriba abajo. También nos conviene algo de variación, así que aplicar un par de trazos horizontales confiere más interés y rompe las líneas verticales.
- Ahora vuelva a cargar la espátula con el tono rosado más oscuro, de nuevo 1 cucharada, y haga un barrido largo en la parte izquierda del lienzo, tan abajo como pueda.
- Fíjese en las variaciones de color y en el aspecto natural y texturizado que los trazos de la espátula van creando orgánicamente.

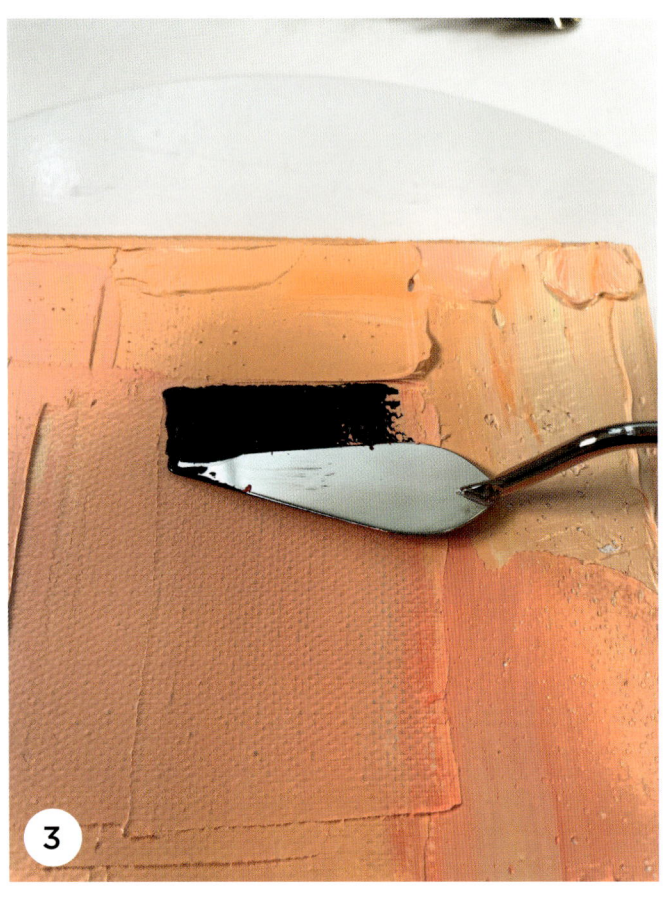

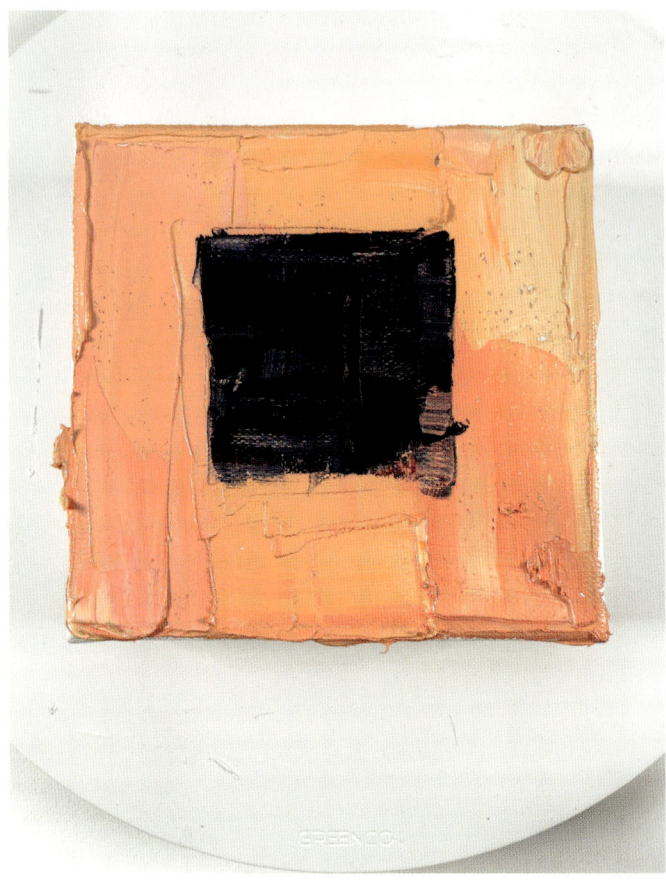

- A continuación, rellene el resto del lienzo, empezando por la parte inferior. Cargue la espátula con 1 cucharada del tono más oscuro y rosado y, empezando por la parte inferior del lienzo, sitúe la espátula en el borde y deslícela hacia arriba, hacia el centro del cuadro. Para que esto sea más fácil, recomiendo utilizar un lazy Susan y girarlo para que el cuadro quede boca abajo, haciendo un barrido hacia abajo. Esto resulta más natural y orgánico que empezar por abajo e ir hacia arriba, pero si utiliza un caballete, realice el barrido desde abajo hacia arriba, o bien coloque el lienzo boca abajo en el caballete.
- Se ha creado una clara variación en el color, y es preferible dejarlo como está, ya que resulta interesante y dinámico. Recuerde no intentar corregirlo, no caiga en la tentación de querer arreglarlo. Es probable que no mejore y su pintura acabará pareciendo demasiado trabajada y removida.
- Repita este movimiento en el lado izquierdo, rellenando el lienzo cuadrado con un barrido largo. A continuación, con un movimiento lateral, rellene el último borde con un trazo largo de la espátula recargada.
- Por último, rellenaremos la parte central, pero con una capa de pintura muy fina. En esta zona se situará la ventana, por ello solo debemos humedecer el lienzo, y no crear textura.

Paso 3: Crear la ventana
- Ahora vamos a esculpir nuestra ventana, y las cosas empezarán a tomar forma y a volverse más dinámicas.
- Arrastre un poco de gris de Payne en la paleta y mézclelo para que quede homogéneo y flexible.
- Cargue la espátula con aproximadamente 1 cucharadita de gris de Payne. Ponga una pequeña cantidad de la pintura en el borde de la hoja de la espátula. El objetivo es cubrir la parte cuadrada de la ventana extendiendo el tono oscuro por encima del color melocotón. No estamos creando textura, de manera que que no necesitamos una gran cantidad de pintura.

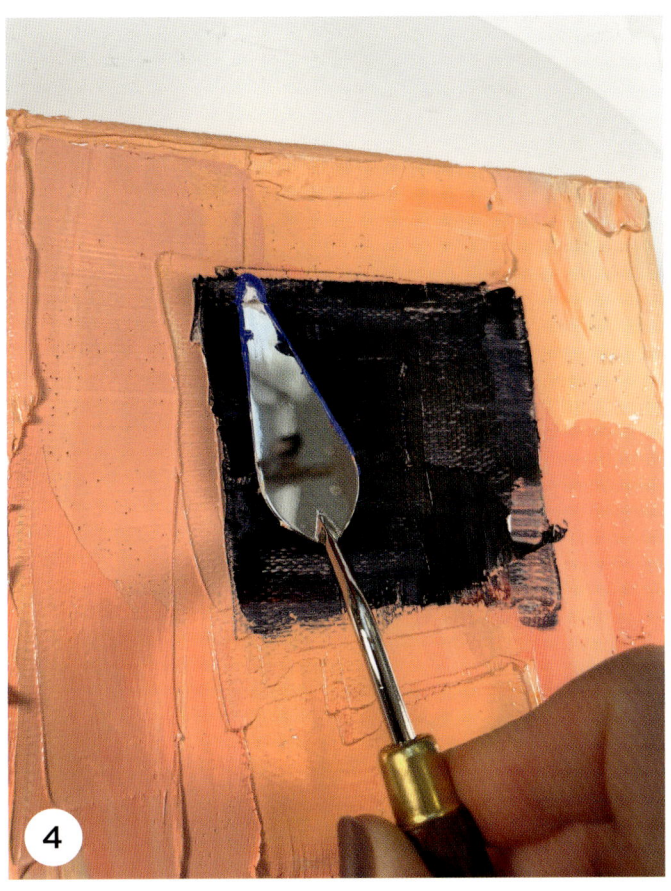

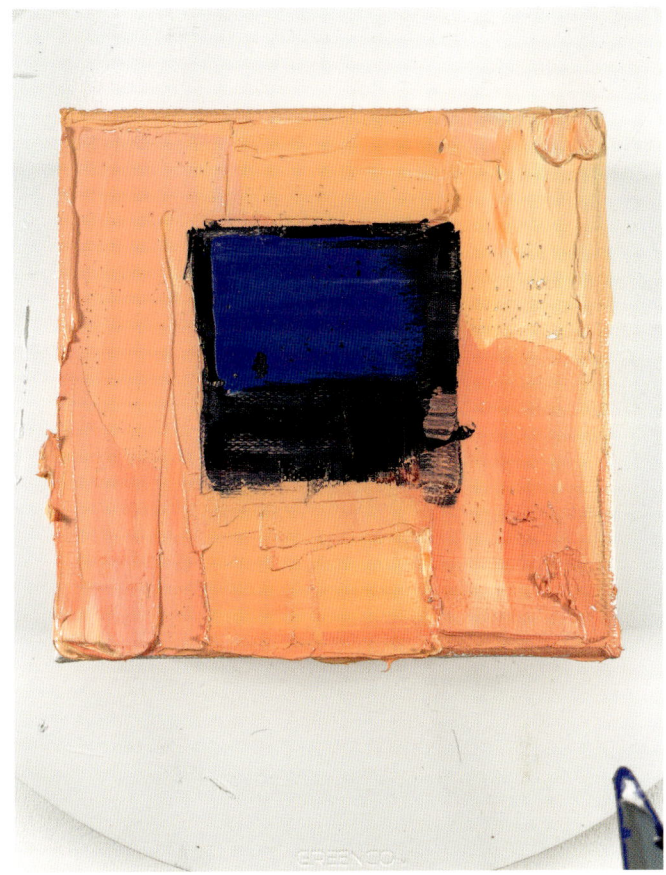

Aplique el color oscuro de un solo trazo largo empezando por la parte superior, a unos 4 cm de la esquina del lienzo y a unos 5 cm del borde derecho. Recargue la espátula limpia, y repita la acción en el lado izquierdo hasta que tenga un cuadrado en el centro del lienzo. No se preocupe si no es perfecto o no queda exactamente en el centro.

Aquí seguí adelante y retoqué el borde derecho de la ventana y lo enderecé un poco usando una pizca del gris de Payne para hacer un barrido de derecha a izquierda. La ventaja de la hoja recta es evidente en este caso con la arquitectura. Es muy fácil y orgánico corregir esas molestas porciones curvas con el borde recto de la espátula. Si ve que la pintura melocotón asoma por debajo, o los bordes no son rectos en absoluto, cargue más gris de Payne y continúe hasta obtener un cuadrado oscuro. Pero recuerde no complicarse.

Paso 4: Añadir color y reflejos

A continuación, queremos animar la ventana oscura con algún reflejo de color, para empezar a darle vida. Arrastre 1 cucharadita de azul ultramar y una cantidad de blanco del tamaño de un guisante y mézclelos bien, sin dejar vetas de blanco.

Utilizando una técnica similar a la del cuadrado gris de la ventana, cargue el borde de la hoja de la espátula con un poco de azul y, empezando por la izquierda, deslice la espátula hacia la derecha, dejando entrever los bordes grises. Vuelva a cargar la espátula y repita el movimiento un poco más abajo. Una vez más, la naturaleza orgánica de la espátula deja entrever partes del color más oscuro, con un aspecto rústico y desenfadado.

Ahora que nuestra ventana está empezando a tomar forma, es el momento de añadir algunos toques más de color a las paredes, antes de pasar a las plantas.

Tome una pizca del tono más oscuro y anaranjado de melocotón de la paleta y pase espátula por el melocotón más claro, empezando por la parte inferior y siguiendo la perspectiva vertical del muro de piedra. Repita la

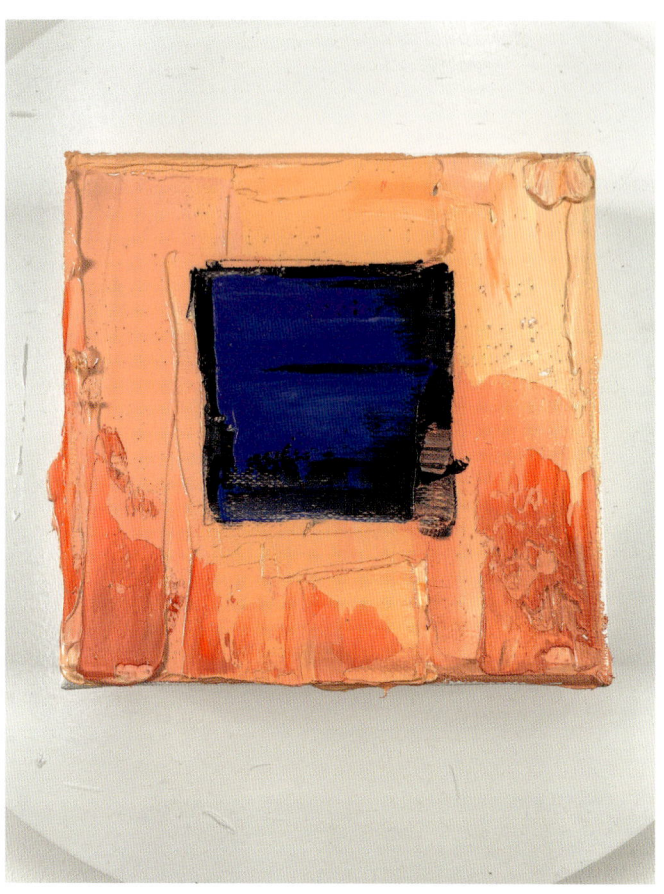

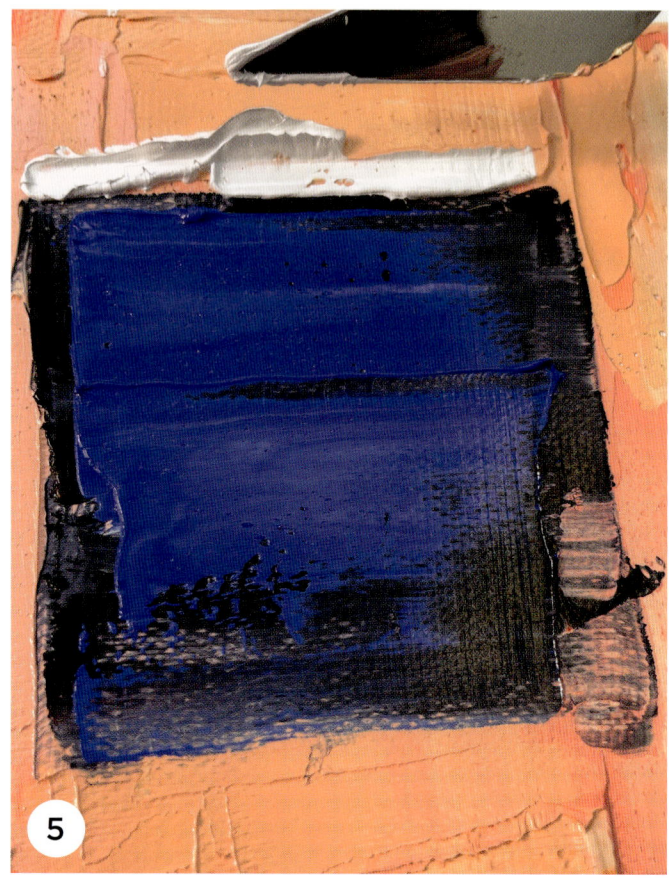

acción en ambos lados, asegurándose de extender bien la pintura en la parte superior. Intente no excederse, y deje que asome el melocotón más claro. Así se crea una capa superior dinámica, con el aspecto de un muro desmoronado.

- Añada unos toques de luz en la parte superior de las paredes con el mismo tono, pasando la espátula muy suavemente por encima de la capa de pintura existente. Repita esta acción de izquierda y derecha, procurando que el movimiento sea sutil.

Paso 5: Añadir los alféizares y las sombras

- Arrastre 1 cucharada grande de blanco y mézclelo bien hasta que quede muy maleable.
- Cargue la parte inferior de la hoja de la espátula con una porción de pintura, y después cargue una pizca o una cresta pasando la espátula por la pintura y recogiéndola con un giro de la mano.
- Coloque la espátula suavemente pero con firmeza sobre el lienzo, en el borde de la ventana, y, presionando un poco este, disponga porciones de blanco en franjas alrededor del marco de la ventana, levantando la espátula para no hacer una línea demasiado gruesa. Limpie y recargue su espátula a medida que avanza,

terminando el marco completo alrededor de la ventana. Si las esquinas no quedan bien, no se preocupe; las arreglaremos a continuación.

- Con una espátula limpia y el gris de Payne, vamos a arreglar las esquinas pasando la espátula por los lados.
- Ponga una pizca de pintura en el filo de la espátula, procurando que sea flexible y no demasiado gruesa.
- Arrástrela suavemente y con bastante rapidez por los bordes, intentando mantener el borde recto de la ventana. Limpie y recargue la espátula cada vez que se acabe el gris de Payne.
- Ahora, con lo que queda de gris de Payne, vamos a crear una sombra bajo la ventana que le dará profundidad.

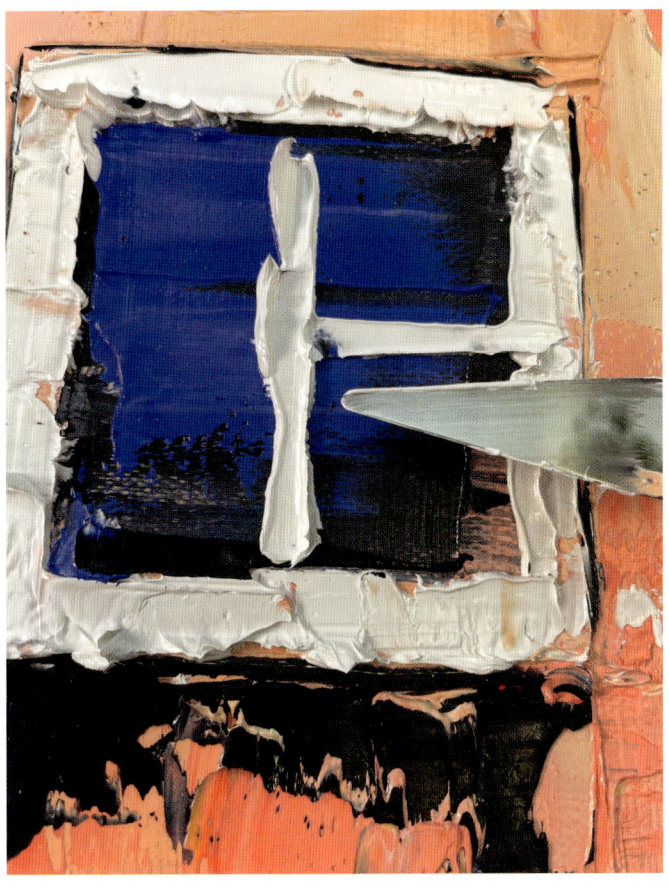

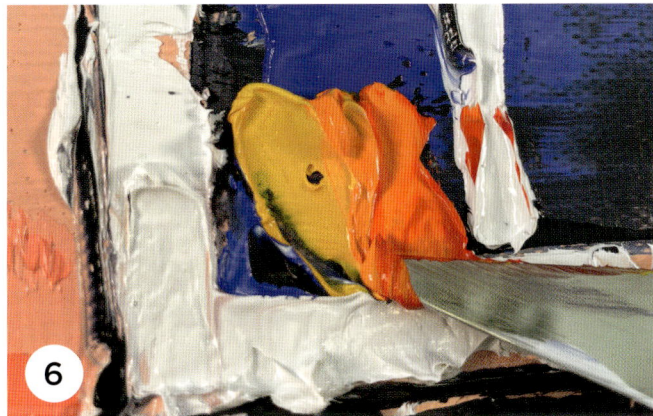

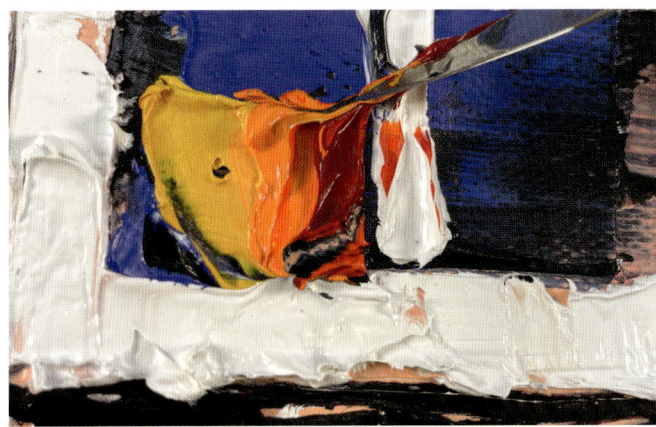

- Cargue la espátula con gris de Payne y, colocando el filo suavemente contra el alféizar inferior, pase la hoja por encima de la pintura para crear la sombra. Repita esta operación en la parte inferior del alféizar, con cuidado de no sobrepasar los bordes laterales blancos.
- A continuación, haremos los demás detalles de la ventana. Cargue la espátula con una pizca de blanco en el filo de la hoja y pásela suavemente en forma de cruz en el centro. No se preocupe si no coincide y toca los bordes. Se trata solo de una sugerencia y, desde luego, no tiene que quedar perfecta. Recargue la espátula y repita la acción en cada lado. Aquí he usado mi lazy Susan para girar el lienzo y poder maniobrar más fácilmente.

Paso 6: Añadir las macetas y las flores

- Arrastre aproximadamente 1 cucharadita de amarillo de cadmio, 1 de rojo de cadmio y 1 de carmesí alizarina.
- Cargue la punta de la espátula con una pequeña porción de amarillo y póngala suavemente en el lienzo, justo encima del alféizar. Presione hacia abajo formando una curva y arrastre la espátula hacia arriba. A continuación, mezcle un poco de amarillo con una pizca de rojo de cadmio para obtener el naranja y repita el primer paso, poniendo suavemente una franja de pintura naranja justo al lado del amarillo. Por último, mezcle una pequeña cantidad de rojo de cadmio con alizarina carmesí y haga otra pequeña franja, justo al lado de la

naranja, para completar la forma de la maceta.
- Para definir la forma de la maceta, alise el borde superior en una suave curva.
- Repita estos pasos y cree otra maceta en el lado derecho del alféizar. Asegúrese de que no sea exactamente del mismo tamaño, así que hágala un poco más pequeña o más grande. Yo hice la de la derecha un poco más alta.
- Repita todo esto en la parte inferior derecha del lienzo para crear una maceta más grande en el suelo. En este caso, también añadí una fina línea de gris de Payne en la parte superior y en el lado derecho cargando una pizca de pintura en el borde de la espátula y deslizándola suavemente hacia abajo.

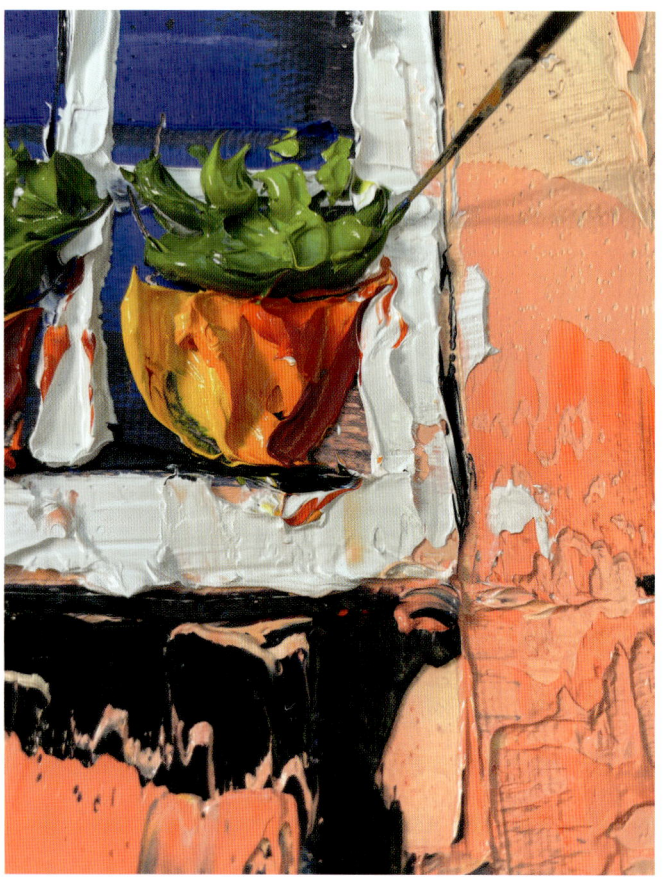

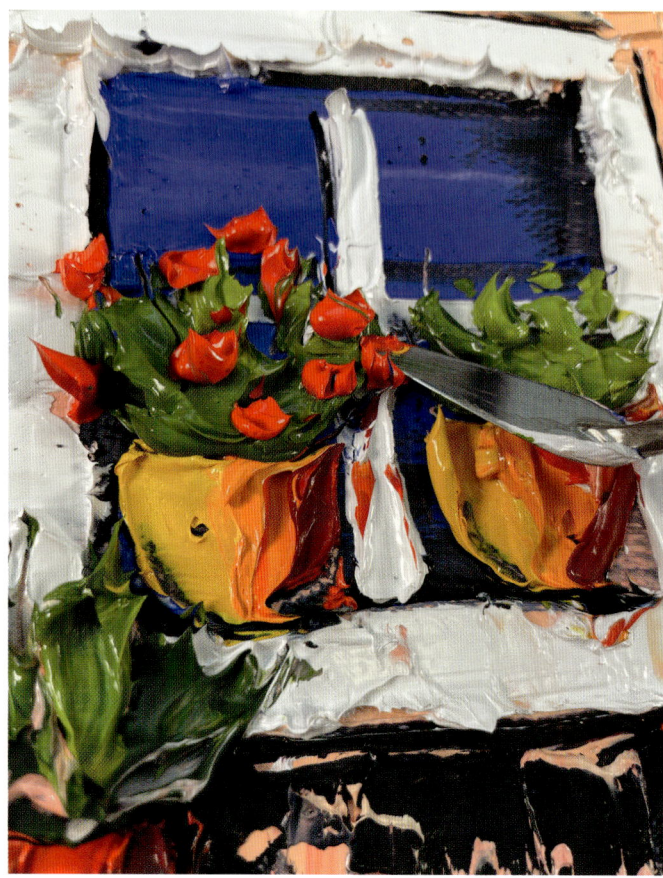

- Para el siguiente paso, mezcle un poco de amarillo y verde. Arrastre 1 cucharada de cada uno y mézclelos bien.
- Para obtener la detalles es preferible utilizar la espátula más pequeña.
- Cargue la punta de la espátula con aproximadamente 1 cucharadita de pintura y haga el follaje de la planta con toquecitos, empezando por la base de la maceta y continuando hacia arriba.
- Repita la acción varias veces en las dos macetas, y de nuevo en la maceta del suelo, hasta obtener un follaje muy espeso en las tres plantas. He añadido un poco más de amarillo para iluminar los extremos de las plantas y crear un aspecto más natural. Si utiliza un lazy Susan le será más fácil girar el lienzo

boca abajo para completar el follaje de las plantas.
- A continuación, he utilizado la espátula larga y fina para dar a las plantas más estructura y sugerir un movimiento hacia arriba. He deslizado la pintura suavemente hacia arriba, empezando por la base y formando tallos y filamentos parecidos a la hierba. Es tentador excederse, pero asegúrese de parar cuando haya hecho unos cuantos. No se preocupe si no dispone de esta espátula. Puede hacer todos estos detalles con su espátula normal torciéndola hacia un lado, de modo que utilice el lado delgado de la hoja. Es un poco más fácil de hacer si emplea la espátula más afilada. (Además es más divertido.)

- Por último, haremos las flores. Esta parte es la más divertida, ya que añade mucho dinamismo a la pieza.
- Con la espátula y el rojo de cadmio recién sacado del tubo, tome pequeños puntos y colóquelos suavemente sobre el follaje de la planta, desplazando la espátula rápidamente hacia arriba. Asegúrese de no aplastarlos encima de la pintura verde que hay debajo. Disponga ocho o diez flores en cada una de las dos plantas superiores, asegurándose de utilizar una espátula limpia y una porción nueva de pintura de generosa textura para cada flor.
- Repita este paso en la última maceta, esta vez utilizando amarillo directamente del tubo.

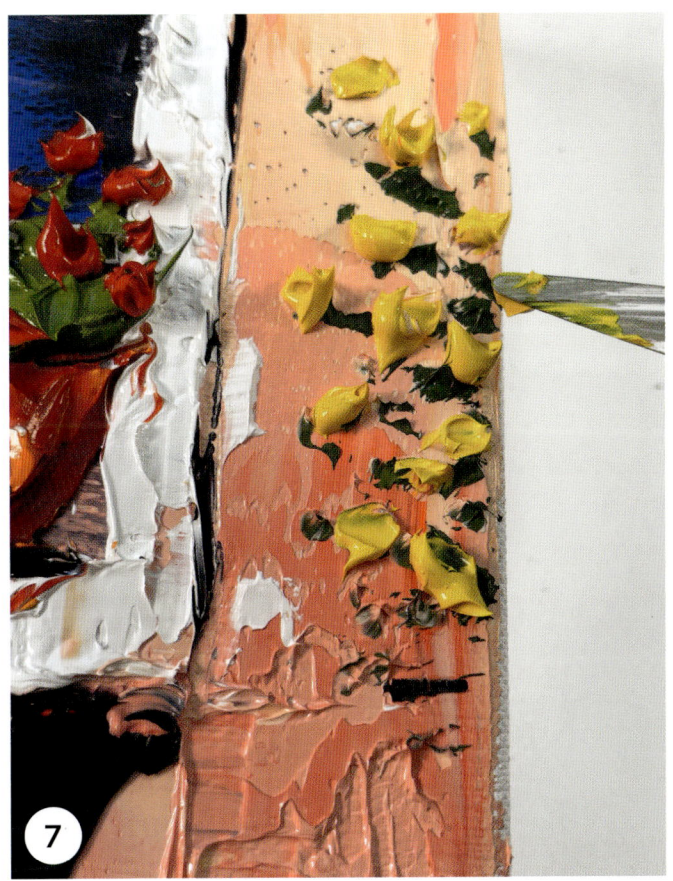

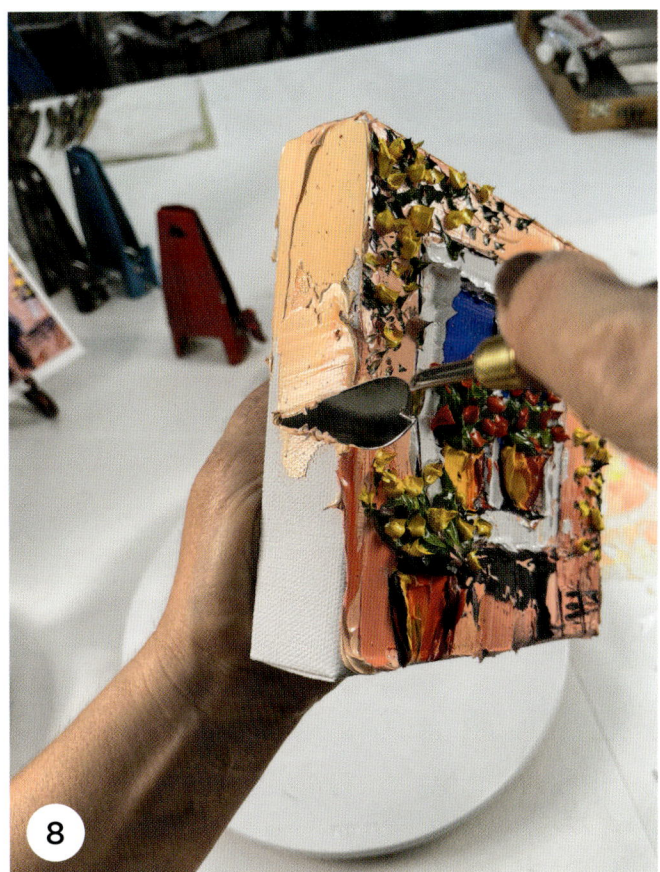

Paso 7: Crear las enredaderas y las flores

- El último paso, que realmente da vida al proyecto, consiste en animar el muro de piedra con una bonita enredadera.
- Arrastre hacia abajo 1 cucharada de verde y cargue el filo de la espátula con una pizca. En este punto, yo giré el lazy Susan de modo que el cuadro quedara boca abajo y me permitiera disponer de espacio para los codos.
- Con el borde de la espátula, aplique pequeñas cantidades en la esquina superior izquierda para que parezcan enredaderas. Procure no añadir demasiadas líneas rectas; vaya rompiéndolas con la punta de la espátula a medida que avanza. Agregue también algunas enredaderas en el lado opuesto, pero esta vez no las ponga en la esquina.
- Para acabar este paso, añada algunas florecitas amarillas del mismo modo que hizo con las macetas. Con el amarillo directamente del tubo, salpique las flores sobre las enredaderas utilizando la espátula pequeña.

Paso 8: Firme su cuadro y pinte los bordes (opcional)

- Firme el cuadro en la parte delantera o, si lo prefiere, en el borde pintado. Yo firmé el mío abajo, a la derecha.
- Para pintar los lados del cuadro, me resultó más fácil hacerlo mientras lo sostenía con una mano. Después de cubrir el lienzo con restos de pintura color melocotón, creé una sugerencia de enredaderas también en los bordes.

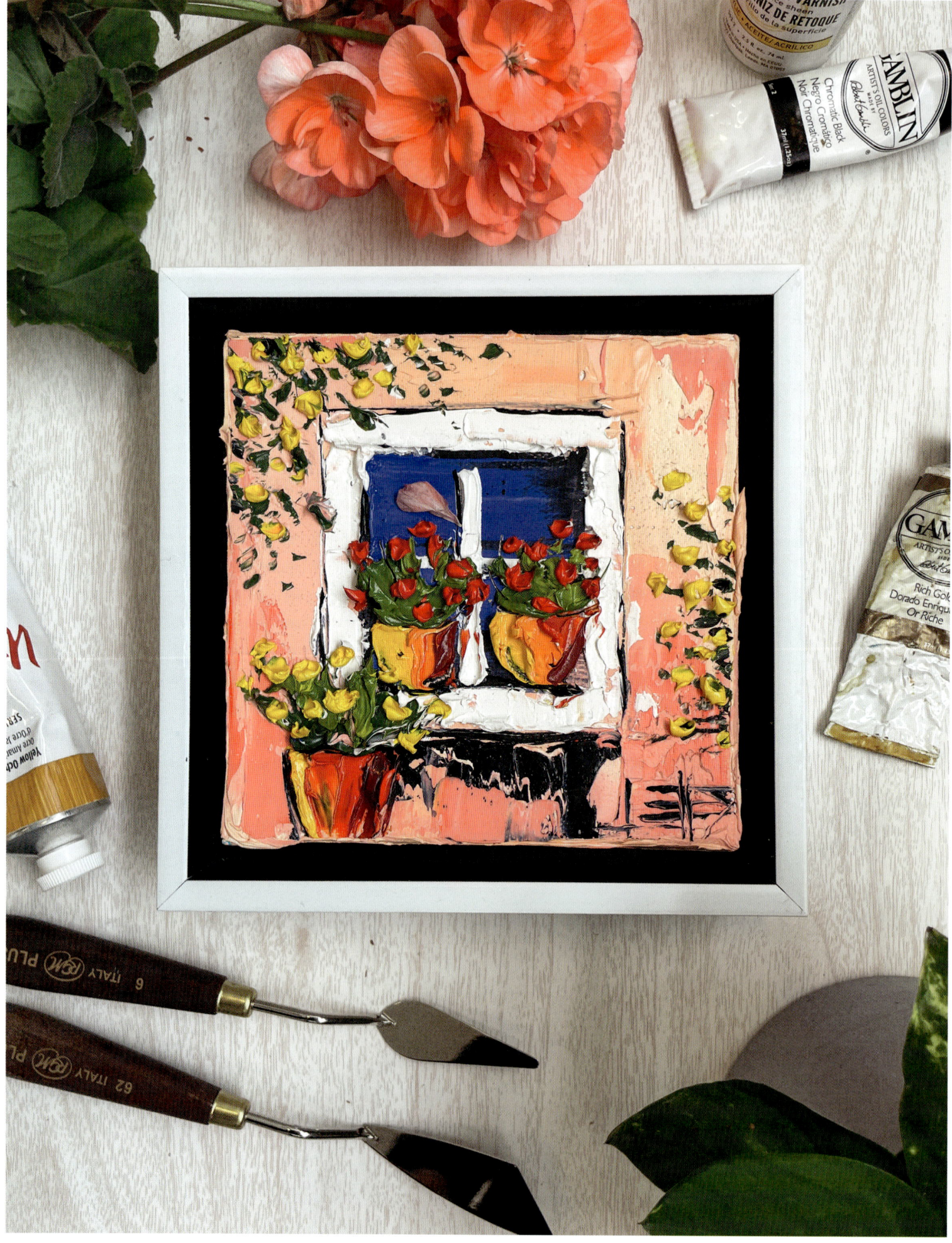

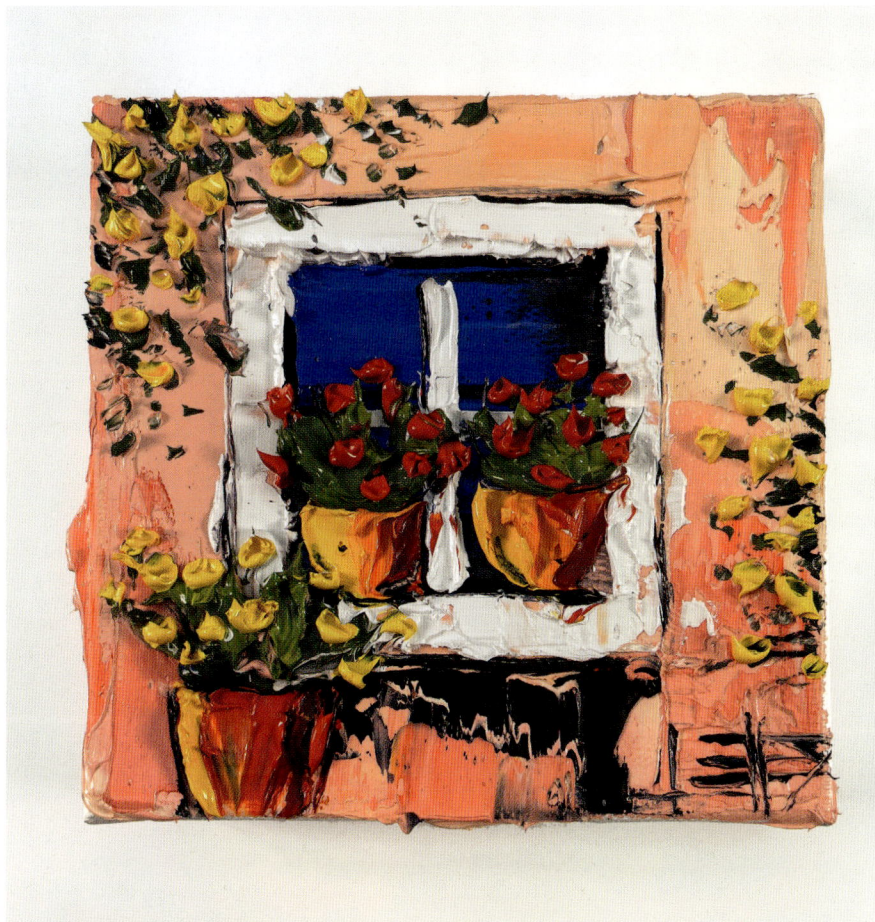

RESUMEN:

¿Ha capturado la emoción de la escena?

Esta pequeña obra rezuma encanto. Refleja las cálidas tardes al sol del verano mediterráneo y los vasos de vino bajo los viñedos, mientras se disfruta del zumbido de las abejas alrededor de las flores de dulce aroma. El tiempo parece haberse detenido en Italia, y esta pequeña pieza capta a la perfección la esencia de esa cualidad atemporal.

Italia ha inspirado a artistas durante siglos con su encantadora arquitectura, y la espátula captura con naturalidad la textura de los viejos muros de piedra. Cuando practique la técnica de pasar la espátula por encima de la capa inferior de pintura para crear sombras, imperfecciones y un efecto de piedra veteada, estará en el buen camino para dominar el arte de la pintura con espátula.

《El Creador hizo Italia siguiendo los diseños de Miguel Ángel》.

—MARK TWAIN

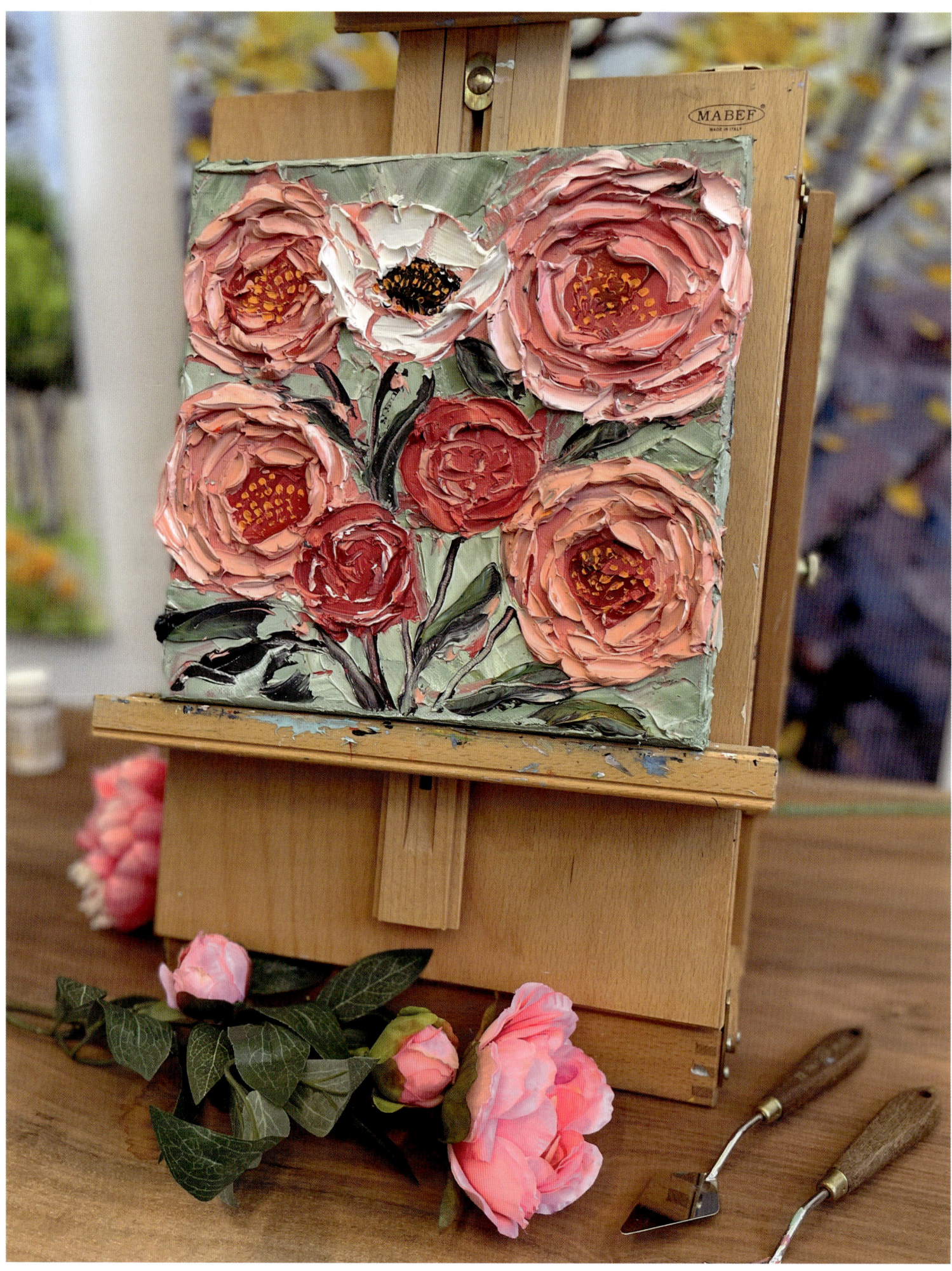

PEONÍAS
DE VERANO

Herramientas y materiales	Paleta de color	Nivel de dificultad

Herramientas y materiales

- Bastidor entelado de 25,5 × 25,5 cm y 3,5 cm de profundidad
- Espátula mediana, con forma de lágrima y punta redondeada
- Espátula con punta especial para efecto punteado (opcional)
- Espátula, con hoja en ángulo y larga
- Espátula, con hoja delgada y larga (opcional)
- Caballete de mesa
- Paletas desechables de papel
- Papel absorbente o trapo para limpiar la espátula

Paleta de color

- Blanco de titanio
- Amarillo de cadmio
- Rojo de cadmio
- Rosa pálido (opcional)
- Carmesí alizarina
- Azul cerúleo
- Ocre amarillo
- Gris de Payne
- Azul de Prusia

Nivel de dificultad

60 minutos

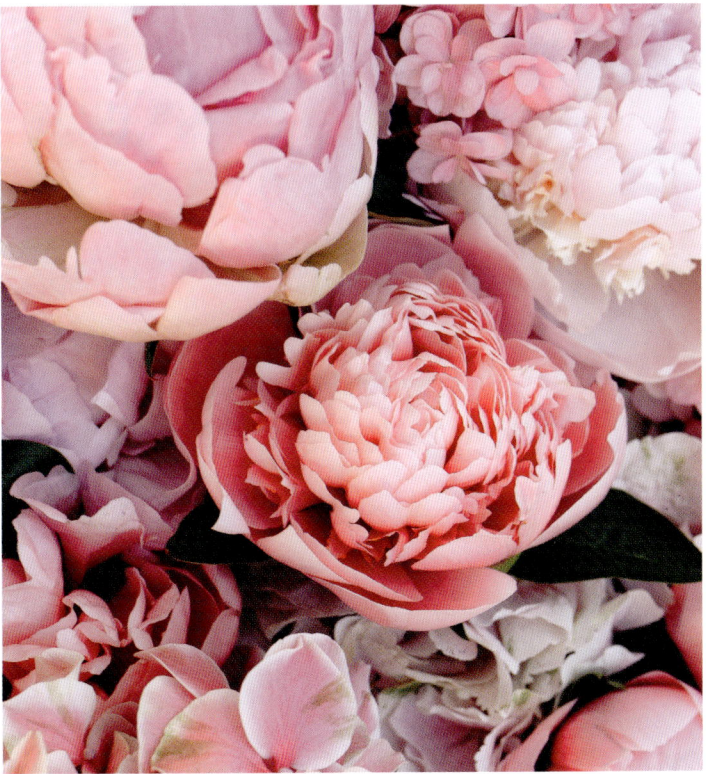

Inspiración

Para pintar esta obra me inspiré en el comienzo de la temporada de las peonías, a finales de primavera y principios de verano. En esta época del año hay ramos de peonías de todos tipos y colores, y yo elegí uno de un encantador rosa profundo saturado, con bastantes matices amarillos. ¡Qué color tan magnífico! Combinado con esos pétalos ondeantes y ese resplandor etéreo, es naturaleza y danza fundidos en perfecta armonía. ¡Manos a la obra!

Con este lienzo algo más grande, he usado un caballete de mesa y he colocado la paleta desechable y el papel absorbente para limpiar las espátulas a mi derecha. El lazy Susan funciona muy bien para obras más pequeñas, pero con un lienzo grande recomiendo un caballete, ya que permite el acceso a los lados. Tengo varios caballetes en mi estudio, incluidas dos versiones de mesa que me permiten estar de pie o sentada y maniobrar cómodamente con las espátulas.

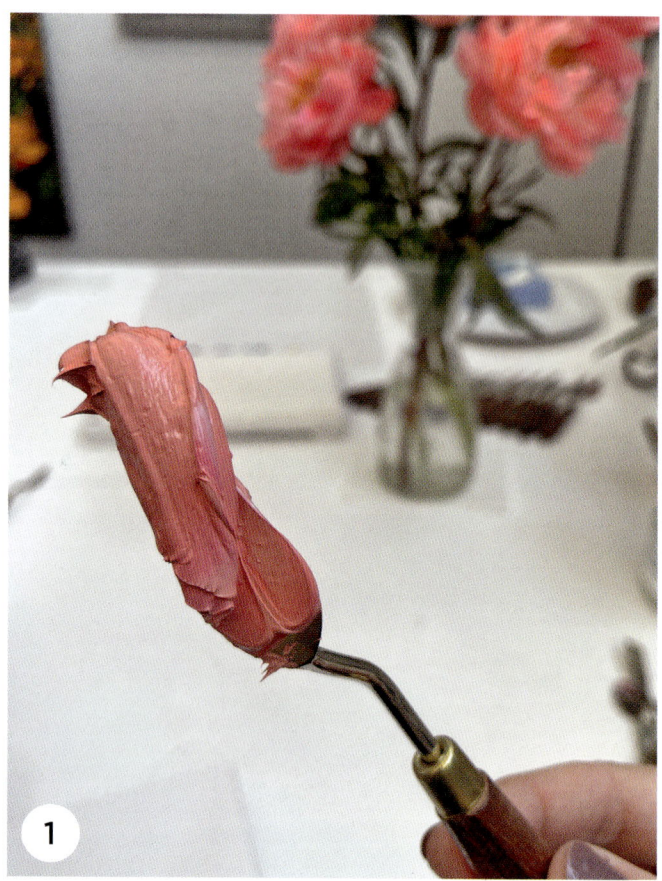

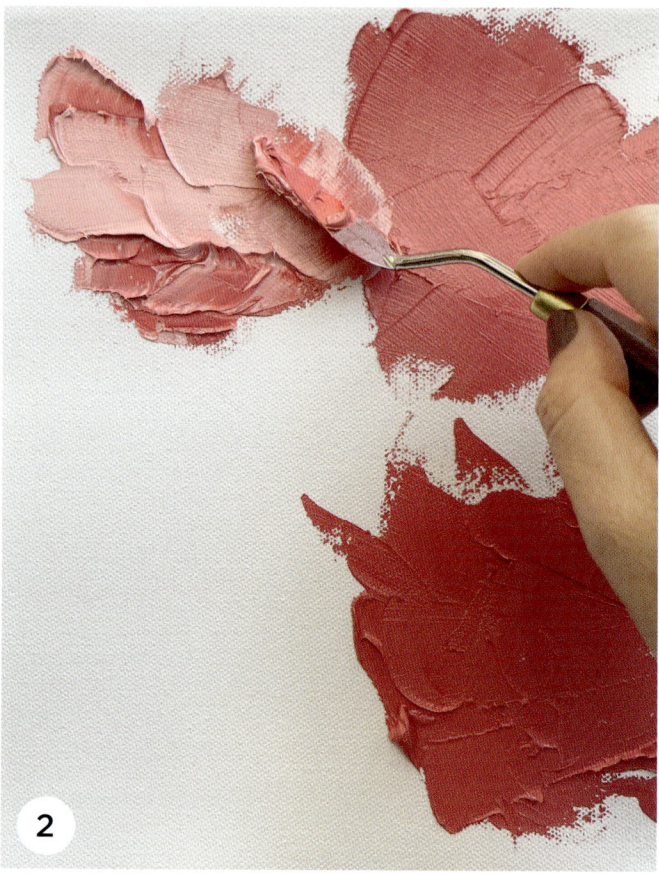

Instrucciones paso a paso

Paso 1: Disponer los colores y mezclar los tonos básicos de las peonías

- Disponga una porción grande de pintura blanca, del tamaño de 3 cucharadas soperas colmadas, en la parte superior izquierda de la paleta. En esta obra vamos a bloquear las formas básicas de las flores color rosa antes de rellenar el fondo verde, por lo que nos interesa mezclar varios tonos de rosa con algunas variaciones de color para acentuar la diversidad de los distintos tipos de peonías.

- Exprima aproximadamente 1 cucharadita de amarillo de cadmio, 1 de rojo de cadmio y 1 de carmesí alizarina. Me gusta ponerlos en ese orden en la parte superior de la paleta, de izquierda a derecha, para poder arrastrar la pintura hacia abajo y mezclarla con la espátula, añadiendo más pintura a medida que avanzo.

- Empiece arrastrando 1 cucharada de blanco y 1 cucharadita de carmesí. Mézclelos y entonces vaya añadiendo pequeñas porciones de rojo de cadmio y amarillo de cadmio hasta obtener el tono rosa con tintes anaranjados. Vamos a utilizar bastante cantidad de este color, añadiendo más a medida que avancemos, así que no hay ningún problema

con el exceso de pintura, solo significa que las flores tendrán un aspecto aún más tridimensional.

- También vamos a mezclar tonos más oscuros y más claros, añadiendo un poco más de carmesí y manteniéndolo a un lado. Un color premezclado estupendo para las peonías es el rosa pálido, o rosa claro, que es el que utilizo aquí para la mayor parte del trabajo. No se preocupe si no dispone de este color. Puede mezclarlo fácilmente usando los otros colores de la paleta. Simplemente es un poco más rápido y fácil tener el tubo listo para usar.

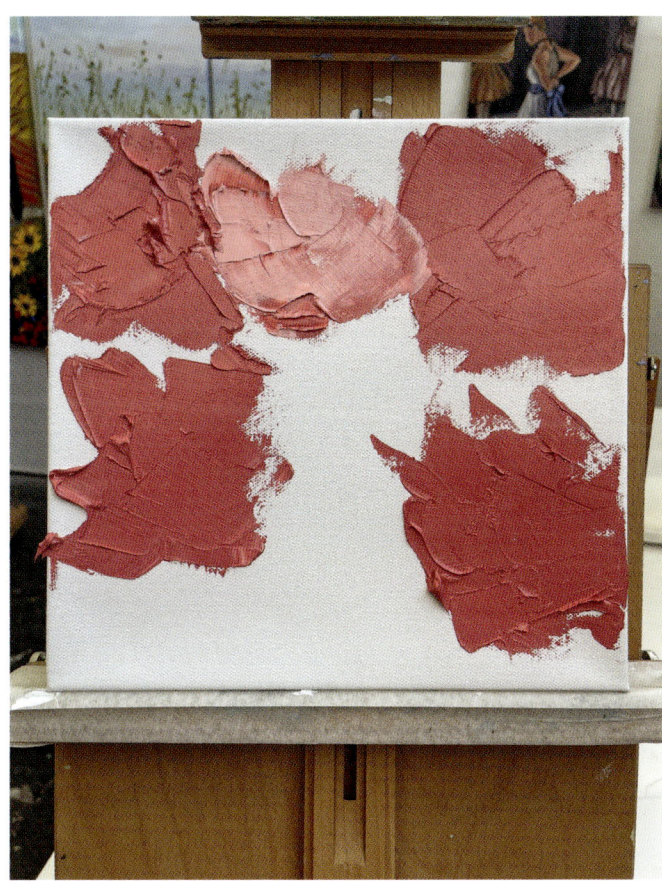
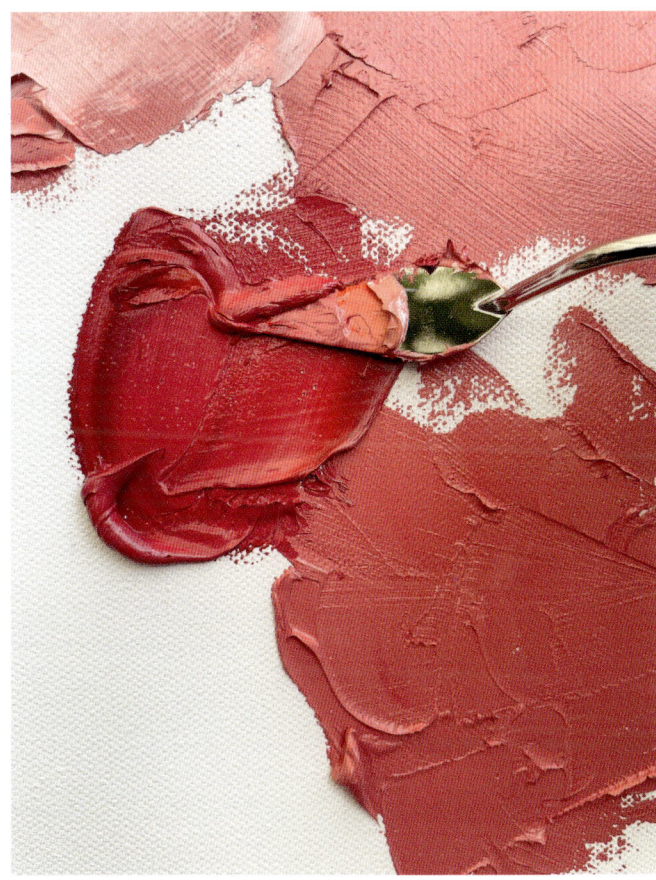

Paso 2: Crear las siluetas de las flores

- Comenzando en la parte superior del lienzo, empiece a bloquear las áreas dónde quiere que se sitúen las flores. Como se trata de un lienzo cuadrado de estilo contemporáneo, yo suelo elegir unas cinco flores de buen tamaño (no cuatro, sería demasiado simétrico) y un par de capullos o flores más pequeñas para variar y crear interés.

- Cargue la espátula con aproximadamente 1 cucharada sopera de color rosa y bloquee las formas con un movimiento circular, sin preocuparse demasiado por la textura.

- Coloque otra flor con el rosa más claro en la parte superior central (pero no exactamente en el centro).

- Procuro que las flores sean orgánicas y esponjosas, con volutas e irregularidades. Esto crea movimiento e interés y evita que parezcan estáticas. Queremos que bailen alrededor del lienzo y le den vida.

- Vuelva a cargar la espátula con 1 cucharada del rosa más oscuro y coloque dos manchas en la parte superior izquierda y otra por debajo, de nuevo con trazos grandes hacia fuera, dando forma a los pétalos que sobresalen del centro. Ahora debería tener cinco siluetas de flores de buen tamaño distribuidas por los bordes del lienzo.

- Por último, para variar y romper el tamaño uniforme de las cinco flores grandes, colocaremos un par de capullos más pequeños. Los haremos un poco más pequeños y también con una forma más ovalada para sugerir que se trata de capullos, con las flores a punto de abrirse. Arrastre con la espátula una cantidad de carmesí del tamaño de un guisante y añádala al tono más oscuro de rosa para conseguir un rojo intenso. A continuación, bloquee la forma de un capullo más pequeño en la zona central, pero justo a la derecha (nunca en el centro exacto).

- Por último, cargue la espátula con 1 cucharada más pequeña de rosa más oscuro y añada otro capullo en el centro a la izquierda, ligeramente por debajo del anterior. Ahora tenemos una bonita mezcla de formas y tamaños, colocados de forma natural y no demasiado artificiosa.

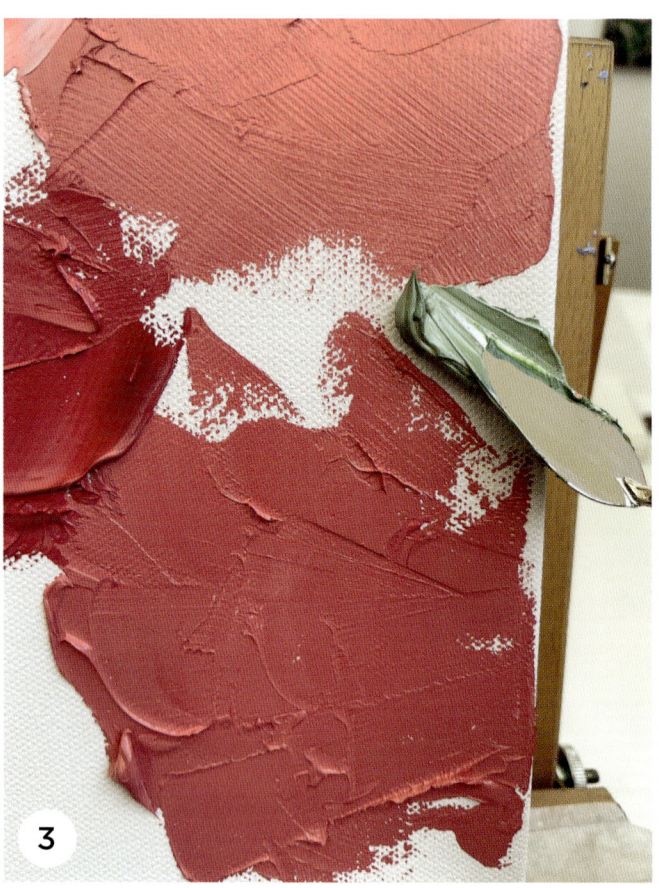

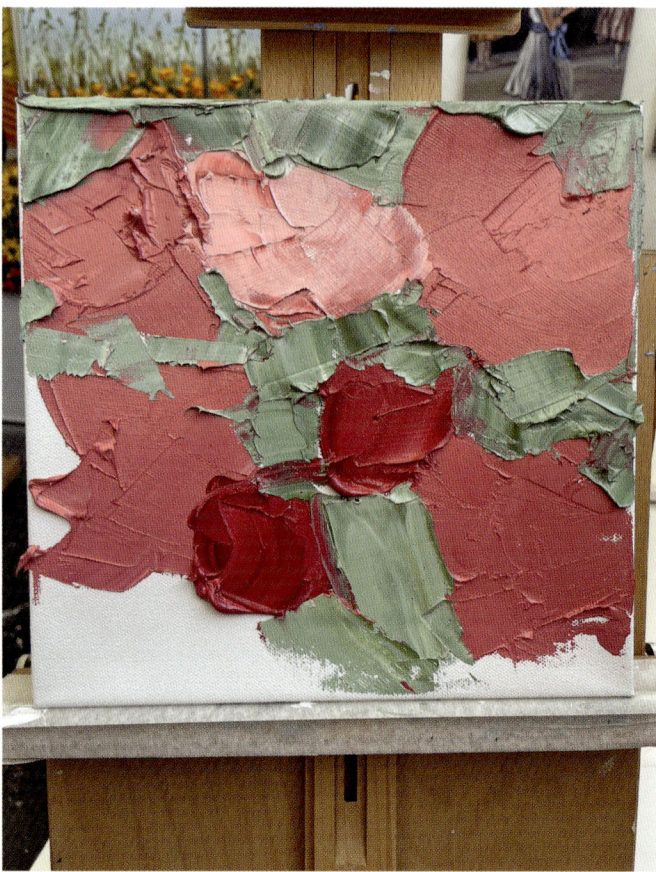

Paso 3: Crear el fondo verde

- Ahora vamos a rellenar nuestro fondo verde y las cosas empezarán a tomar forma y a volverse más dinámicas y emocionantes.
- Arrastre 1 cucharadita generosa de azul cerúleo y aproximadamente la misma cantidad de ocre amarillo, y mézclelo para obtener un bonito verde azulado claro inspirado en Van Gogh. Queremos mezclar y tener listos diferentes tonos, así que oscurezca algunos con más azul cerúleo, otros con más ocre y aclare algunos con blanco. Téngalos todos juntos en la paleta listos para usar.
- Empiece a colocar el fondo verde, desplazándose alrededor las flores color rosa que ya ha bloqueado. Yo he utilizado pinceladas bastante grandes y entrecortadas, de lado a lado, para añadir la textura. Lo he hecho de forma suelta y gestual, cubriendo el lienzo blanco, pero sin mezclar ni complicarme. El objetivo es rellenar todo el lienzo blanco.
- Siga rellenando todos los huecos, recargando la espátula a medida que avanza. Aquí también deberá introducir algunas variaciones de verde de la paleta. Las rayas y las irregularidades no solo están permitidas, sino que se fomentan, ya que contribuyen a realzar el efecto de abandono de la obra y le dan un aspecto más natural.
- En este caso me he pasado con el borde superior izquierdo y he decidido dejarlo para darle interés y un efecto tridimensional. Continúe por todo el lienzo hasta que haya cubierto de verde todo el lienzo blanco. Si no está seguro de la dirección que debe seguir con las pinceladas, piense en el tema que estamos representando. Un ramo tiene forma circular, así que si desplaza la espátula hacia los bordes desde el centro, capturará la forma de un ramo. No vaya de lado a lado o de arriba abajo con cada trazo; no tendrá el mismo efecto que el movimiento circular. Recuerde, sin embargo, no hacer todos los trazos hacia fuera, pues tampoco queremos un efecto de noria. Aquí hay un punto óptimo, así que intercale algunas pinceladas laterales aquí y allá.

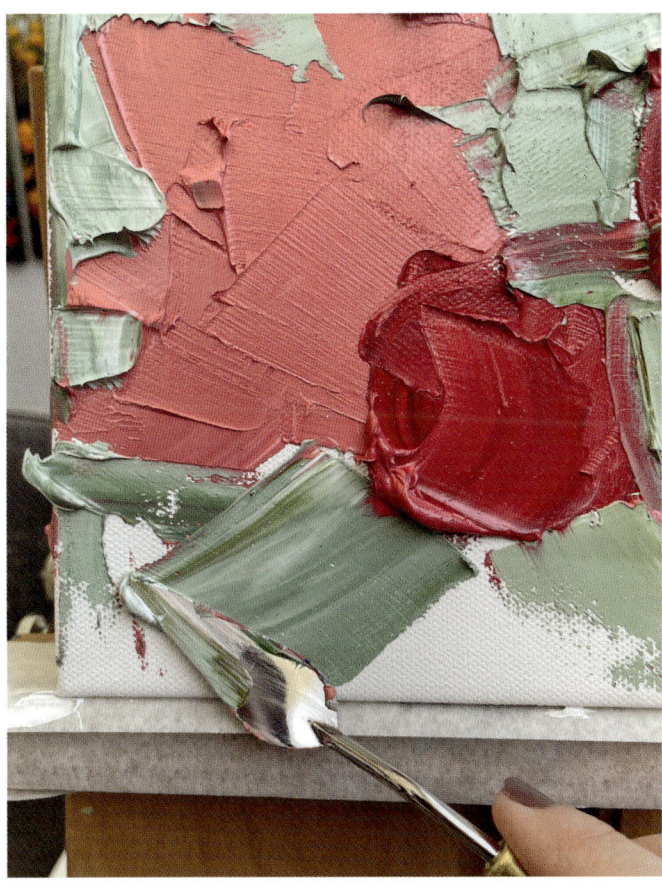
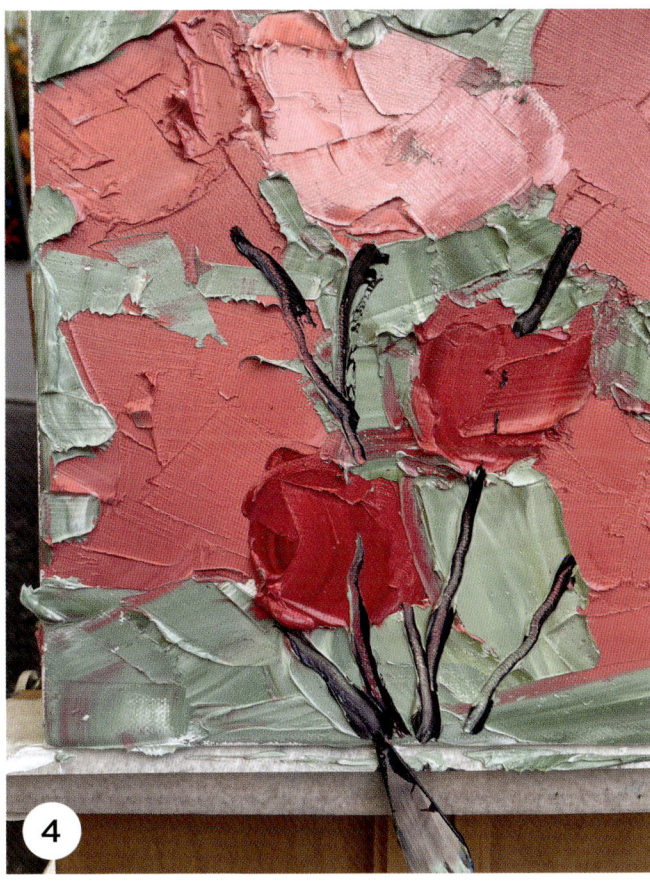

Paso 4: Añadir tallos y hojas

- Ahora vamos a dar más estructura a la composición, así que empezaremos a poner algunos tallos en nuestras flores y hojas.
- Arrastre 1 cucharada de azul de Prusia y mézclelo con el verde azulado más oscuro que le quede en la paleta. Empezando en la base de la flor superior central, trace suavemente (sin raspar) una línea oscura, sin preocuparse de que los extremos coincidan exactamente. Limpie la espátula y repita esta operación con todas las flores y capullos. Yo soy diestra, así que mis tallos suelen tener un ligero arco hacia la izquierda, pero usted puede arquearlos hacia la derecha si lo prefiere. Haga siempre lo que le resulte

más natural y adecuado. Si le resulta natural y se divierte, siga haciéndolo así.

- Verá que en la parte inferior los tallos empiezan a agruparse y parece más bien un ramo.
- A continuación, vamos a utilizar nuestra espátula más angular para crear hojas. Si no dispone de esta espátula, no se preocupe. Puede utilizar una espátula normal, pero no tendrá la misma definición en las puntas de las hojas. Utilizando el mismo verde oscuro que empleó para los tallos, cargue con 1 cucharadita la parte inferior de la espátula, hacia la punta, raspando su borde afilado a lo largo de la paleta y levantándola.
- Ahora coloque el borde de la hoja hacia abajo, empezando

en la punta, y dirija la espátula hacia el tallo, aplicando un poco de presión en la punta, al tiempo que la gira a derecha e izquierda en un pequeño movimiento zigzagueante mientras la desplaza, antes de alzarla al llegar al tallo. Repita esta operación con la espátula limpia y recargada al menos una vez para cada tallo, buscando el verde claro y teniendo cuidado de no mezclar las hojas, el tallo y la flor.

- La pintura con espátula es una técnica basada en el bloqueo de color, por lo que es importante mantener los tonos separados; el uso de colores y formas complementarias impactantes es clave para combinar una buena técnica con capricho y estilo.

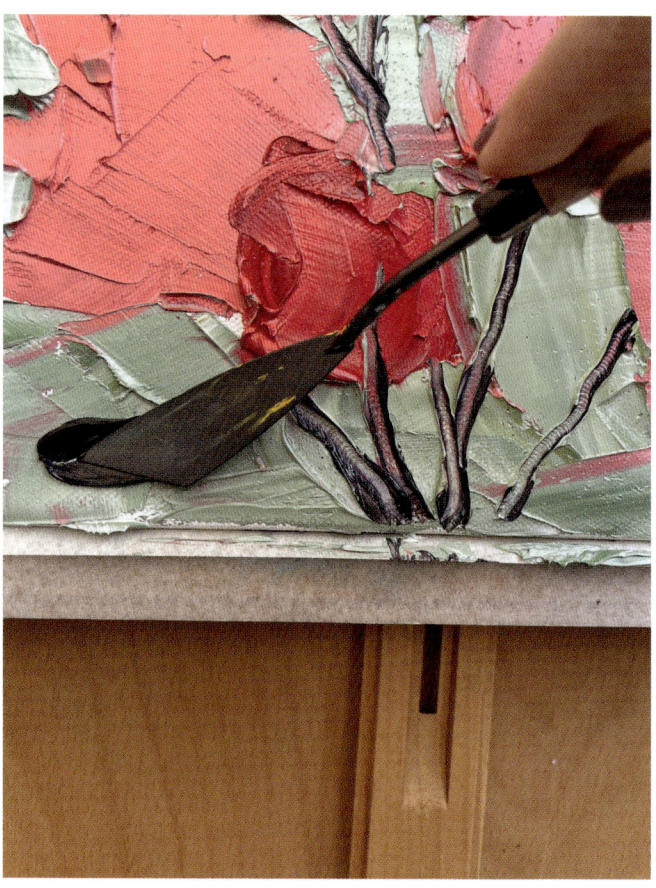
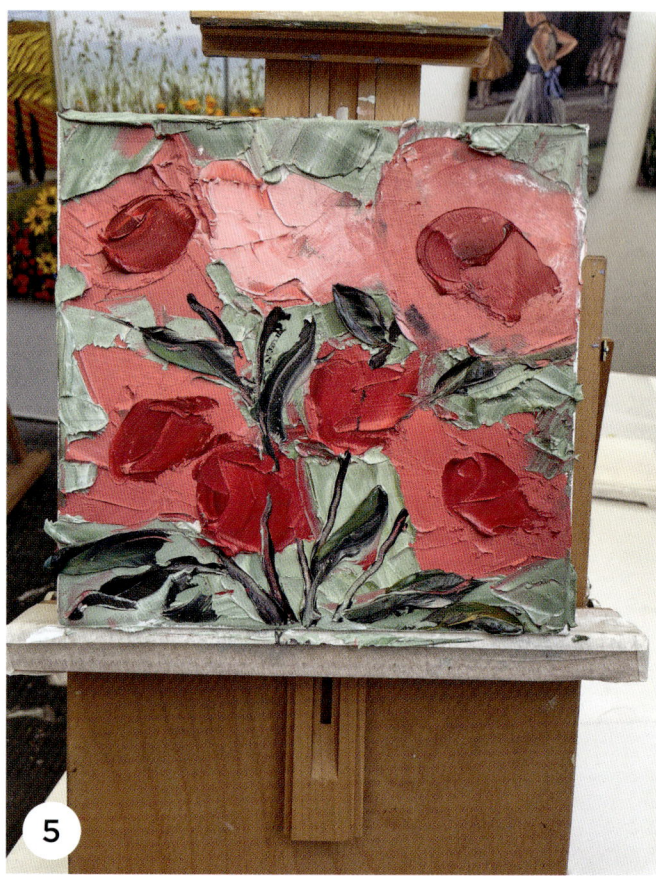

- Debería terminar con una buena mezcla de tallos, flores y hojas, asegurándose de que no haya «huecos» blancos en el lienzo y de que parezca equilibrado.

Paso 5: Añadir las flores de color rosa

- Empecemos a desarrollar este hermoso rosa estilo ballet de flamencos. • Las flores necesitan más estructura antes de seguir construyendo la textura, así que voy a poner un poco de rosa oscuro en el centro de cada una para proporcionar un punto de referencia y ayudar a que se vean bonitas y redondas.
- Arrastre 1 cucharada grande de rosa más oscuro y aplíquelo haciendo un círculo en el centro en cada una de las

cuatro flores grandes de las esquinas, limpiando y recargando la espátula para cada flor. No se preocupe por la flor más clara de la parte superior central. Esta la vamos a hacer de un color diferente para variar un poco y que no todas sean iguales.

- Ahora vamos a empezar con la textura. Arrastre 1 cucharada de un rosa de valor medio. Si no tiene bastante, mezcle un poco más ya que ahora queremos agregar textura. Esta es la parte en la que la pintura empieza a brillar de verdad. Aquí nos conviene hacer un poco de bloqueo de color y crear una diferencia de valor entre el centro de color rosa más oscuro y los pétalos. Esto hará que nuestra flor destaque.

- También queremos que nuestro rosa medio tenga vetas blancas. Los pétalos de las peonías son más claros en las puntas, así que las vetas blancas ayudan a que las flores parezcan etéreas y tenues. Tome un poco de pintura blanca y mézclela un poco con el rosa medio para que se vean las vetas.
- Tomando 1 cucharada en el borde de la espátula, colóquela formando una franja, en el sentido de las agujas del reloj, alrededor del borde de color rosa oscuro del centro de la flor. Tendrá que hacer un poco de presión con la punta de la espátula y levantarla. No aplaste demasiado la pintura en el lienzo, solo colóquela suavemente. Aquí necesitamos franjas, ya que queremos que

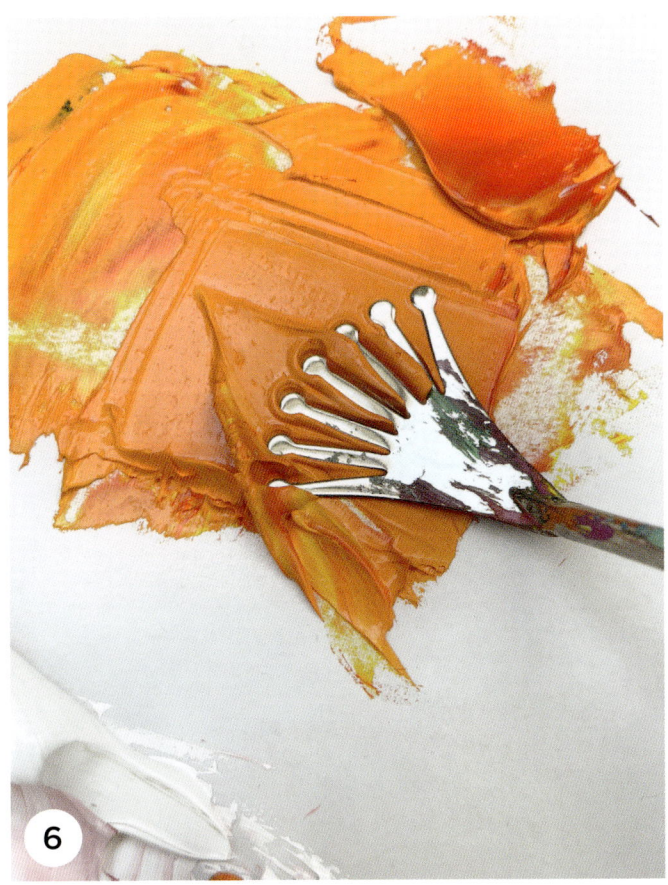

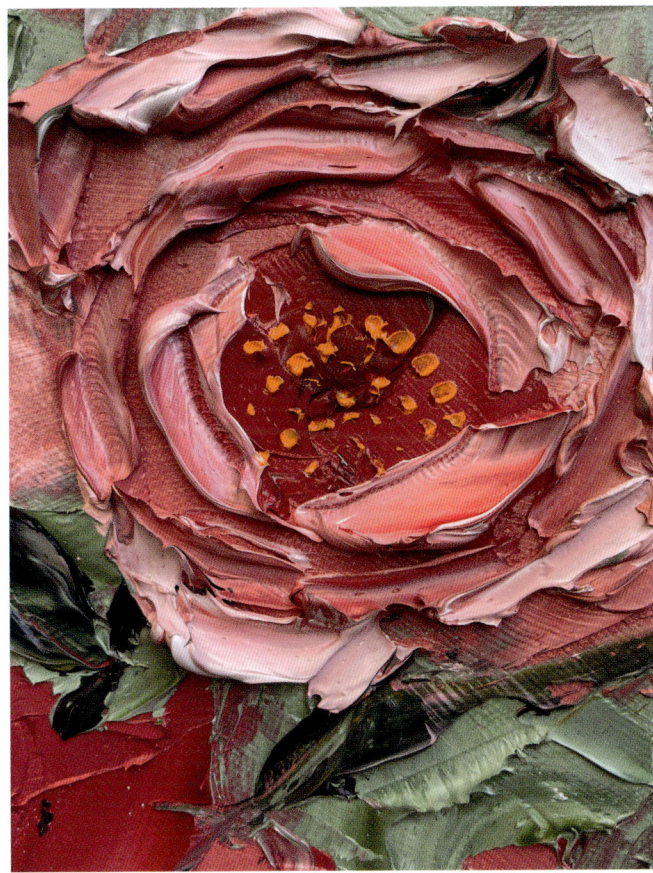

se vea la pintura de debajo. Disponga las franjas alrededor del exterior, asegurándose de dejar pequeños huecos aquí y allá entre ellas. Limpie la espátula y vuelva a cargarla con el mismo color. Coloque otro círculo exterior de pétalos utilizando la misma técnica con franjas gruesas de color rosa de valor medio. Asegúrese de dejar un espacio entre la primera y la segunda fila de trazos circulares de pétalos.

- Limpie la espátula, vuelva a cargarla y coloque una tercera fila de pétalos, dejando un espacio entre la segunda y la tercera fila. Procure que los huecos entre las filas de pétalos no caigan todos en el mismo sitio y escalónelos un poco. Además, ponga un poco más de blanco en la tercera fila

de pétalos, ya que las peonías son más claras en las puntas, manteniendo la pintura con vetas e irregular.

- También decidí salirme un poco del lienzo aquí, colocando un pétalo que sobresale del borde para darle mayor interés y usando el mismo movimiento circular para ponerlo y llevar la espátula hacia arriba sin presionar demasiado.

Paso 6: Añadir el naranja en el centro de la flor

- Arrastre ½ cucharadita de amarillo de cadmio y de rojo de cadmio, y mézclelos bien para obtener un naranja intenso y saturado.
- Si dispone de una espátula con punta especial (como la que se ve en la imagen), sumerja

las puntas en el naranja sin preocuparse demasiado por la textura. Esta espátula sirve más para hacer marcas que para crear textura. Si no posee este tipo de espátula, puede utilizar la punta de una espátula normal y hacer pequeños puntos irregulares.

- Con cuidado, y sin presionar demasiado, marque los detalles en el centro de la flor, asegurándose de no mezclarlos ni poner demasiados. Queremos que los puntos destaquen sobre el centro rosa. También puede inclinar la espátula hacia un lado para utilizar únicamente las puntas de los bordes, en lugar de las seis puntas a la vez. Deténgase cuando tenga una buena cantidad de puntos dentro del centro rosa.

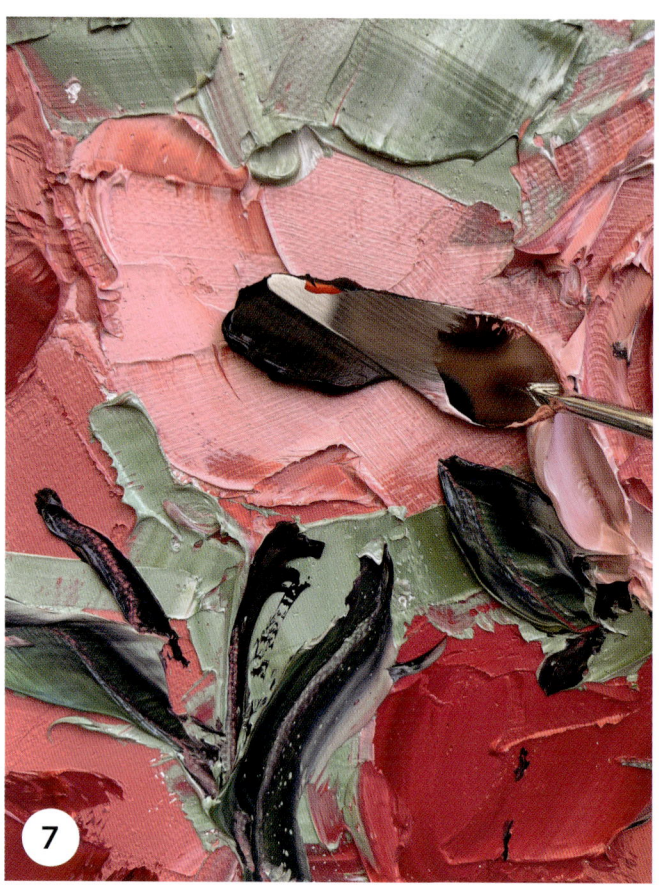

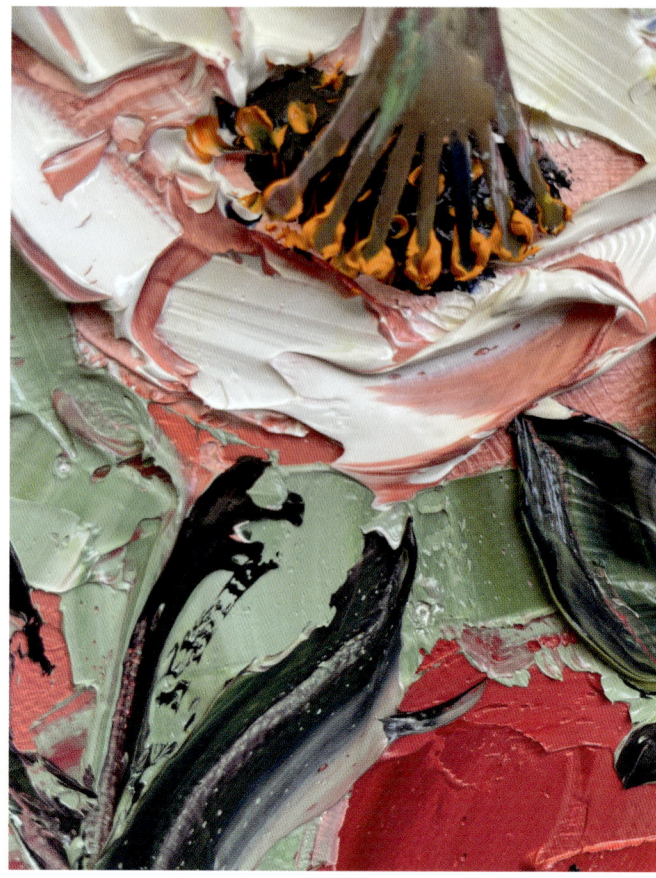

Fíjese que llegado este momento ya podría haber terminado todas mis flores con textura antes de pasar a mezclar el naranja y puntear el centro de las flores, pero a veces es bueno adelantarse un poco y completar una parte. Las pequeñas sensaciones de logro son importantes, y sentir que su obra está progresando bien le dará confianza e impulso para terminarla. Cuando se trata de pintar, no hay nada que pueda hacernos descarrilar más rápido que la frustración o el aburrimiento, así que asegúrese de conseguir pequeñas victorias a lo largo del camino. Cuando termine una flor y esta empiece a deslumbrar de verdad, asegúrese de disfrutarla conscientemente. Haga una pausa, prepárese una taza de té, aléjese de la obra y dese una palmadita en la espalda: ilo está haciendo muy bien!

Estoy bastante comprometida con mi pintura y además me gustaría dedicarme a pintar el resto de mi vida. Para mantener el entusiasmo por la pintura a largo plazo, intento asegurarme de que disfruto con lo que hago. Si un cuadro no me gusta, lo suelo terminar, luego tomo distancia y al día siguiente empiezo otro. Es curioso que la pintura sea tan subjetiva y que a menudo los cuadros que no nos gustan resulten los preferidos de los demás.

El último pequeño detalle en los puntos color naranja es crear pequeños tallos para anclarlos un poco. Si cuenta con una espátula larga, esta será perfecta para crear este detalle. De lo contrario, puede usar la punta de la espátula normal inclinándola hacia un lado y usando el borde más afilado de la hoja. Arrastre hacia abajo una minúscula cantidad de la pintura naranja de cada punto para sugerir un pequeño tallo.

Paso 7: Acabar las grandes flores con textura

Ahora vamos a pasar a la siguiente flor y vamos a hacerla un poco más clara. Con una espátula limpia, tome 1 cucharadita de gris Payne y colóquela en forma redondeada en el centro de la flor central.

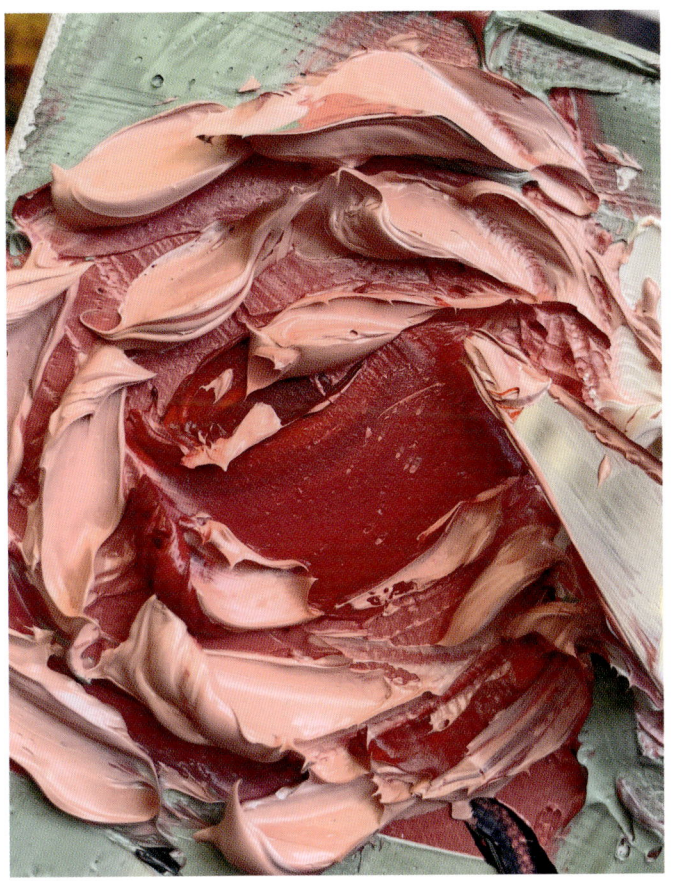

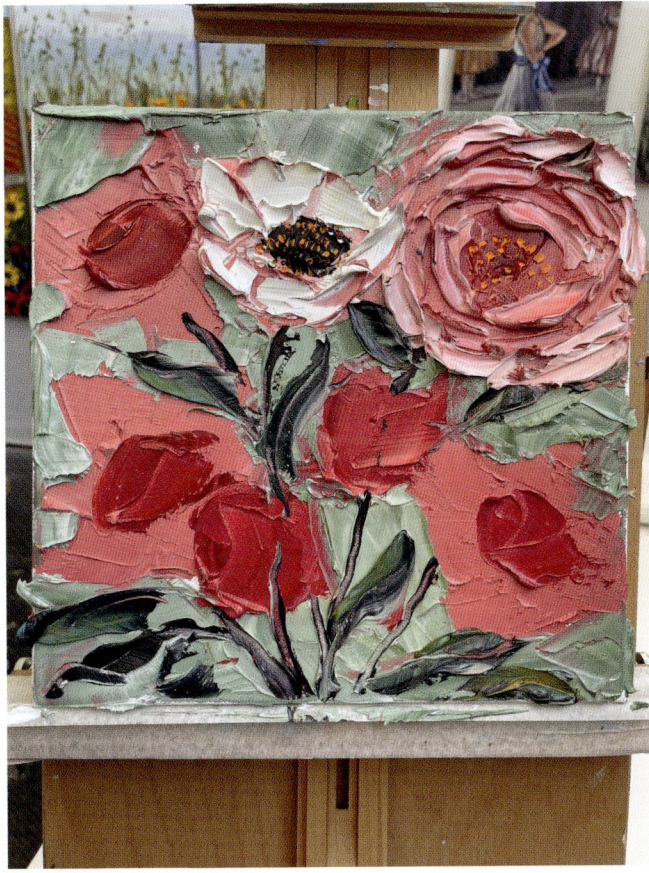

- A continuación, con una espátula limpia, arrastre unas 3 cucharadas de blanco. Cargue la espátula con 1 cucharada de blanco y luego deslícela hacia abajo a través de la pintura rosa medio para crear una pequeña cresta de rosa justo al lado del blanco. Esto creará unas bonitas puntas color rosa en los pétalos. Comience a colocar los pétalos de la flor blanca empezando por el borde exterior. Empuje la pintura hacia abajo, presionando suavemente, y arrastre la espátula hacia dentro. Deténgase en el negro y levante la espátula. Repita esta operación varias veces alrededor de la flor hasta que haya cubierto todo el rosa que hay debajo. Asegúrese de que los pétalos de los lados tengan una forma más ovalada y de que los de la parte inferior sean un poco más pequeños que los de la parte superior. Así conseguirá una forma más natural. También podemos esbozar bordes en algunos pétalos. Con la punta de la espátula y un poco de pintura rosa medio, dibuje los bordes de los pétalos utilizando como guía el borde natural de la pintura allí donde sobresale.

- Ahora repetiremos el paso con los puntos color naranja del centro. Con la espátula de punta especial, coloque algunos puntos color naranja y, a continuación, utilice la espátula de hoja delgada para crear también algunos tallos sutiles.

- Siguiendo con las flores, cargue la espátula con 1 cucharada de rosa y empiece por la flor de la izquierda, colocando franjas de rosa en un patrón circular, empezando por el exterior del centro rosa oscuro. Asegúrese de no ir sobre la pintura blanca de la flor blanca vecina, ya que queremos mantener el contraste de bloqueo de color, y cuando ya hay una gran cantidad de textura, menos textura al lado a menudo funciona mejor en estos bordes. Continúe con las franjas hasta tener unos tres círculos. A continuación, utilice la espátula de punta especial para añadir algunos detalles color naranja en el centro.

- Decidí que había cubierto demasiado el borde derecho de mi flor blanca y que necesitaba un poco más de bloqueo de color, así que volví atrás y añadí un poco más de blanco

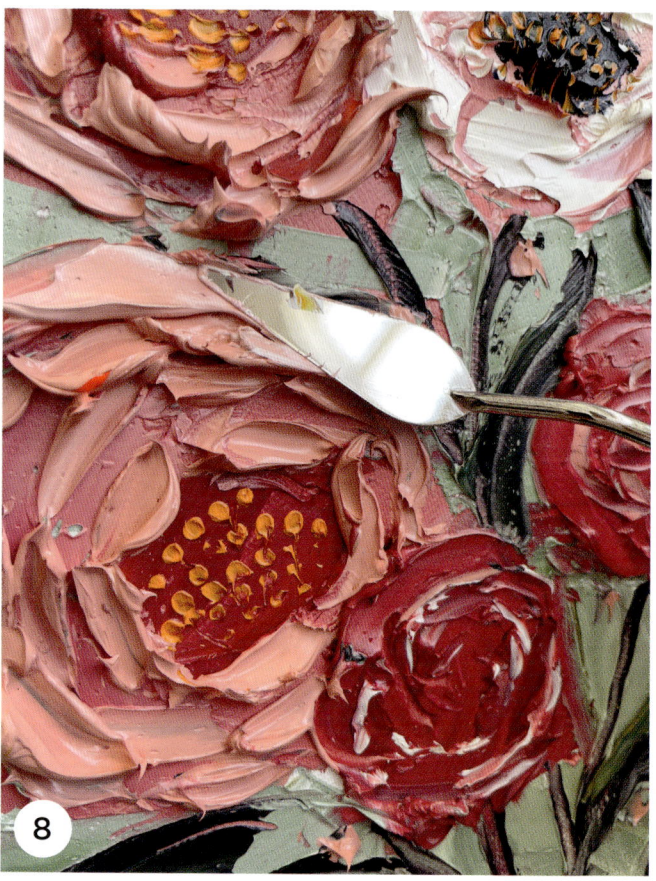
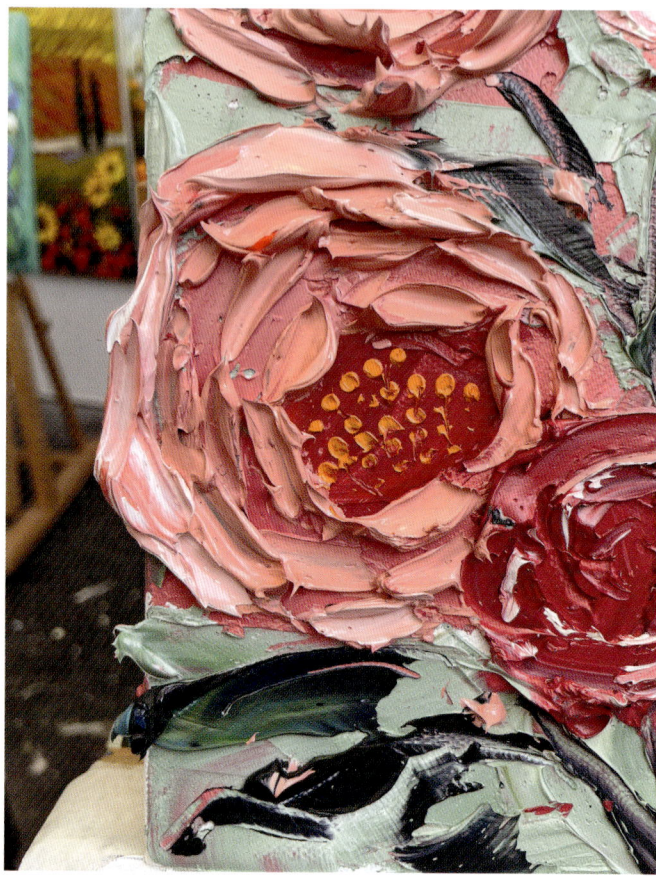

en el borde para crear más definición y un límite entre las flores.

- Ahora comience con la tercera flor grande en la parte inferior derecha, utilizando la misma técnica con las tres filas de pétalos y terminando con los detalles de puntos de color naranja en el centro.
- Repita este paso con la cuarta flor grande de la parte inferior izquierda, colocando tres filas de pétalos y los detalles de puntos color naranja.

Paso 8: Colocar los capullos de color rosa oscuro

- Los últimos detalles que vamos a añadir aquí son las dos flores más pequeñas, que son más parecidas a capullos y ayudan a equilibrar la composición. Arrastre un poco de carmesí, aproximadamente ½ cuchara-dita, y añádalo al rosa medio. Puede que tenga que mezclar un poco más de pintura para mantener la textura coherente con el resto de la obra. Cargue la espátula y aplique el rosa oscuro con trazos ascendentes y descendentes. Repita esta operación para el segundo capullo.
- Con la punta de la espátula, aplique una pequeña cantidad de rosa más claro y pásela suavemente por encima de la pintura rosa oscuro para

esbozar algunas variaciones en los pétalos. Repita esto con un tono más claro en el otro capullo para bloquear el color en los pétalos. No ponga los detalles de puntos color naranja en estos dos capullos.

- Un último detalle es utilizar un poco de la pintura rosa que ha sobrado para añadir deta-lles color rosa sobre el fondo verde, lo que ayuda a unir toda la composición y a crear un equilibrio. Cargue la espátula con una pequeña cantidad de rosa medio o claro y dé unos toques rápidos aquí y allá, mezclando un poco al arrastrar la espátula ligeramente de lado a medida que avanza, en lugar de dar toques hacia abajo con ella y levantarla.

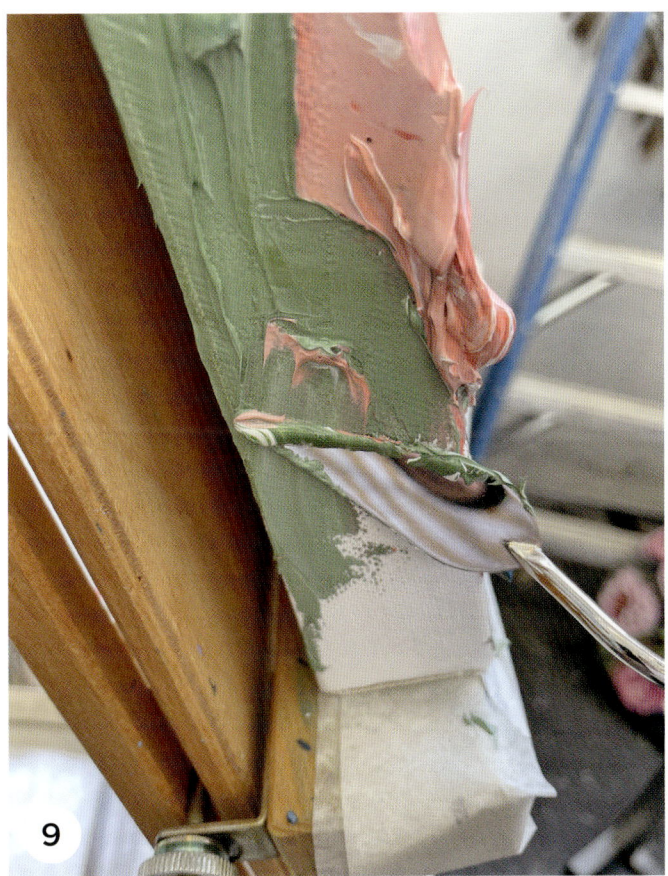

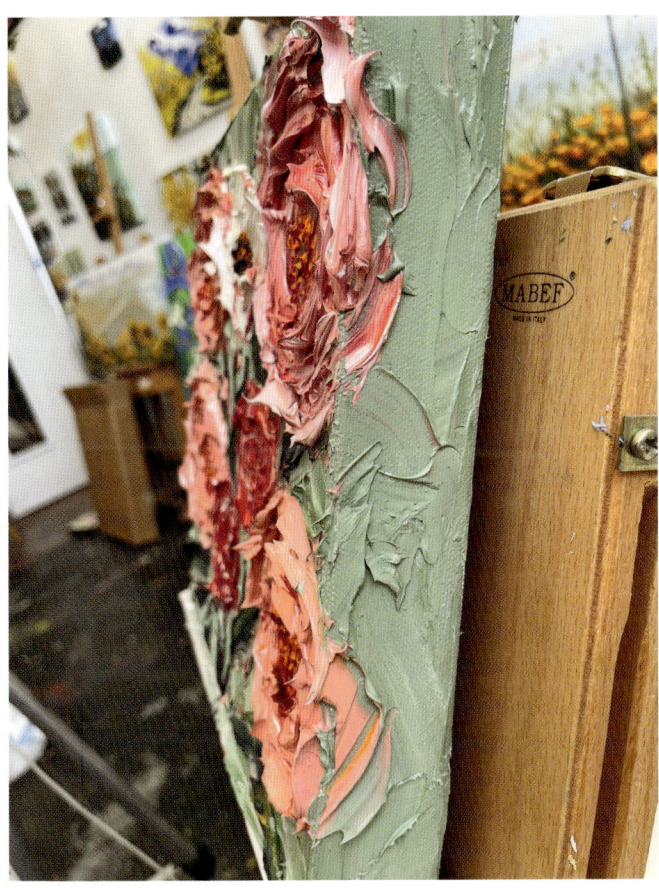

Paso 9: Pintar los laterales

- Esta vez, pinté los tres laterales del marco mientras el cuadro estaba en el caballete. Después de cubrir el borde del lienzo con la pintura verde sobrante, también creé una insinuación de las flores color rosa en los bordes. Me quedé sin espacio para firmar en la parte delantera del cuadro, así que lo hice más tarde en el lateral derecho. Ahora ya puede levantar el lienzo y terminar el borde inferior.

Luego, déjelo en posición horizontal, en una zona libre de polvo, para que se seque. Siempre es más fácil mezclar y combinar los colores cuando todavía están frescos en la mente, y mucho más difícil volver al cabo de unos días e intentar hacer coincidir el verde para terminar el lateral inferior; así que siempre trato de terminarlo todo en una única sesión. ¡Por no mencionar el hecho de que siempre sienta bien terminar un proyecto!

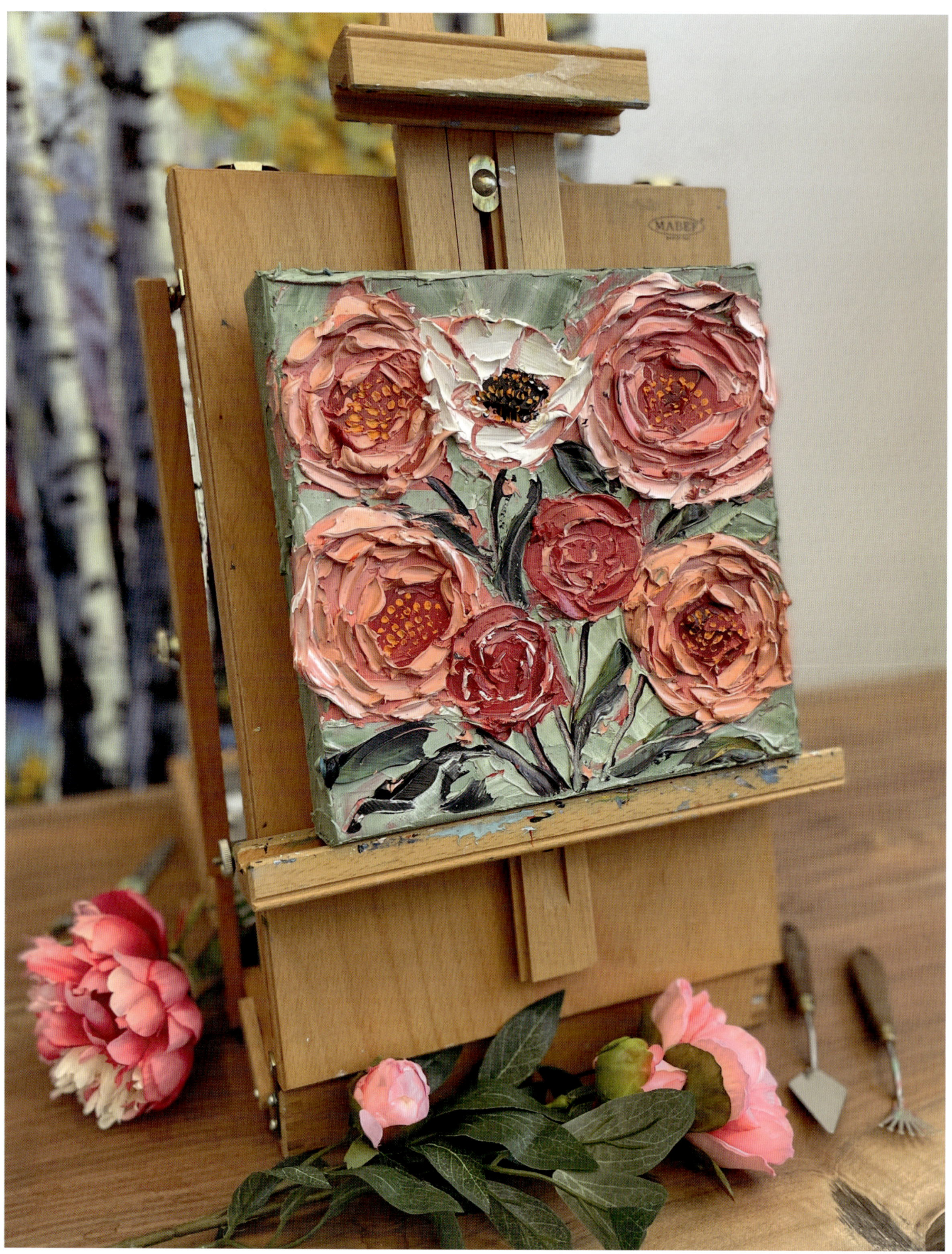

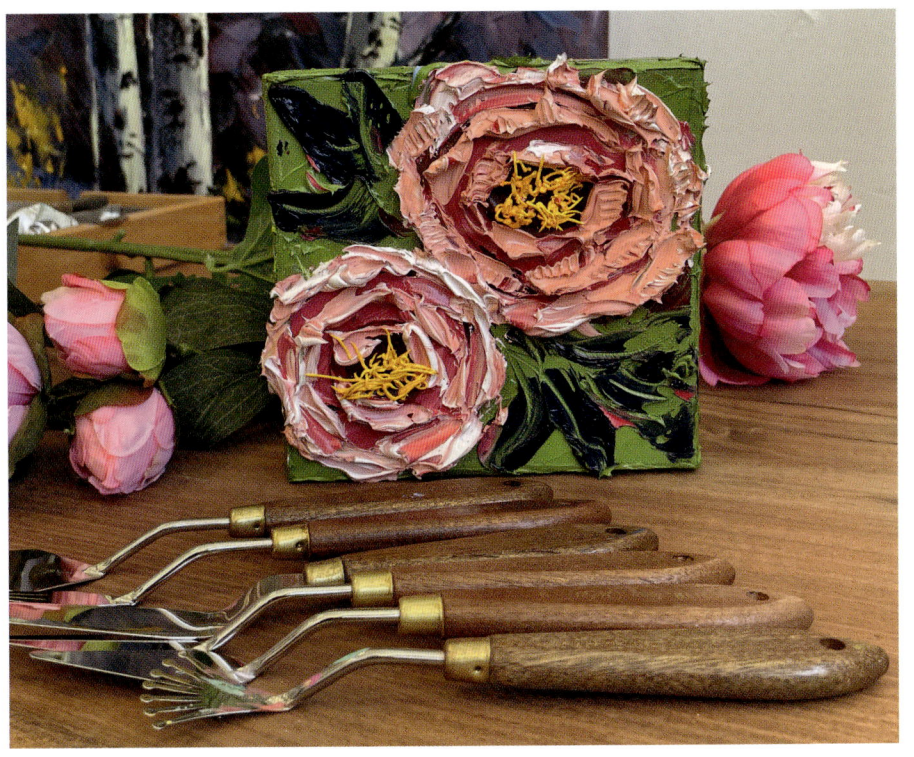

RESUMEN:

¿Está motivado para buscar el ramo de peonías perfecto para su próximo cuadro?

Hay más de 30 especies diferentes de peonías, pero la posibilidad de disfrutarlas es escasa. Solo florecen a finales de primavera y principios de verano, y su esplendor únicamente dura unos días. Pero la espera merece la pena.

Estas flores quedan preciosas pintadas con la espátula, que capta muy bien sus cualidades esponjosas y etéreas con textura, creando crestas, depresiones y sombras, así como movimiento e interés.

<<Debo tener flores, siempre y siempre>>.

—CLAUDE MONET

<<< Consejo >>>

Si expone su pintura con espátula (cuando esté seca) a la luz del atardecer, quedará cautivado por la forma en que la textura baila y resplandece.

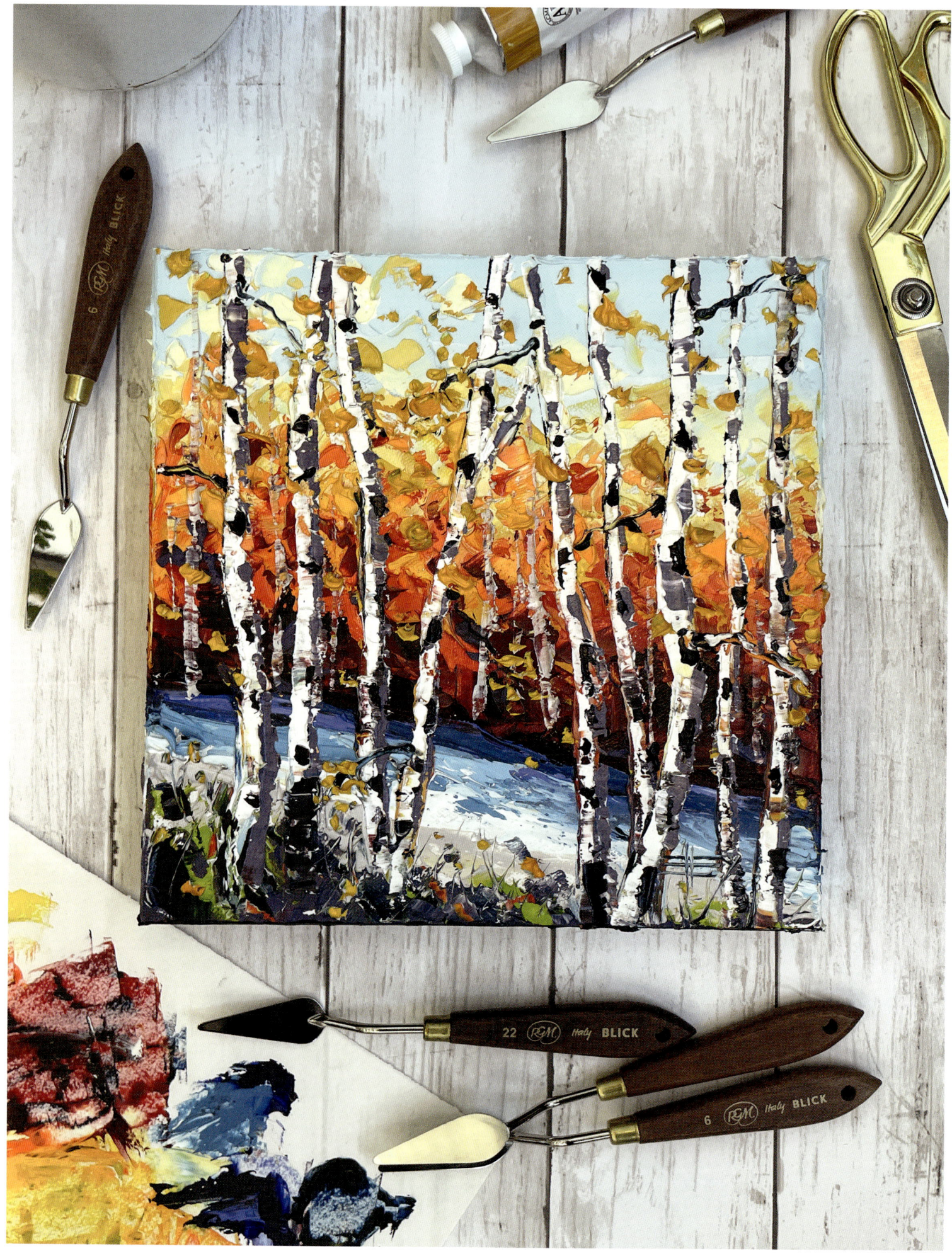

BOSQUE DE ABEDULES
EN OTOÑO

Herramientas y materiales	Paleta de color	Nivel de dificultad

Herramientas y materiales

- Bastidor entelado de 25,5 × 25,5 cm y 3,5 cm de profundidad
- Espátula mediana, con forma de lágrima y punta redondeada
- Espátula pequeña, con forma de lágrima y punta redondeada
- Espátula, con hoja delgada (opcional)
- Caballete de mesa
- Paletas desechables de papel
- Papel absorbente o trapo para limpiar la espátula

Paleta de color

- Blanco de titanio
- Amarillo de cadmio
- Rojo de cadmio
- Carmesí alizarina
- Azul cerúleo
- Azul ultramar o azul ultramar francés
- Azul Prusia

Nivel de dificultad

4 · 65 minutos

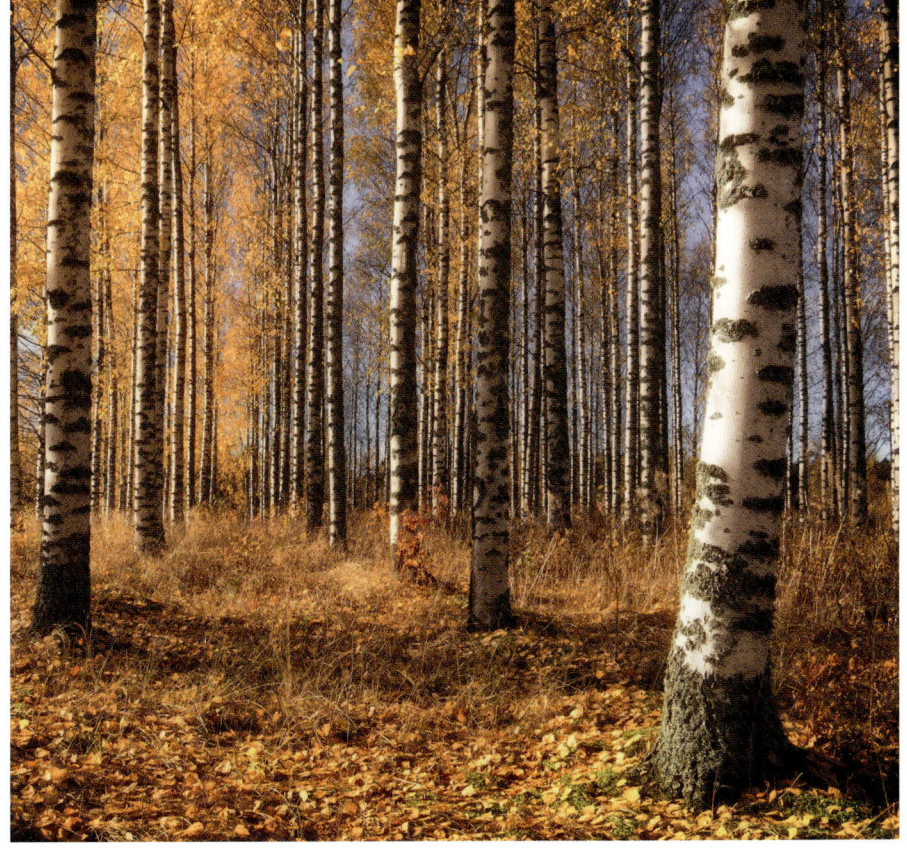

Inspiración

Mi primer cuadro pintado con espátula en 2012 fue un árbol de nuestro jardín en Florida. Mi profesor del curso de pintura al óleo en el que estaba matriculada me había inspirado a buscar en Google «pintura con espátula», después de explicarme cómo Gustave Courbet había utilizado la espátula para pintar una obra entera, en lugar de solo partes de un cuadro. Me quedé fascinada por la calidad escultórica del proceso y así nació mi obsesión por las espátulas. Desde entonces, no he dejado de usar mis espátulas y sigo adorando la rápida liberación y el efecto impactante que se logra al pintar con una espátula. Mis preferidos son los abedules y los álamos temblones, con sus troncos blancos sobre un fondo colorido.

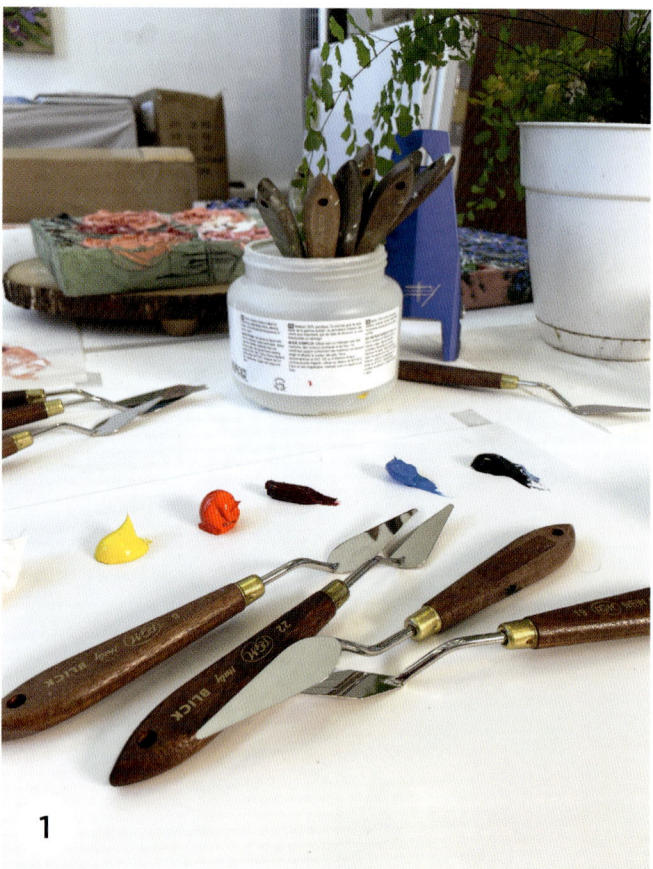

1

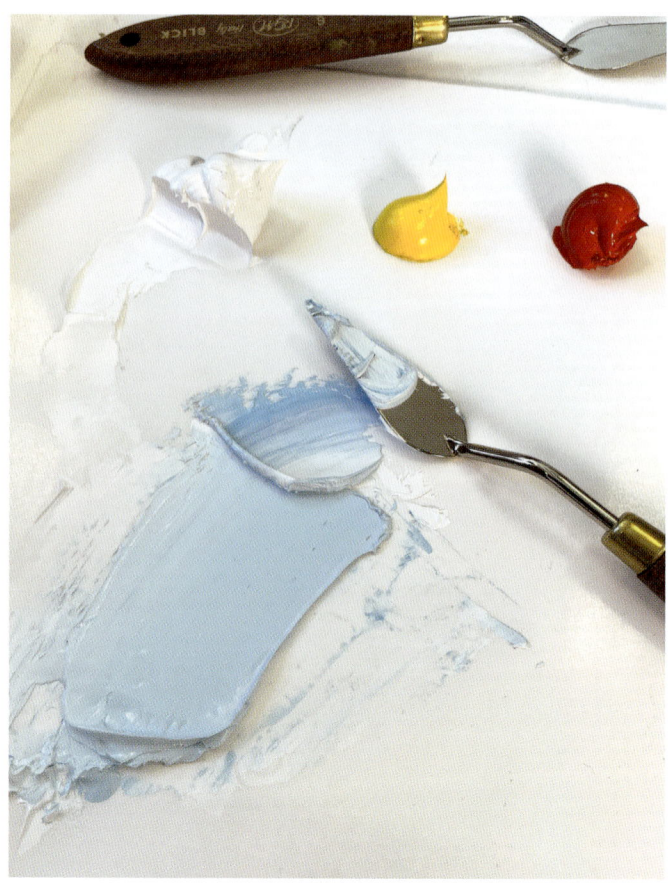

Instrucciones paso a paso

Paso 1: Disponer los colores y mezclar los tonos básicos del cielo y las copas de los árboles

- Exprima una porción grande de pintura blanca (2 cucharadas soperas colmadas) en la parte superior izquierda de la paleta. Vamos a bloquear el color de fondo antes de rellenar los troncos en esta obra. ¿Observa un patrón? Primero rellenamos el fondo y luego los elementos del primer plano.

- Disponga en la paleta 1 cucharadita de amarillo de cadmio, 1 de rojo de cadmio, 1 de carmesí alizarina, 1 de azul cerúleo, 1 de azul ultramar y 1 azul de Prusia, en ese orden.

- Empiece arrastrando hacia abajo 1 cucharada de blanco y ½ cucharadita de azul cerúleo. Mézclelos hasta obtener un azul muy claro. A continuación, añada un toque de naranja a base de rojo y amarillo.

- Ahora arrastre 1 cucharada de blanco con una espátula limpia y ½ cucharadita de amarillo, y mézclelos. Estos dos colores irán uno al lado del otro y se superpondrán un poco, pero no vamos a fusionar el fondo. Esta pintura se basa principalmente en un efecto de superposición más que en mezclar los colores, y es un excelente ejemplo de la técnica de húmedo sobre húmedo.

Paso 2: Crear el cielo azul y el follaje amarillo de las copas de los árboles

- Cargue la espátula con 1 cucharada de azul claro y, empezando por la parte superior derecha del lienzo, comience a rellenar el cielo con un gran barrido de lado a lado. Estamos creando un cielo que asoma a través del follaje, así que queremos que sea más irregular a medida que descendemos. Repita esto recargando la espátula con más cucharadas de azul, hasta que haya rellenado unos 5 cm.

- Limpie la espátula y vuelva a cargarla con 1 cucharada de amarillo claro. Ahora vamos

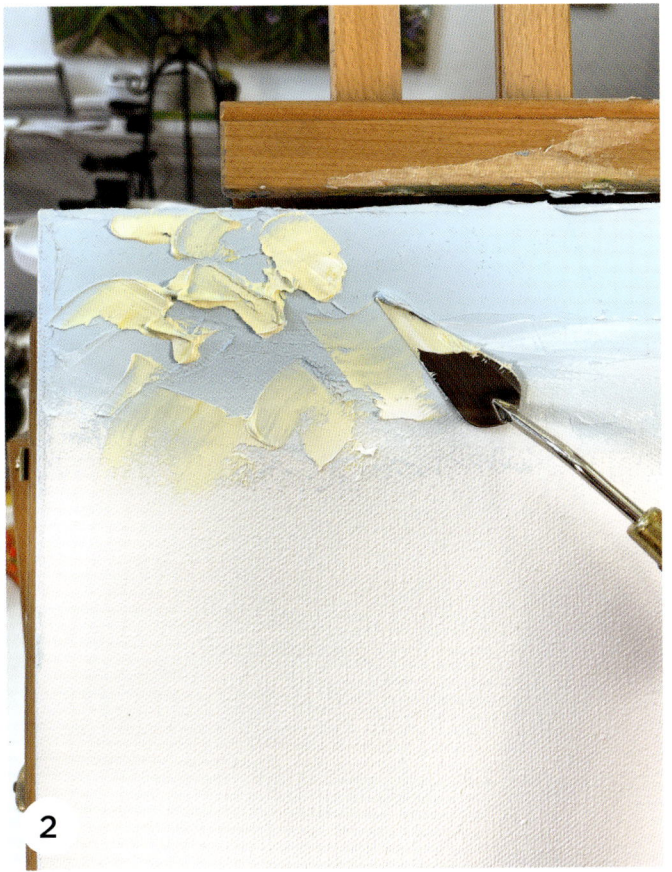

a empezar a colocar los colores azul y amarillo juntos sin mezclarlos. Con trazos más cortos y entrecortados de lado a lado, de unos 2 cm, comience a colocar el amarillo sobre el lienzo en barridos, empezando en la parte superior y desplazándose hacia abajo, con trazos aleatorios. Asegúrese de variar la dirección de los trazos. Algunos irán de derecha a izquierda, otros de izquierda a derecha, algunos se inclinan hacia arriba al final cuando levanta la espátula y otros se inclinan hacia abajo. El amarillo representa el follaje de los árboles y las puntas más altas de los árboles en el fondo, así que queremos lograr el efecto de las hojas, que son muy irregulares. En general, me gusta dar al follaje

de mis hojas un pequeño giro hacia abajo y hacia arriba en forma de U. Podemos llamarlo U hacia dentro y U hacia fuera, girando la muñeca hacia el cuerpo y alejándola de él. Este gesto da movimiento a las manchas de pintura y hace que las hojas parezcan bailar, ser arrastradas por el viento y caer al suelo del bosque.

- Yo empecé en la parte superior izquierda del lienzo, pero se puede comenzar en cualquier parte de la parte superior. Cuando llegue a la zona donde se acaba la pintura azul, vuelva a cargar la espátula y empiece a rellenar esta parte con el mismo tipo de trazos de amarillo. Los árboles van ganando volumen hacia la base, de modo que las copas son más ralas. Aquí es donde

puede fusionar un poco más si es necesario, para rellenar los huecos blancos del lienzo.

- Continúe por todo el lienzo con esta técnica de la U hasta que haya rellenado la parte superior con trazos de amarillo claro, dejando que asome bastante azul y rellenando la parte que confluye con el lienzo blanco para que no queden más huecos.

Paso 3: Crear el follaje naranja y rojo del árbol

- Ahora vamos a rellenar el resto de nuestro colorido follaje de fondo y empezará a ver cómo su obra cobra vida.
- Arrastre hacia abajo 1 cucharada de amarillo y 1 cucharadita de rojo de cadmio. Mézclelo para obtener un color amarillo más oscuro que el anterior.

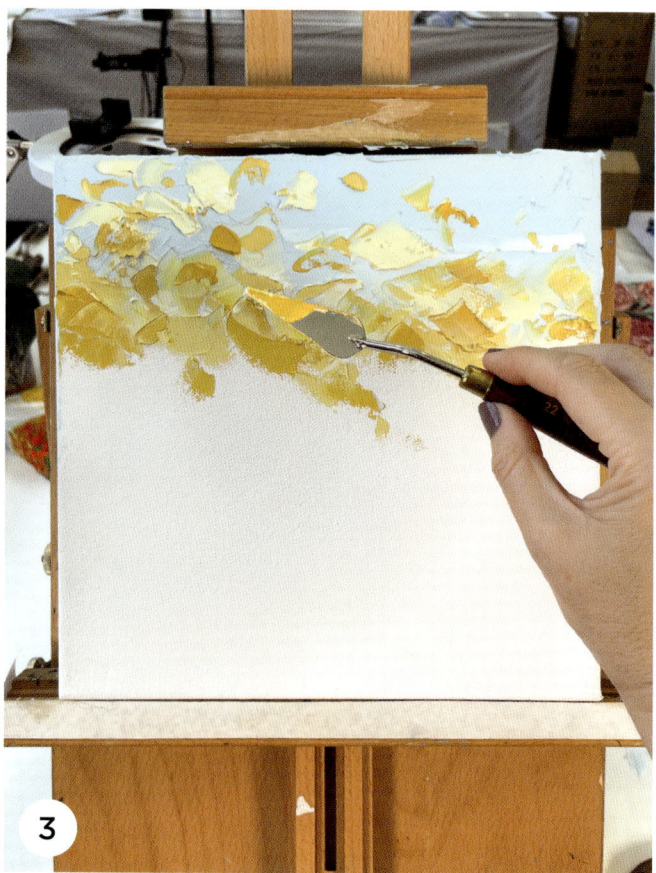

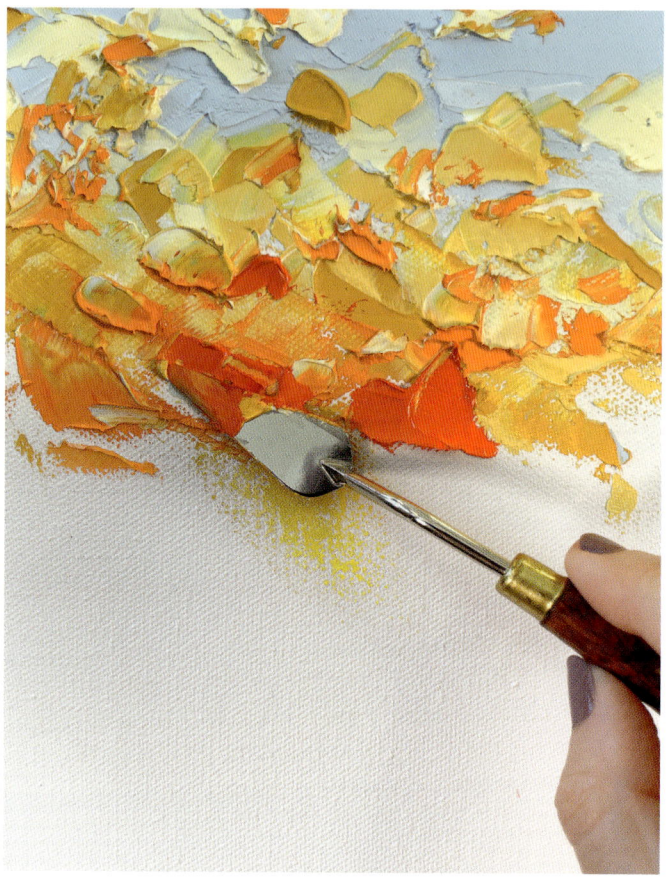

Añada una pizca de azul cerúleo justo al lado para atenuarlo un poco. Ahora, arrastre 1 cucharadita de blanco y mézclelo con un poco de amarillo para aclararlo. Vamos a crear un degradado con nuestros colores otoñales, así que queremos fluyan unos con otros. Es bueno tenerlos mezclados y listos para usar.

- Aplique el amarillo más oscuro con barridos de lado a lado, de la misma forma que hizo con la técnica de la U. En algunos lugares también he ido pasando la espátula por encima de la pintura amarilla clara para atrapar un poco en los bordes. También quiero ir oscureciendo los tonos conforme avanzo hacia abajo por el lienzo, así que he añadido solo algunos reflejos en la parte superior, aumentando la cantidad a medida que desciendo, y he rellenado la zona en la que el amarillo claro se detiene en el lienzo blanco.

- Ahora prosigo con el tono de amarillo más oscuro, empleando la misma técnica y colocando las partes más oscuras en el lienzo, algunas un poco más altas pero la mayoría más bajas, avanzando de esta forma hacia la parte inferior del lienzo.

- A continuación, empezaremos con el naranja. Arrastre ½ cucharadita de rojo de cadmio y 1 cucharadita de amarillo, y mézclelos.

- Comience a añadir barridos de naranja utilizando la misma técnica de la U. Pase ligeramente la espátula por la parte superior del amarillo más oscuro, ampliando el trazo a medida que desciende y rellenando las partes inferiores del lienzo blanco.

- Ahora arrastre otra cucharadita de rojo de cadmio y añádalo al naranja existente hasta que tenga un naranja muy vibrante y saturado, y repita todo el proceso, agregando algunas hojas más pequeñas con toques y aumentando la cantidad a medida que desciendo por el lienzo.

- Fíjese en que no estoy colocando los colores en línea recta sobre el lienzo como si fuera una valla. He empezado más arriba a la izquierda y lo he difuminado un poco a la derecha.

- Ahora arrastre otra cucharadita de rojo de cadmio y haga un tono ligeramente más oscuro

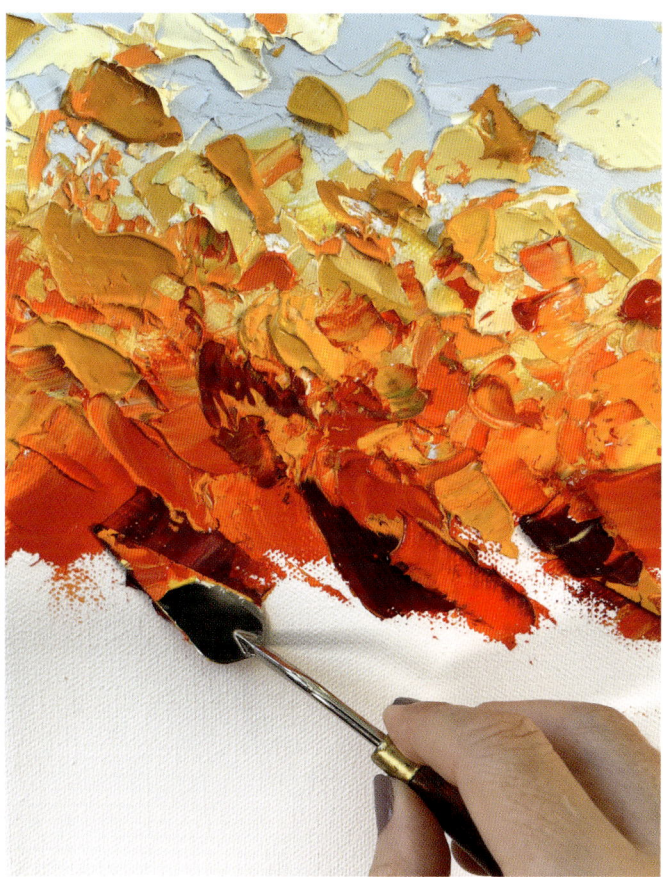
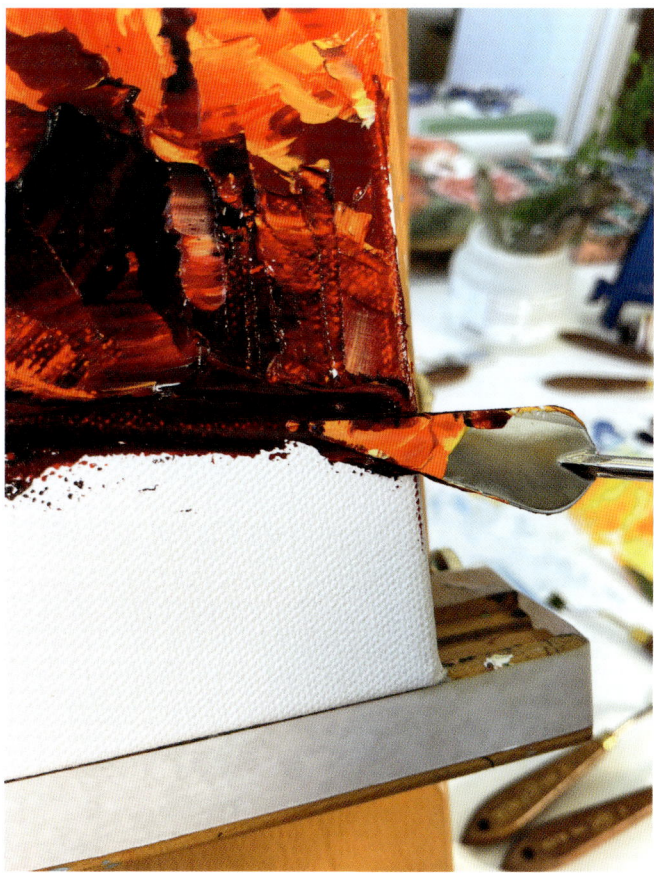

de naranja, mezclándolo con un poco de amarillo. Repita la técnica de la U, añadiendo el naranja más oscuro en porciones más pequeñas, y terminando justo debajo del lienzo blanco. No se exceda; es un color muy vivo y no necesitamos mucha cantidad.

- En este momento decidí que necesitaba un poco más de naranja de valor medio para equilibrarlo. Ahora hay que retocar esta parte, ya que no podrá volver atrás y hacerlo después de haber añadido los troncos. Buscamos un buen equilibrio de colores, sin exceso de ninguno, así que lo retoqué un poco añadiendo algunas pinceladas de naranja medio justo encima. Esto también aporta textura, que es justo lo que estamos buscando.

- Ahora vamos a añadir el rojo y entonces habremos terminado con el follaje de fondo. Arrastre 1 cucharadita de carmesí y mézclela con aproximadamente 1 cucharadita de rojo de cadmio o simplemente con lo que quede en la paleta. Con estos colores más oscuros conviene que haya vetas, así que no es necesario mezclarlo completamente.

- Ahora comience a aplicar el rojo utilizando la misma técnica de la U, procurando no saturar la obra con demasiado rojo y manteniendo un degradado equilibrado, en consonancia con los tonos anteriores.

- También daremos forma al arroyo de montaña, así que he empezado a arrastrar el rojo más hacia la derecha, para crear la parte baja del arroyo.

- Con un puro carmesí, el tono más oscuro del follaje, coloco algunos trazos en la parte inferior sin llegar a abrumar el conjunto, pero asegurándome de terminar el follaje con el tono más oscuro en la zona inferior. Luego arrastro una ½ cucharadita de azul de Prusia y lo mezclo con 1 de carmesí. Repitiendo esta técnica, finalizo la franja inferior con una suave pendiente hacia abajo a la derecha.

- Mi detalle final aquí es agregar algunos toques morados a las áreas rojas más oscuras para sugerir sombras más frescas. Utilizando el carmesí existente, añada un poco de azul cerúleo y mézclelos. Luego coloque algunos trazos pequeños y aleatorios, justo sobre los rojos más oscuros.

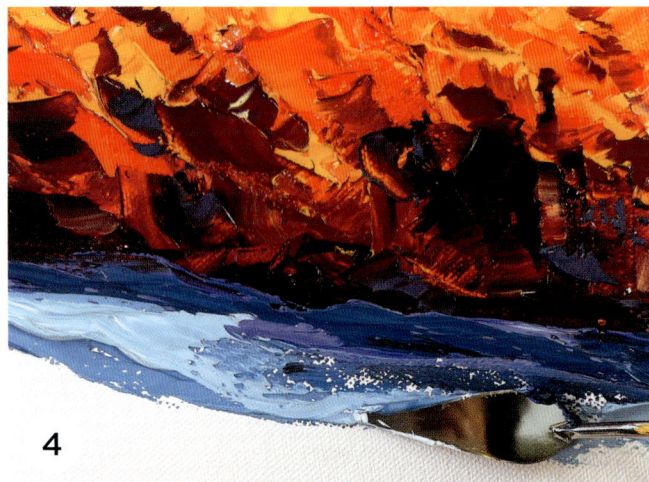

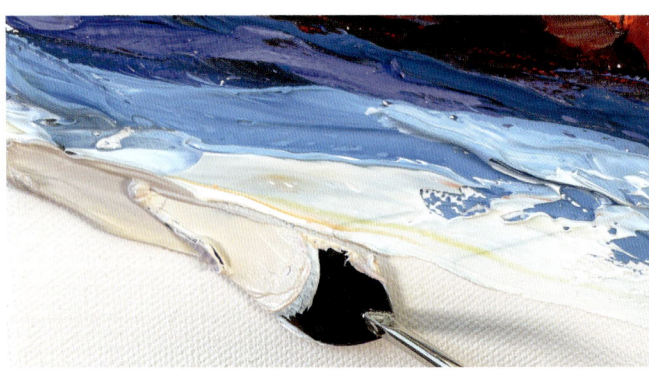

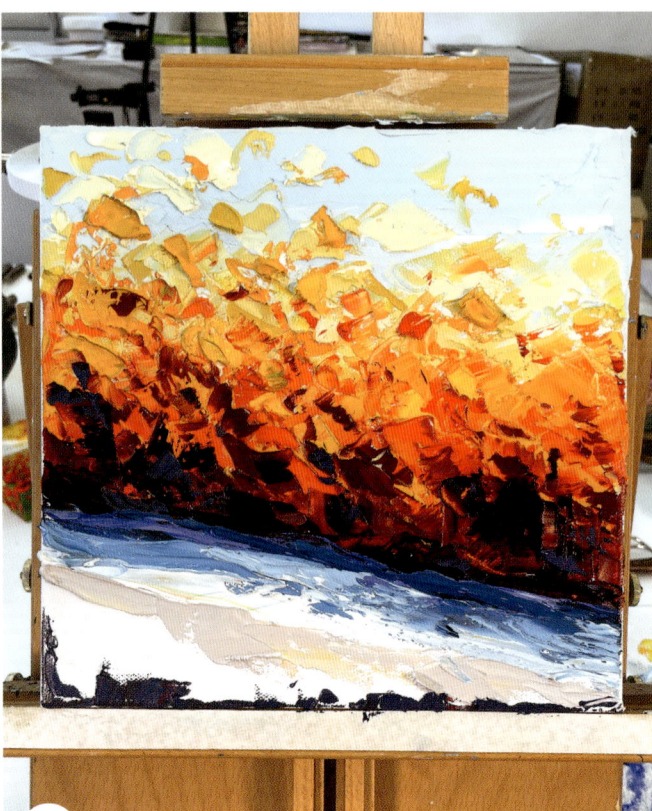

- Ahora es un buen momento para tomarse un descanso si siente que lo necesita. Soy una aficionada al té, así que aprovecho para tomar distancia y ganar algo de perspectiva. Al alejarse para contemplar su obra, es probable que descubra detalles para retocar que no veía cuando estaba inmerso en la obra y su visión era limitada.
- Compruebe que no haya áreas demasiado grandes de cualquier color en particular. Rompa estas con pinceladas de colores opuestos si fuera necesario.

Paso 4: Esbozar el río
- Arrastre 1 cucharadita de azul ultramarino, cargue la punta y la parte media de la espátula y empiece a dar forma al agua con un movimiento lateral, arrastrando la espátula en la dirección del agua, haciéndola coincidir con los rojos oscuros y moviéndose por el lienzo de izquierda a derecha. Trate de no mezclar demasiado los rojos y azules aquí; solo hágalos coincidir con toques suaves de la punta de la espátula.
- Una vez que haya hecho una franja de azul ultramarino de un extremo al otro, arrastre hacia 1 cucharadita de azul cerúleo y añada otra franja con el mismo movimiento, haciéndola coincidir con el azul ultramarino de arriba y yendo en la dirección del agua en movimiento.
- Aclare un poco el agua para sugerir algunas áreas de aguas bravas donde esta se mueve más rápidamente. Añada un poco de blanco al azul cerúleo y mézclelo ligeramente. Ahora añada otra franja de azul más claro con blanco debajo del azul cerúleo. Aquí puede experimentar deslizando ligeramente la espátula sobre los otros colores; al adherirse la pintura a la capa inferior se irán creando surcos y espuma de apariencia natural.
- Ahora aclárelo un poco más añadiendo otra cucharadita de blanco al azul cerúleo, mezclándolo apenas, y cree una porción más clara donde el agua se acumula un poco en el lado derecho del arroyo. No queremos que el arroyo tenga la misma anchura en toda su longitud, así que hacerlo más ancho a la derecha también lo hará parecer más natural.

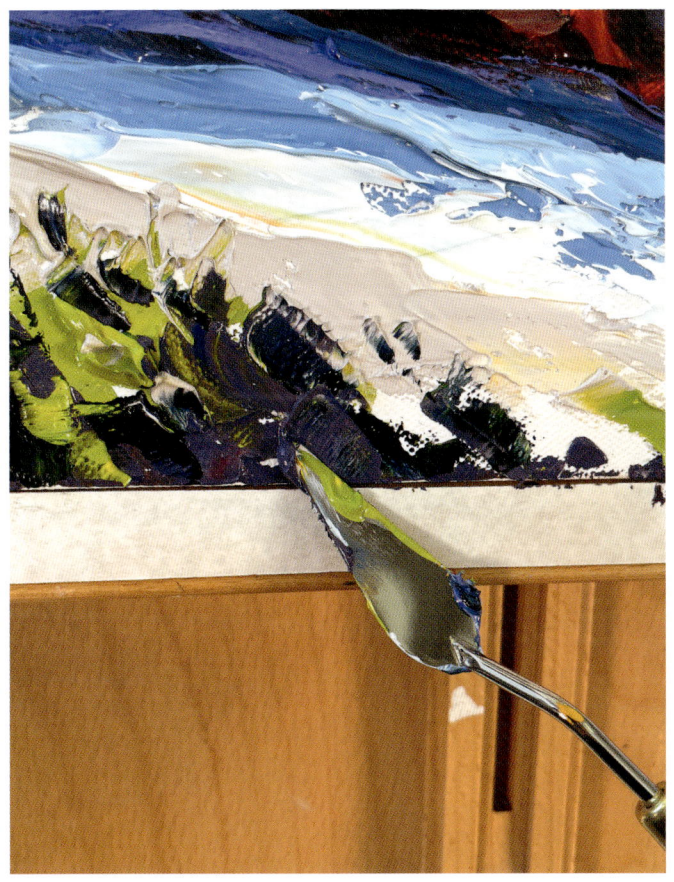
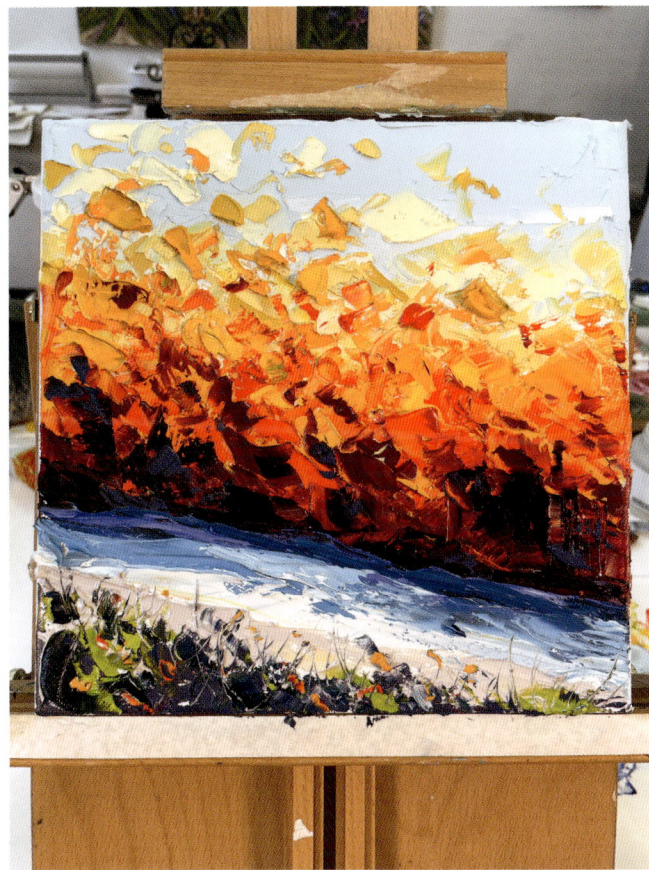

Paso 5: Rellenar el suelo

- Vamos a rellenar la parte del suelo antes de colocar los árboles sobre el fondo.
- Quiero sugerir una orilla debajo del arroyo, así que voy a hacer un color arenoso mezclando 1 cucharadita de blanco con una porción del tamaño de un guisante de amarillo y rojo de cadmio. Agregue solo una pizca del morado sobrante si necesita atenuarlo un poco. Utilizando principalmente la punta de la espátula, esbozo una franja debajo del agua blanca, asegurándome de mantener el trazo suelto, de la misma manera que hice el agua, arrastrando la espátula en la misma dirección.
- Antes de bloquear el verde, aplicaré la parte más oscura del suelo, donde terminan los árboles. Con el morado sobrante (añada un poco de amarillo si es demasiado vivo) y el borde de la espátula, cubra el borde inferior del lienzo con trazos ascendentes.
- Ahora necesitamos algo de sotobosque y realmente me encanta un pequeño toque de verde aquí. Tenemos que tener cuidado de no exagerar, ya que se trata de una escena otoñal, que en la vida real no tendría mucho verde.
- Arrastre 1 cucharadita de amarillo y mézclelo con el azul cerúleo que le quede en la paleta. Aplique el follaje herbáceo con trazos de lado a lado en el lienzo, sobre el color arenoso y el morado oscuro. No estamos mezclando, sino bloqueando colores para rellenar el lienzo blanco.
- No quiero que mi verde vaya de un extremo al otro en la parte inferior, así que lo interrumpo con trazos de morado oscuro para llenar el lienzo blanco, manteniéndolo espontáneo y gestual, y con el movimiento y los trazos fluyendo hacia arriba, como el vaivén natural del sotobosque herbáceo.
- Una vez que el lienzo está cubierto, utilizo mi espátula larga y delgada para crear filamentos parecidos a hierba, raspando la pintura hacia arriba en diferentes direcciones. La espátula habitual también sirve.
- Entonces, agregue algunos pequeños puntos destacados de rojo y amarillo aquí y allá en la parte del suelo para unir todos los colores.

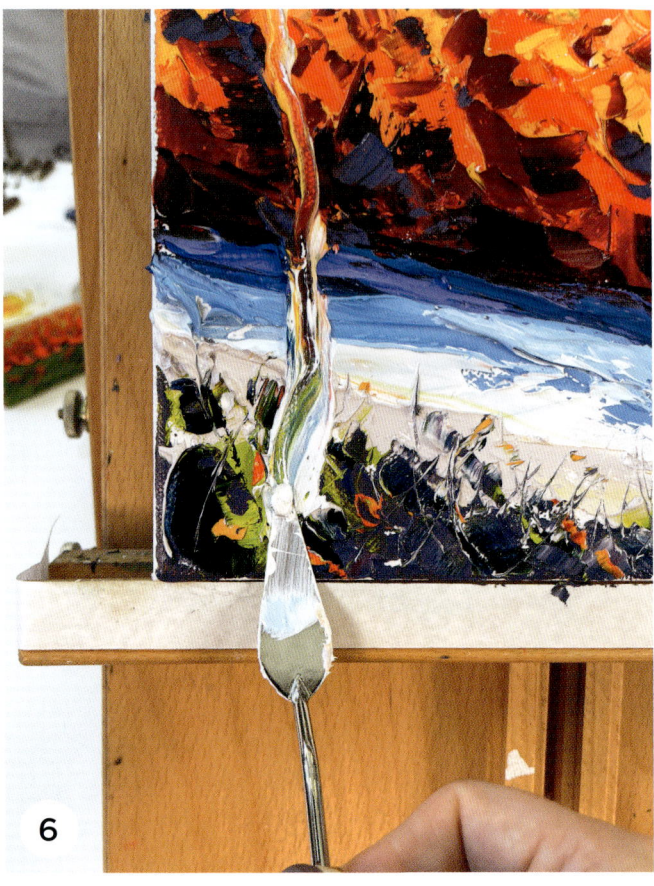

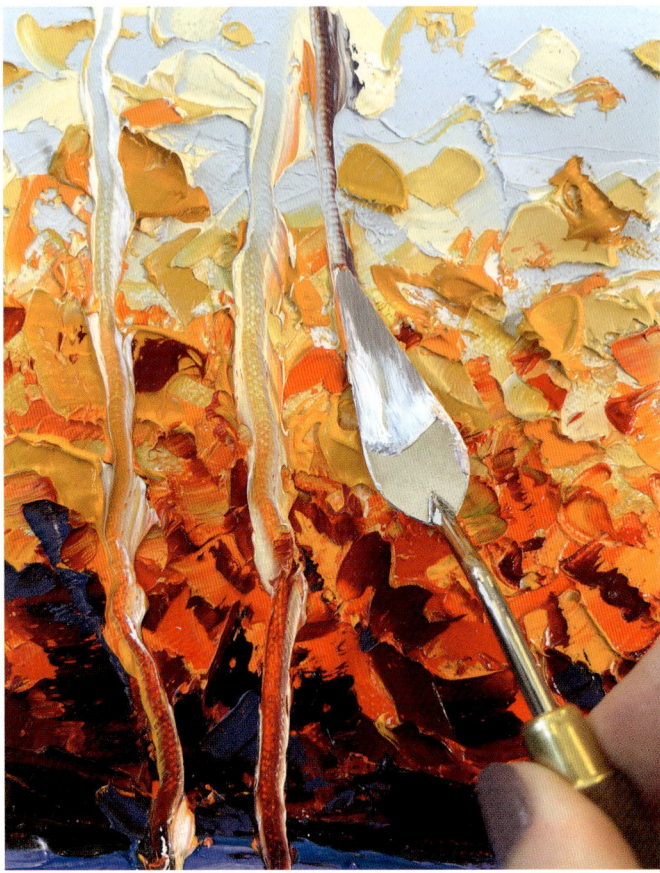

Hagamos una pausa antes de pasar a los troncos. Ahora es el momento de corregir si fuera necesario. No hay marcha atrás una vez que los troncos estén colocados. Pero no creo que haga falta hacerlo. ¡Se ve muy bien! Podríamos detenernos ahora y esto ya sería un cuadro por sí solo. Si lo cree así es que está haciendo un gran trabajo. Además, recuerde que manipular en exceso la obra generalmente no mejora el resultado, de modo que lo más recomendable es seguir adelante y terminar.

Paso 6: Añadir los troncos blancos

- Con una espátula limpia, arrastre 1 cucharada de blanco y agregue una pizca de amarillo; mézcelo bien hasta que la pintura presente una textura maleable.
- Vamos a esbozar los troncos y, de alguna manera, también a rasparlos al mismo tiempo. No se preocupe, suena complicado, pero es fácil y divertido.
- Dejando solo una fina capa de blanco en la espátula, comience a esbozar el primer tronco a la izquierda, a unos 2,5 cm del borde del lienzo. Desde arriba y usando la punta, deslice la espátula hacia abajo de manera suelta, serpenteante y fluida, hasta llegar a la parte inferior del lienzo, donde acaba la hierba. Haga esto de un solo trazo, con suavidad y firmeza.
- No estamos raspando la capa inferior de pintura, sino aplicando una presión suave para crear una línea natural en la pintura subyacente.

- Limpie la espátula y repita esta técnica en todo el lienzo, asegurándose de mantener variada la distancia entre los árboles, y de hacer que algunos se desvíen del centro cuando comience en la parte superior, para que no sean todos uniformes. He colocado cuatro troncos a la derecha. Estos abedules tienden a agruparse, así que he intentado hacer que algunos de ellos lo hagan en la parte inferior. He dejado un espacio natural en medio antes de continuar por el resto del lienzo.
- A la derecha, coloco cinco árboles, asegurándome de variarlos y agruparlos un poco.
- Ahora, añado un detalle en el fondo, en forma de troncos más pequeños, al otro lado del río. Utilizando una mínima

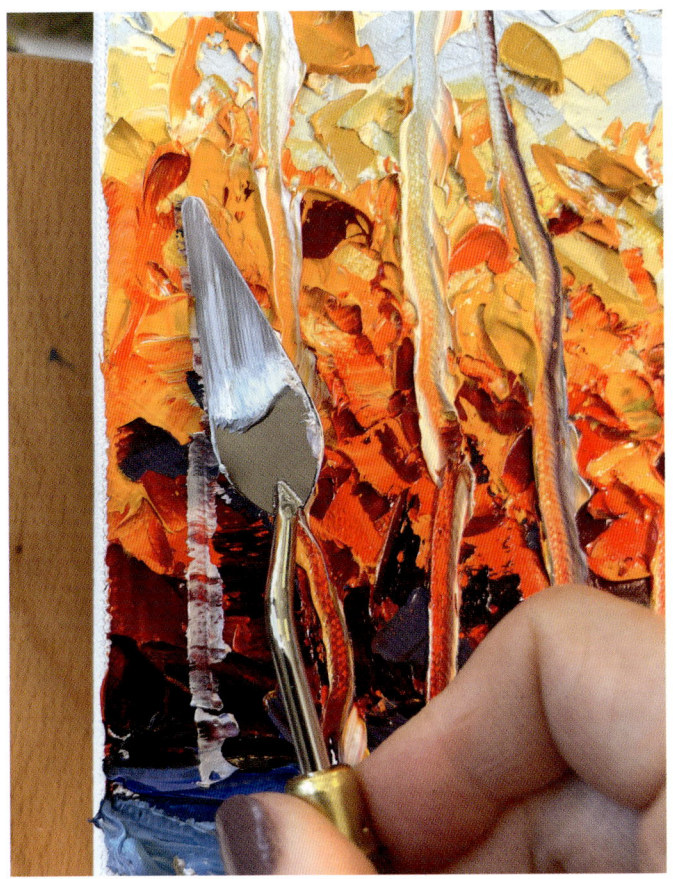

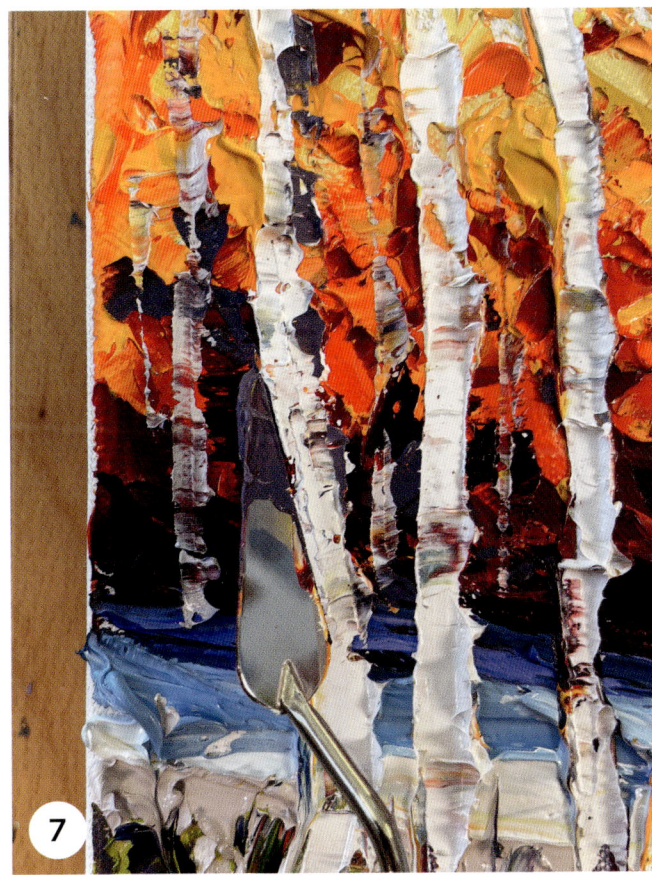

cantidad de pintura blanca y el borde de la espátula, coloque troncos muy gestuales en las áreas rojas entre los troncos en primer plano. No los lleve hasta arriba, sino permita que se estrechen y desaparezcan gradualmente. Queremos que estos troncos permanezcan en el fondo, así que no los haga demasiado oscuros, sino que sean apenas una sugerencia. Esto contribuirá a dar profundidad a la obra.

- Ahora empezaremos a construir la textura en los troncos, y verá cómo realmente comienzan a cobrar vida y a destacarse en la composición.
- Cargue la espátula limpia con aproximadamente ½ cucharada de pintura blanca en el borde izquierdo y, empezando por la parte superior izquierda,

aplique el blanco utilizando el borde de la espátula con un movimiento lateral, depositando la pintura suavemente para que se adhiera. Levante la espátula y repita el trazo debajo varias veces hasta que haya terminado todo el tronco, limpiando y recargando la espátula a medida que avanza.

- Repita esta técnica para todos los troncos en primer plano, asegurándose de dejar algunas áreas más gruesas y sin preocuparse demasiado si la pintura roja subyacente asoma.

Paso 7: Añadir las sombras en los troncos

- Arrastre hacia abajo lo que le quede del morado oscuro y añada un poco de blanco si fuera necesario. Crearemos un lado sombreado en los

troncos para hacerlos parecer redondos. En esta pintura, el sol está a la izquierda, así que la luz golpea los troncos en su lado izquierdo y luego se desvanece en sombras en el lado derecho.

- Cargue la espátula con una pequeña porción de morado oscuro. Con los colores más oscuros, estamos esbozando más que creando textura, así que solo estamos deslizando la espátula sobre el blanco más que añadiendo volumen.
- Utilizando el mismo movimiento lateral que usó para aplicar el blanco, comience a hacerlo con el morado oscuro; empiece en el lado derecho del tronco, con el borde derecho de la hoja, y mueva la espátula hacia la izquierda y levántela.

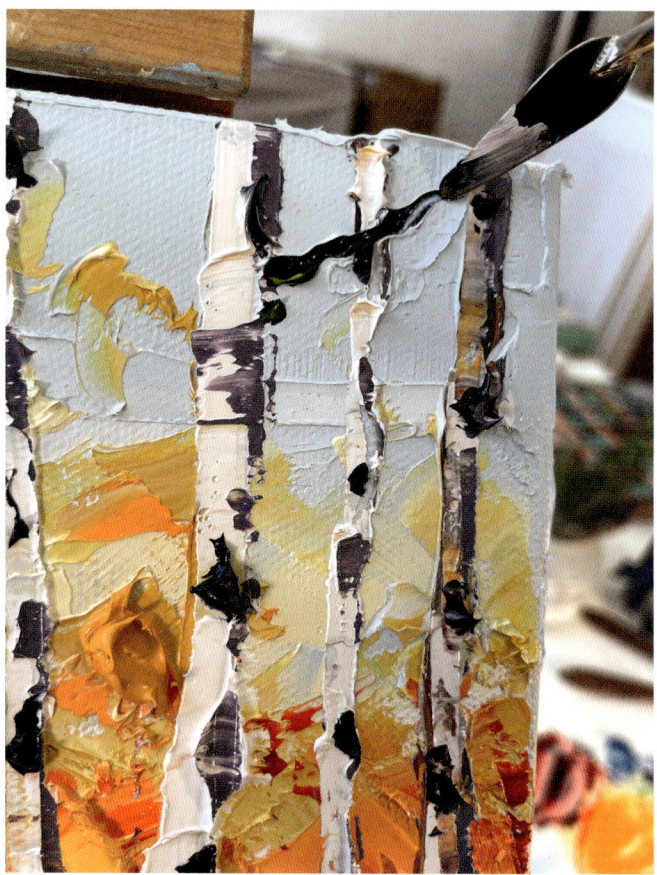
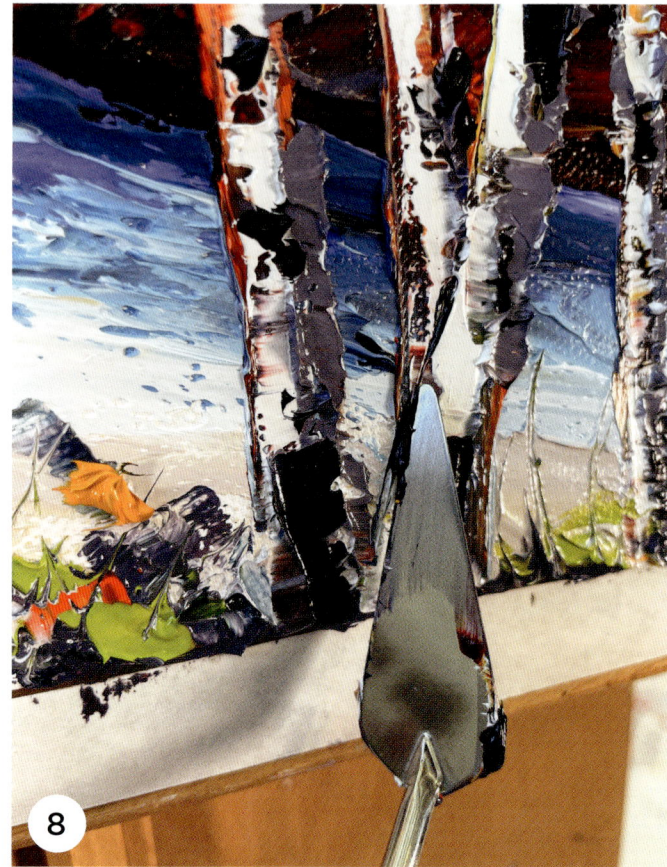

- Tenga cuidado aquí de no cubrir todo el tronco con el color oscuro. Queremos muchas variaciones, así que asegúrese de dejar mucho blanco asomando para crear el efecto moteado.
- Continúe limpiando, recargando y añadiendo el morado oscuro a todos los árboles en primer plano.

Paso 8: Colocar los detalles de la corteza negra

- ¡Esta es mi parte favorita! Agregar los detalles negros realmente da forma a la obra y hace que los árboles sean reconocibles. Tendrá la oportunidad de esbozar y crear pequeños nudos, ramas, ramitas y huecos que otorgarán a su obra mucha personalidad.

- Lo estamos logrando. Terminemos estos troncos para dar por acabado el cuadro.
- Normalmente uso azul de Prusia, rojo de cadmio y carmesí de alizarina para mezclar un color muy oscuro. También puede usar gris de Payne si lo tiene.
- Utilizando la punta de la espátula, comience a colocar los nudos y crestas del árbol con un rápido toque, aplicando un poco de presión para asegurarse de que se adhiera a la pintura de abajo y levantando la espátula. Puede cambiar a la espátula más pequeña si le resulta más fácil de manejar.
- Le recomiendo comenzar en la parte superior izquierda y avanzar hacia la derecha, pero a menudo me emociono y coloco toques donde me

apetece, asegurándome de espaciarlos a unos 2 cm de distancia aproximadamente, pero también agrupando un par aquí y allá para mantenerlos irregulares.
- Una vez que haya colocado algunos detalles negros en cada tronco, querrá añadir algunas pequeñas ramas aquí y allá cargando la punta de la espátula con el color oscuro y arrastrando la punta a través de la pintura. Estos pueden estar principalmente en la parte superior o a medio camino de los troncos, y normalmente los coloco donde hay un hueco o un área que podría utilizar un poco más de interés o equilibrio.
- Aquí también he utilizado la espátula más pequeña, ya que la punta es más pequeña.

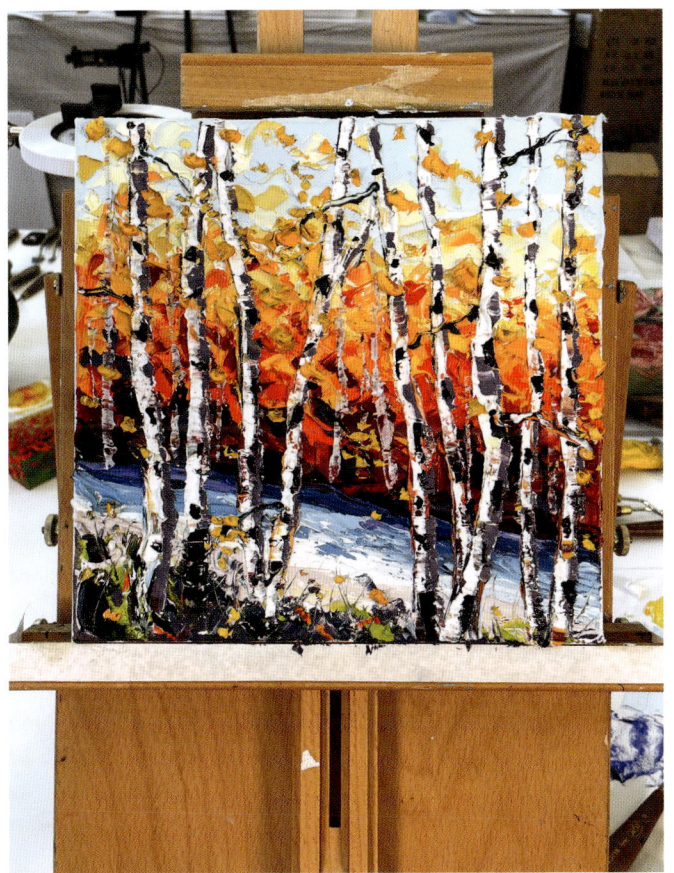
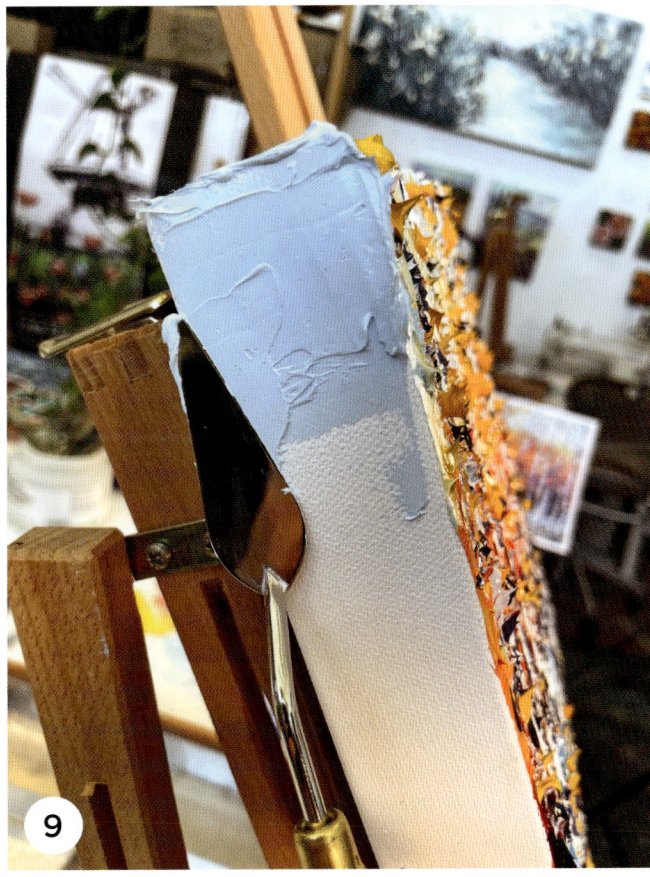

No queremos raspar grandes ramas, solo pequeñas sugerencias de ramitas donde luego podamos agregar follaje. He añadido unas 10 ramas pequeñas antes de decidir que eso era suficiente para equilibrar la composición.

- El último detalle que vamos a agregar con la pintura oscura son algunas líneas en los bordes de los troncos para ordenarlos un poco y crear un poco más de definición.
- Pase el borde de la hoja de la espátula de lado por la pintura oscura, de modo que quede cubierto con una fina lámina y añada con él algunas líneas delgadas donde la pintura blanca esté desordenada en los bordes de los troncos o donde estos necesiten un poco más de definición. Esto

tendrá más impacto sobre la zona del cielo azul y el río. No lo exagere y asegúrese de no trazar una línea que recorra todo el tronco; hágalo solo en algunas secciones para que quede sutil.

- El último detalle que vamos a añadir serán pequeños toques de follaje amarillo en los extremos de las ramas pequeñas y algunas manchitas aquí y allá para sugerir hojas cayendo. Estas hojas pueden cubrir algunas zonas de los troncos blancos. Use la pintura amarilla y naranja sobrante de la paleta para crear las pequeñas hojas cayendo. Estas aportan más textura y mejoran el efecto general, y hacen que la pintura realmente salte del lienzo.

Paso 9: Pintar los laterales

- Es bonito que los laterales del marco coincidan con el dibujo de estos árboles otoñales, así que es posible que tenga que mezclar más colores. Comenzando con azul cerúleo en el lado superior y en la porción superior de los laterales derecho e izquierdo, he aplicado trazos sueltos de azul para llenar el blanco. Donde los troncos de los árboles se terminan en la parte superior, he añadido pequeños trazos de blanco para suavizar el límite y que no resulte tan abrupto.
- Luego he hecho coincidir el amarillo pálido, el amarillo más oscuro, el rojo de cadmio y el carmesí en ambos lados, antes de pasar al río y al suelo.

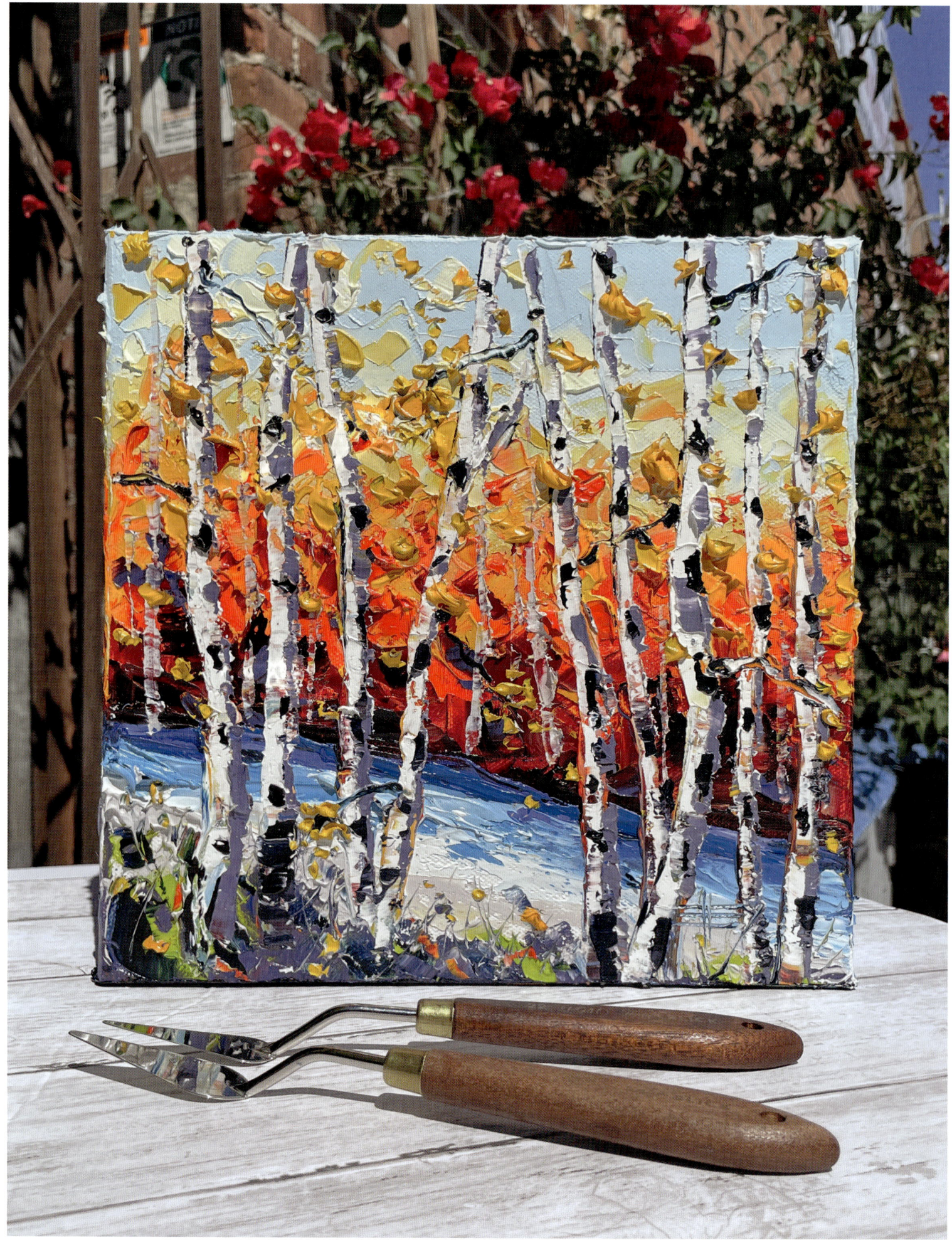

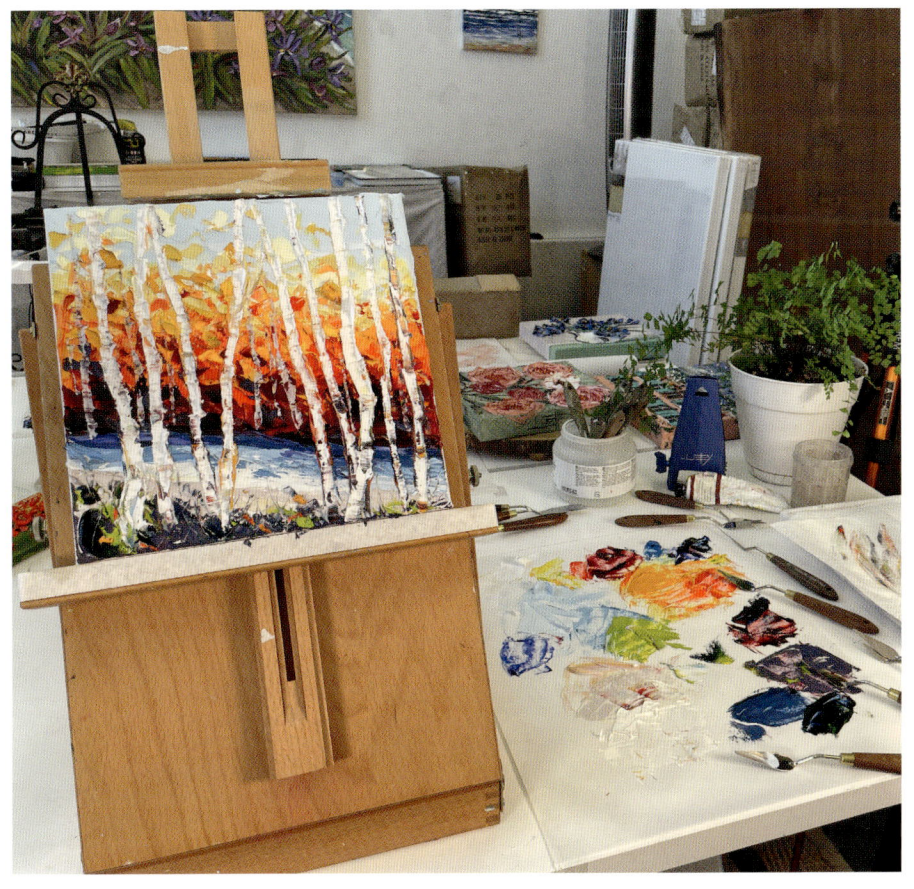

RESUMEN:

¿Es el otoño su estación preferida?

Estas coloridas pinturas de árboles otoñales me hacen entrar ganas de viajar a New Hampshire. No hay nada como la sensación del otoño después de un largo verano, con aire fresco y hojas cambiando de color.

Puede crear muchas variaciones diferentes de esta escena, grandes y pequeñas. Si se asegura de seguir los mismos pasos, puede variar la paleta de colores y la composición. Solo recuerde que siempre se debe comenzar colocando el fondo y luego añadir los troncos encima. También puede poner montañas en el fondo después de hacer el cielo, pero antes del follaje. Y añadir otra capa de árboles, como coníferas, en el plano intermedio, por encima del follaje rojo y antes del río. ¡Las posibilidades son infinitas!

<<*Me alegro de vivir en un mundo donde hay octubres*>>.

—L. M. MONTGOMERY

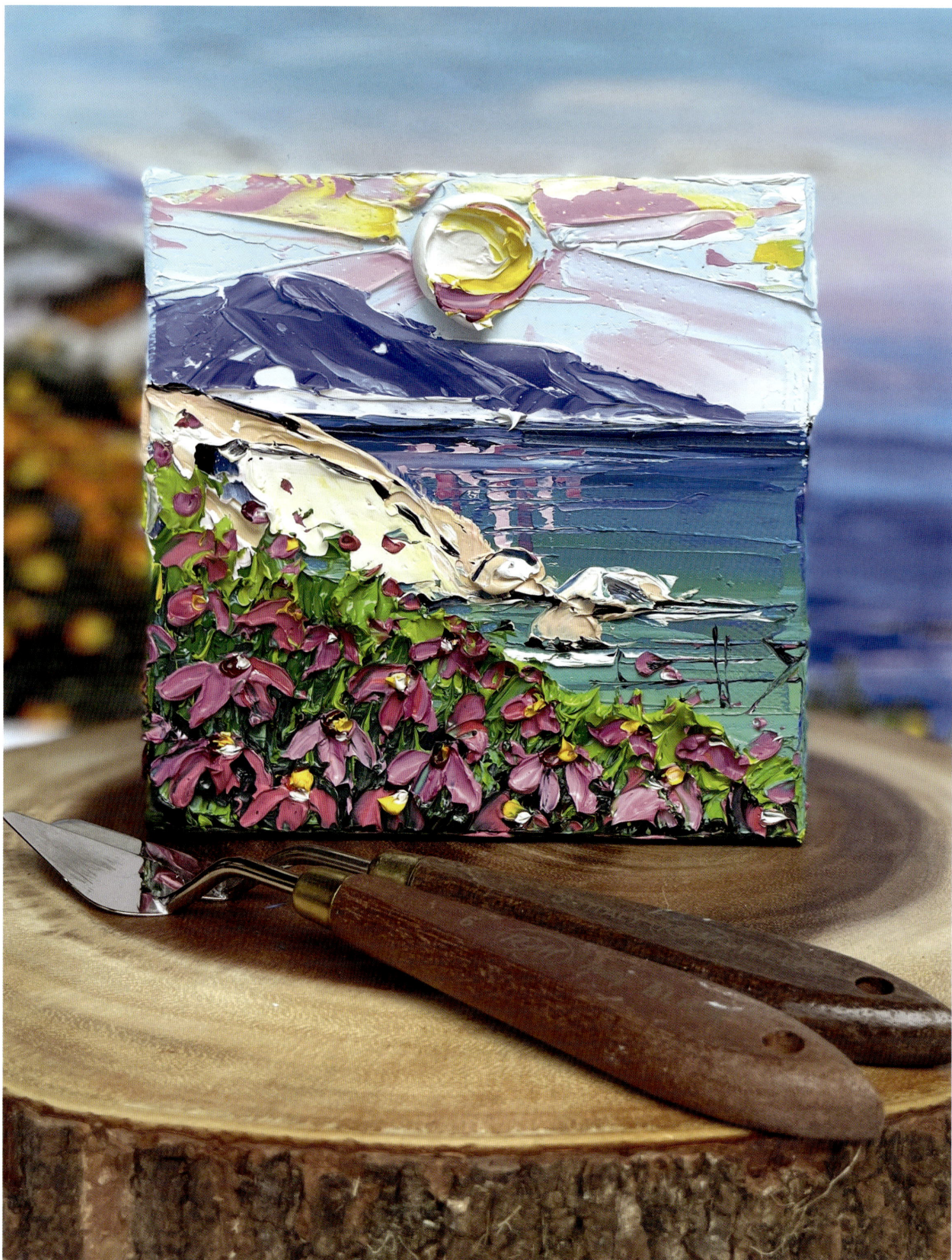

PAISAJE COSTERO CON
FLORES SILVESTRES

Herramientas y materiales	Paleta de color	Nivel de dificultad

Herramientas y materiales

- Bastidor entelado de 15 × 15 cm y 3,5 cm de profundidad
- Espátula mediana, con forma de lágrima y punta redondeada
- Espátula pequeña, con forma de lágrima y punta redondeada
- Espátula pequeña, con forma redondeada (opcional)
- Espátula, con hoja delgada (opcional)
- Espátula pequeña, con punta larga y delgada
- Caballete de sobremesa o «Lazy Susan»
- Paletas desechables de papel
- Papel absorbente o trapo para limpiar la espátula

Paleta de color

- Blanco de titanio
- Amarillo de cadmio
- Rojo de cadmio
- Carmesí alizarina
- Azul cerúleo
- Azul ultramar o azul ultramar francés
- Azul de Prusia
- Turquesa (opcional)
- Magenta

Nivel de dificultad

50 minutos

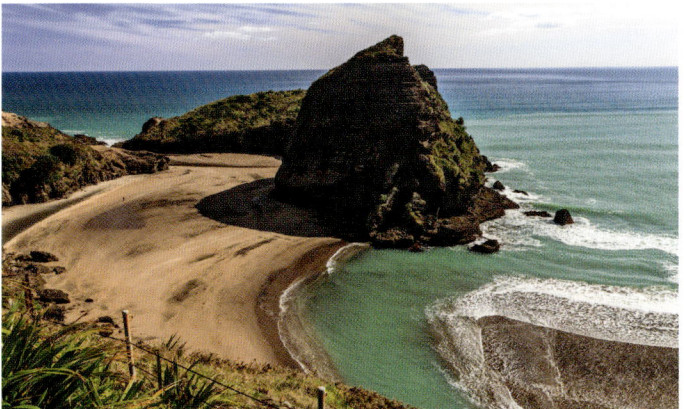

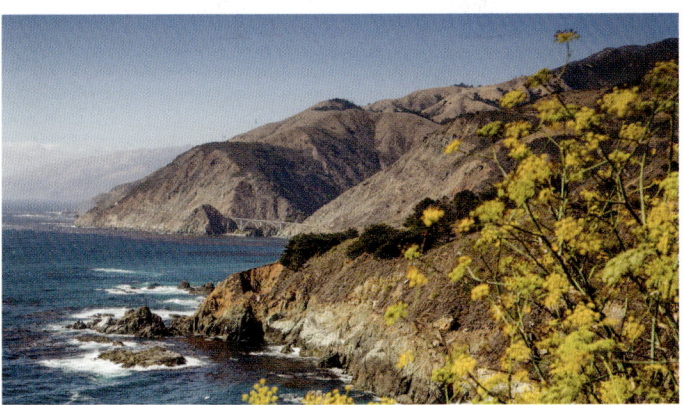

Inspiración

Los paisajes me hacen feliz. Tengo la suerte de haber crecido en Nueva Zelanda y ahora vivo en California, donde las amplias vistas de la costa se extienden a lo largo de kilómetros y kilómetros y ofrecen un material increíble para los artistas. En el siguiente cuadro sigo una serie de pasos para completar un pequeño paisaje, empezando por el cielo y las montañas del fondo, antes de pasar a los acantilados, el agua y las flores.

Se puede aumentar la escala y aplicar los pasos a cualquier escena paisajística. Empiece por el fondo y vaya avanzando, aplicando otra capa a medida que avanza y terminando con la mayor textura en el primer plano. Otra buena regla es situar los colores más brillantes y saturados en primera línea. Esto añadirá profundidad al conjunto y hará que brille. ¡Manos a la obra!

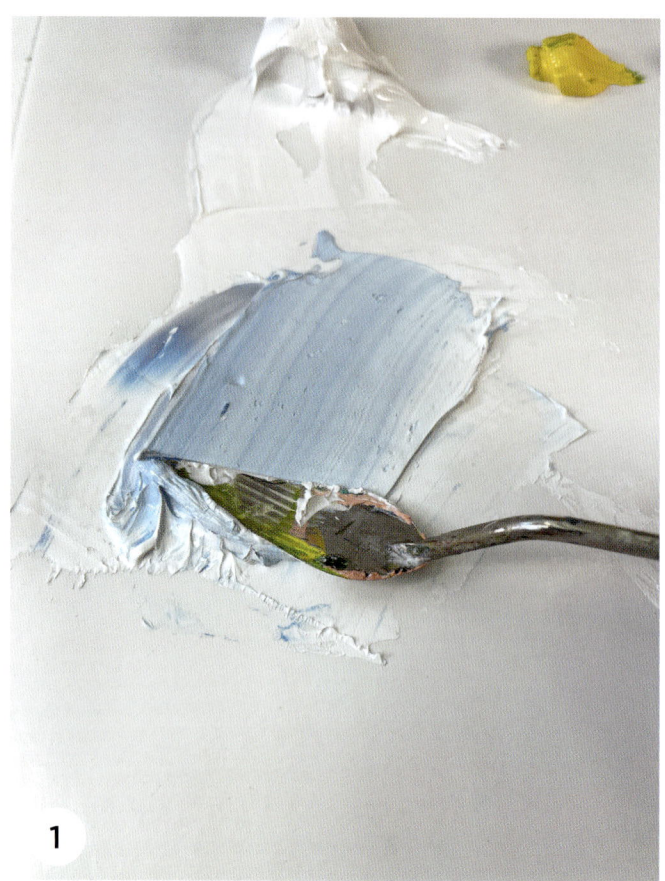

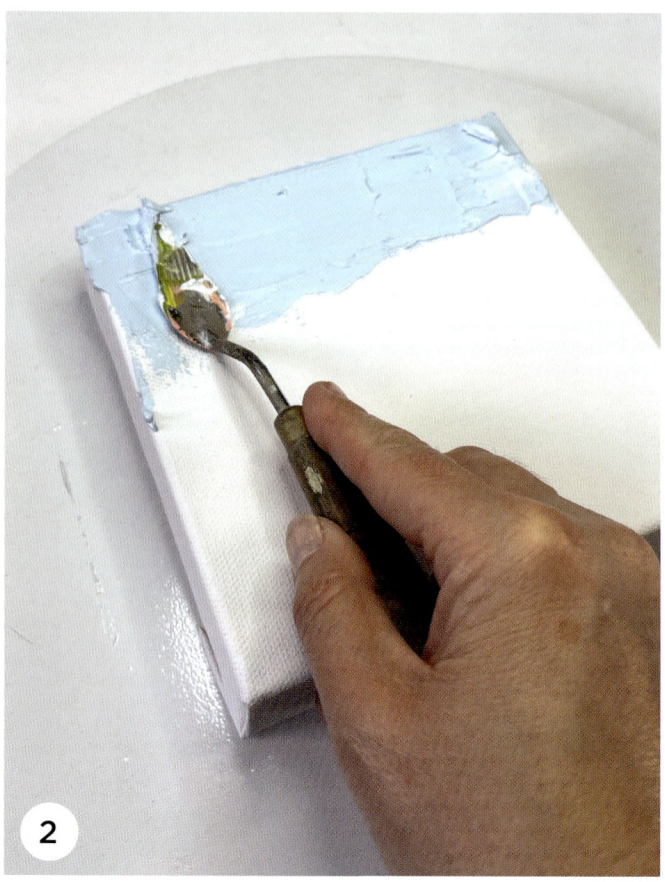

Instrucciones paso a paso

Paso 1: Disponer los colores y mezclar los tonos básicos del cielo

- Exprima una porción grande de pintura blanca, del tamaño de 2 cucharadas colmadas, en la parte superior izquierda de la paleta. Vamos a cubrir el cielo antes de crear el sol y los coloridos rayos del atardecer en esta pieza.
- Disponga en la paleta 1 cucharadita de amarillo de cadmio, 1 de rojo de cadmio, 1 de carmesí alizarina, 1 de azul cerúleo, 1 de azul ultramar, 1 azul de Prusia y 1 de magenta.
- Empiece arrastrando hacia abajo 1 cucharada de blanco y ½ cucharadita de azul cerúleo.

Mézclelos hasta obtener un azul muy claro. A continuación, añada un toque de naranja, mezclando rojo y amarillo, para atenuarlo un poco.

Paso 2: Crear el cielo

- Cargue la espátula con 1 cucharada de azul claro y, empezando por la parte superior derecha del lienzo, comience a rellenar el cielo con un gran trazo lado a lado. Repita esto recargando la espátula con más cucharadas de azul, hasta que haya rellenado unos 5 cm.
- Limpie la espátula y vuelva a cargarla con 1 cucharada de blanco. Vamos a crear un ligero degradado, justo sobre

el azul, para dar énfasis a donde empieza la línea del horizonte. Empezando en la misma posición a la derecha, deslice la espátula de un lado a otro, hasta donde pueda llegar. Limpie y recargue la espátula, y repita esta operación de izquierda a derecha. A continuación, con la parte central de la hoja de la espátula, difumine la línea del centro hasta que se suavice. En realidad, pintaremos las montañas encima de esta zona, pero necesitamos que la capa inferior blanca asome en la base de la montaña, donde se ve el horizonte.

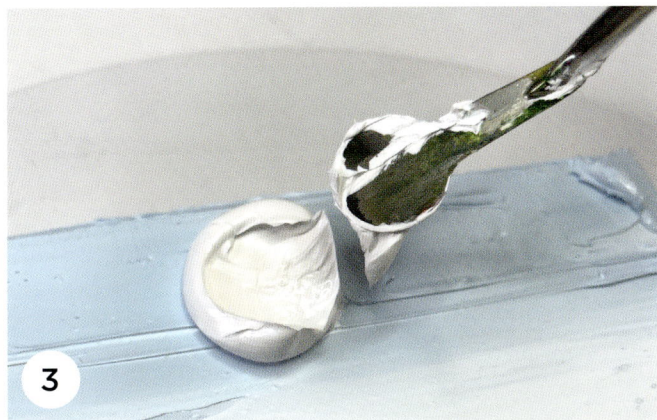

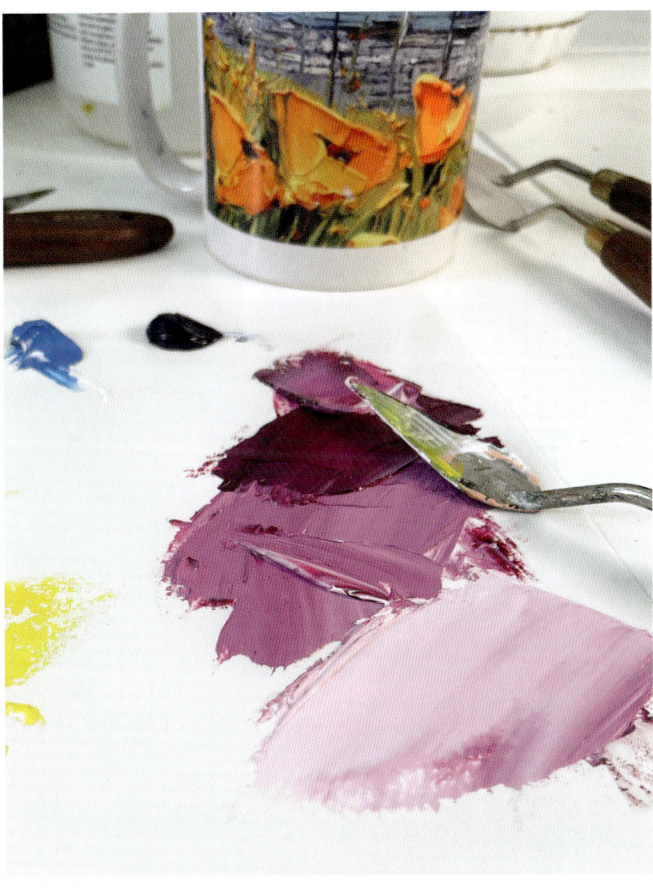

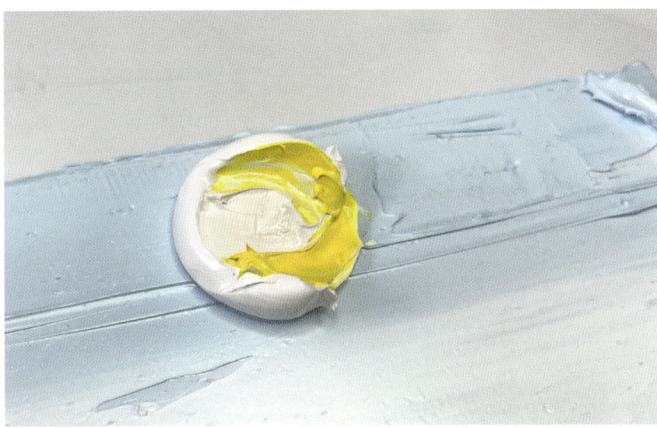

Paso 3: Crear el sol y su puesta

- Ahora vamos a empezar con nuestro sol extremadamente texturizado.
- Arrastre hacia abajo 1 cucharada de blanco, asegurándose de mantenerlo limpio y separado de los otros colores. Mezcle la pintura de modo que quede flexible. Utilice la espátula redonda si tiene una. Si no, también lo puede hacer con una espátula normal; solo tiene que hacer un movimiento más circular para que la pintura quede redonda.
- Tome una porción con la parte inferior de la espátula, más o menos del tamaño de 1 cucharadita colmada y, a continuación, dé la vuelta a la espátula y deposite la pintura en el centro del cielo, suavemente pero con firmeza. Aplique una ligera presión hasta que note que se adhiere a la superficie pintada y levántela lentamente, tirando un poco hacia la derecha para asegurarte de que es circular.
- Recuerde que no queremos que quede perfectamente redondo, solo redondeado. Tampoco es necesario retocar. Si no le gusta cómo ha quedado, quite la pintura blanca, vuelva a difuminar el azul de debajo y hágalo otra vez. Es recomendable practicar primero en la paleta para no desperdiciar pintura.
- Ahora vamos a añadir algo de color. Arrastre hacia abajo 1 cucharadita de amarillo y mézclelo hasta que quede flexible. Cargue la punta de la espátula con un poco de amarillo y dibuje una línea circular alrededor del sol. Puede dar tres cuartos de vuelta en semicírculo, pero no llegue hasta el final.
- Ahora añadiremos un poco de magenta y la puesta de sol empezará a tomar forma. Arrastre aproximadamente 1 cucharadita de magenta y mézclelo hasta que quede flexible. Añada un poco de blanco y tendrá varios tonos listos en su paleta. Tome un poco del magenta más oscuro con la punta de la espátula y trace otra línea semicircular alrededor del borde del sol.
- Ahora pasaremos a los rayos de sol. Mezcle un poco de blanco con el amarillo y cargue la espátula con ½ cucharadita de pintura. En realidad, no vamos a dar textura a esta

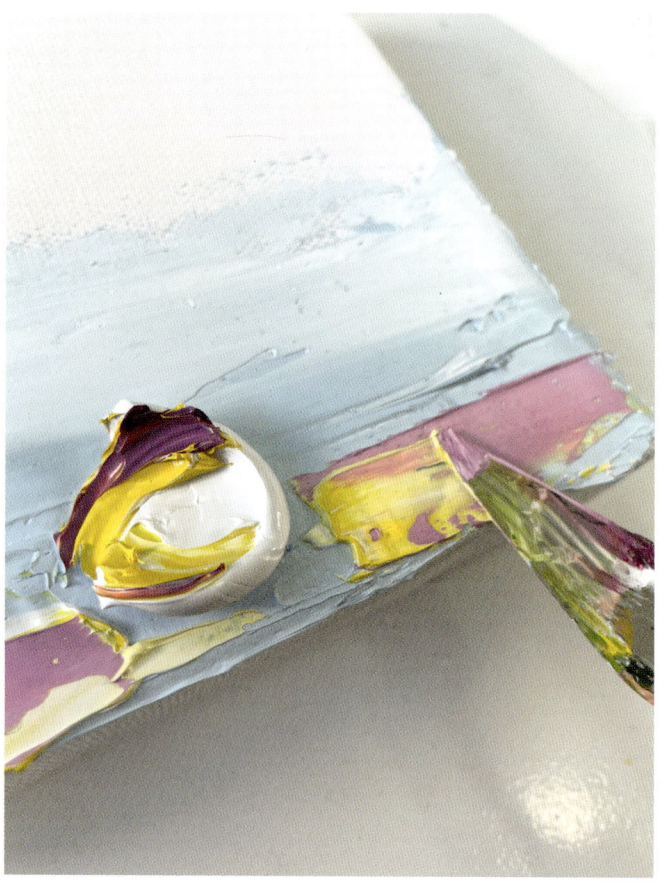
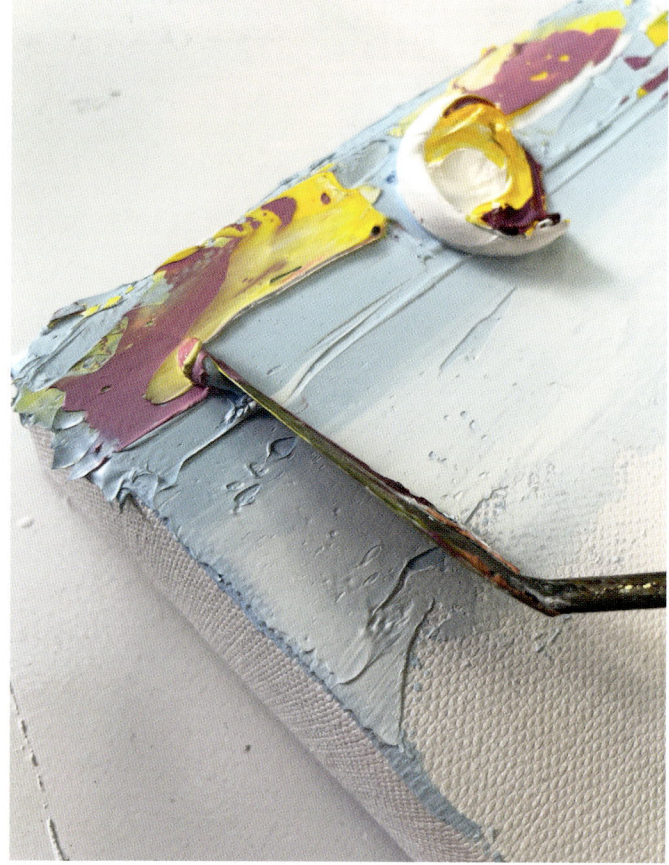

parte, sino a pasar la espátula por encima de la capa inferior de pintura para crear una raya difuminada, que da una bonita impresión de cielo colorido al atardecer.

- Empezando por el lado derecho del sol, y justo en la parte superior, he trazado una

franja de izquierda a derecha. Luego, he puesto el lazy Susan boca abajo para completar la siguiente raya de la misma manera. Soy diestra, así que me siento mejor dándole la vuelta.

- Ahora vamos a añadir unas exquisitas rayas magenta. Con una espátula limpia, cargue un poco de magenta de tono medio y añada una raya justo encima del amarillo, aplicando

una ligera presión, pero no tanta como para raspar la capa de pintura amarilla que hay debajo. Queremos que el amarillo asome por aquí.

- Dele la vuelta al lienzo y repita la acción en el otro lado, empezando por el sol y retirando la espátula del lienzo con un barrido largo.
- En este punto he decidido que había demasiado rosa, así que he retirado un poco con la punta de la espátula.
- Ahora queremos crear algunos rayos que desciendan en dirección a la línea del horizonte, así que cargue un poco de magenta en la espátula y haga un barrido hacia abajo por ambos lados en ángulo hacia el borde del lienzo.

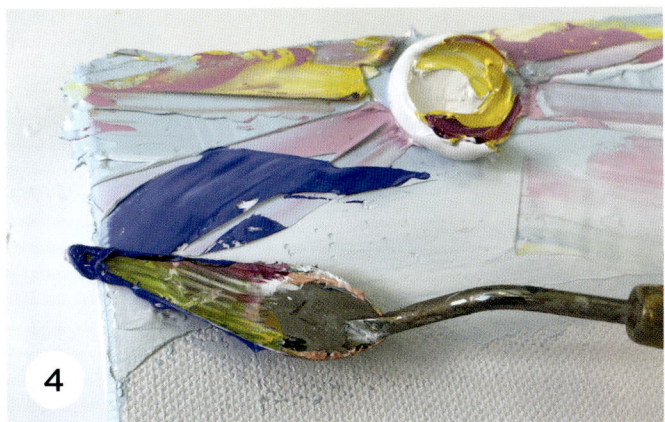
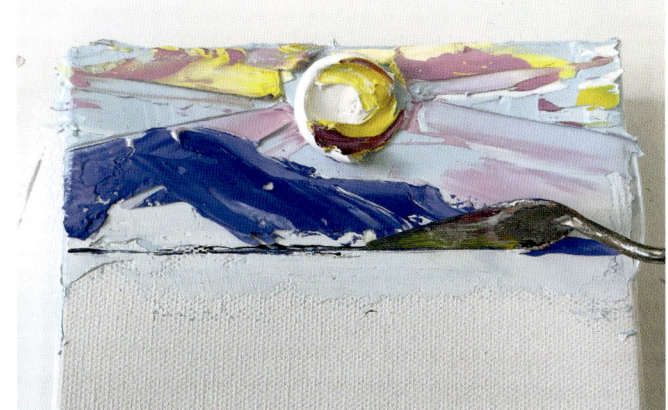
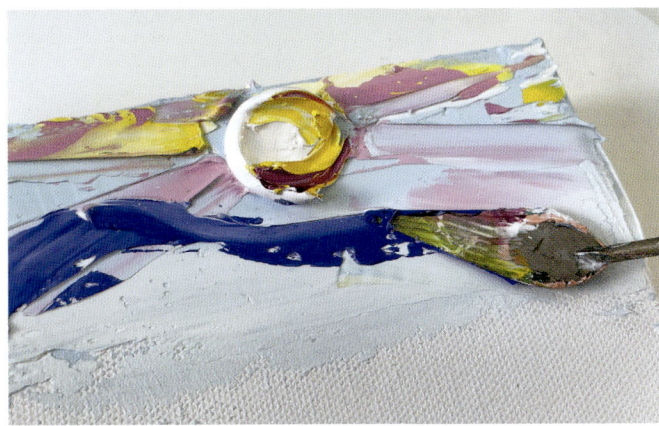
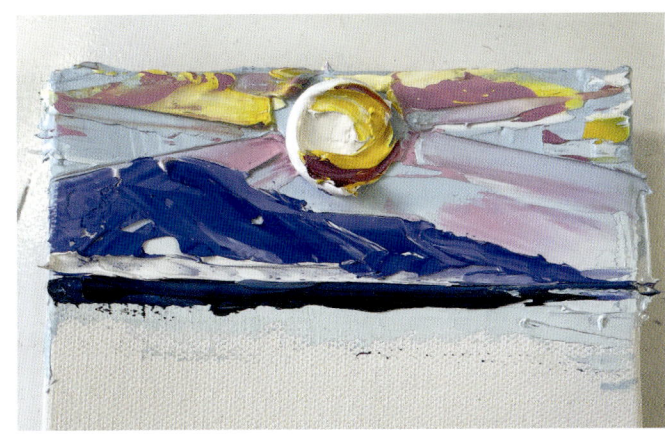

Paso 4: Esbozar la montaña

- El siguiente paso es añadir nuestra preciosa montaña azul al fondo, así que arrastre 1 cucharadita de azul ultramar. Mézclelo con una cantidad de blanco del tamaño de un guisante. No se preocupe si queda irregular, ya que las laderas de las montañas tienen muchas irregularidades. Como queremos que siga siendo interesante, dejaremos algunas motas de azul más oscuro y más claro.
- Cargue la espátula limpia con 1 cucharadita de pintura, y comenzando en la izquierda aproximadamente a 1,5 cm desde la parte superior del lienzo, empiece a hacer la montaña con un barrido de derecha a izquierda del lienzo. Aquí es donde la montaña se inclina ligeramente hacia abajo por el lado.
- Vuelva a cargar la espátula limpia y repita la acción en el otro lado, empezando justo debajo del sol y moviéndose hacia la derecha; intente hacerlo con el menor número de trazos posible y aplicando la pintura suavemente en la parte superior de la capa inferior para que se adhiera.
- Ahora rellene el resto de la montaña utilizando un movimiento similar. Cargue la espátula y aplique la pintura con suavidad deslizándola hacia abajo.
- Esta parte es muy gestual, así que no se preocupe si no queda exactamente igual que la mía, y recuerde, ¡pintar con espátula es difícil! A veces, cuando me piden que vuelva a pintar una pieza como encargo, es todo un reto repetir mis propios pasos.
- Ahora vamos a añadir la línea del horizonte, que ayudará a alinear todo. Ponga un poco de azul de Prusia en el filo de la espátula y dibuje una línea recta de izquierda a derecha.
- Por último, queremos añadir un poco de color más claro justo por encima de la línea del horizonte, así que cargue una fina porción de blanco en el borde de la espátula y pásela por encima de la línea oscura, con cuidado de no manchar la línea por debajo. Si sobrepasa la línea, lo que puede suceder fácilmente, cargue el borde de la espátula con un poco de azul de Prusia y vuelva a pasar sobre la zona oscura de debajo.

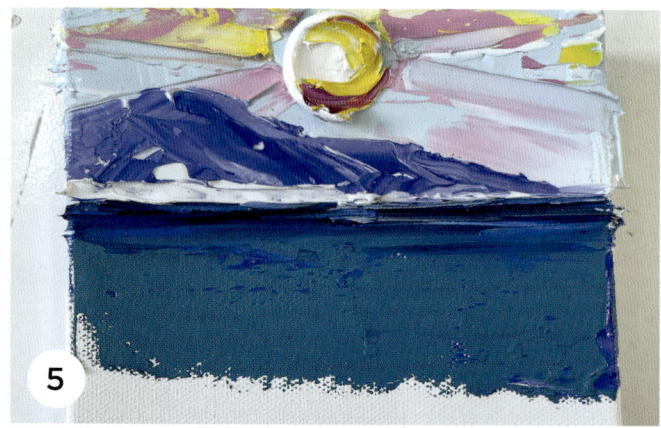

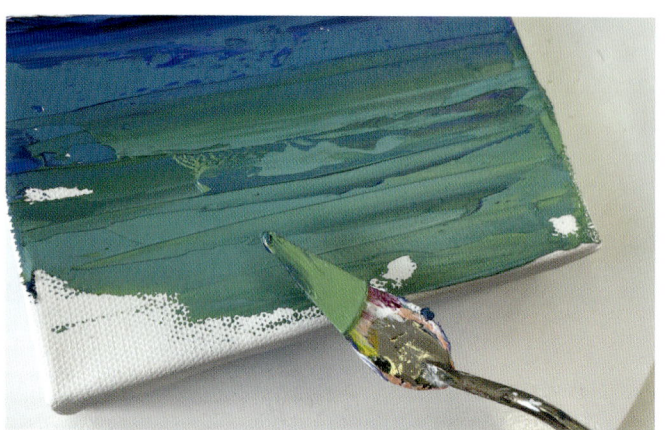

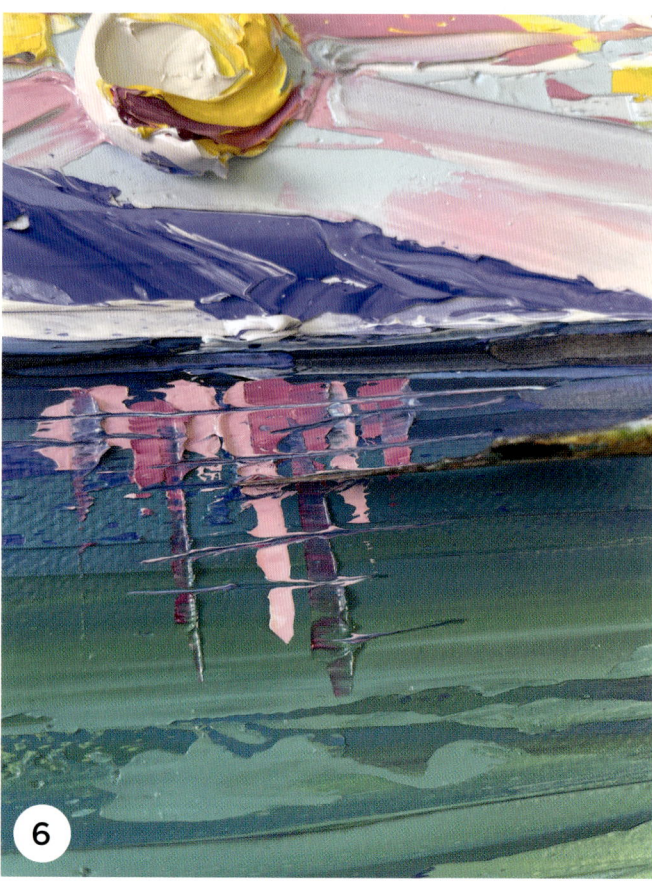

Paso 5: Añadir el agua

- Con una espátula limpia, arrastre 1 cucharada de azul ultramar y comience a hacer el océano con barridos largos de izquierda a derecha, de manera similar al cielo. Arrastre 1 cucharadita de turquesa, o mezcle amarillo y azul cerúleo a partes iguales si no dispone de este color, y luego comience a aplicar el azul más claro, desplazándose hacia abajo en el lienzo.

- Agregue un poco más de amarillo y añada otra franja más abajo para hacer un degradado, terminando en la parte inferior del lienzo. No se preocupe por cubrir la esquina inferior izquierda, ya que ahí irá nuestro campo de flores. Deslice la espátula de un lado a otro y verá cómo se asoma la capa inferior, creando ondulaciones

y un efecto parecido al agua. No lo mezcle a la perfección. Perdería todas las ondas y ondulaciones naturales.

Paso 6: Añadir los reflejos

- Cargue la espátula con una pizca de magenta de tono medio en el borde derecho, y comience a hacer con suavidad unas pocas franjas finas verticales hacia abajo, comenzando en la línea del horizonte. Asegúrese de escalonar la longitud de las mismas. Cuando lleve unas cuantas, cargue la espátula con magenta más oscuro y haga algunas más por encima. Limpie la espátula y utilice el filo de la hoja para arrastrar algunas líneas finas horizontalmente a través de las líneas verticales. Es importante romper estas líneas.

Paso 7: Crear los acantilados

- Los siguientes elementos que vamos a añadir son los acantilados rosas. Arrastre 1 cucharada de blanco y, a continuación, añada 1 cucharadita de amarillo y 1 de rojo de cadmio. Mézclelos bien hasta obtener un color arenoso. El titanio crudo es un color excelente para usar aquí si dispone de él, pero puede hacer fácilmente una variación del mismo ajustando el amarillo y el rojo de cadmio y añadiendo un punto de azul verdoso para matizarlo, si es necesario.

- Cargue la espátula con aproximadamente 1 cucharada del color arena y, empezando por la izquierda, justo por encima de la línea del horizonte, haga un barrido de izquierda a derecha. Aplique una ligera

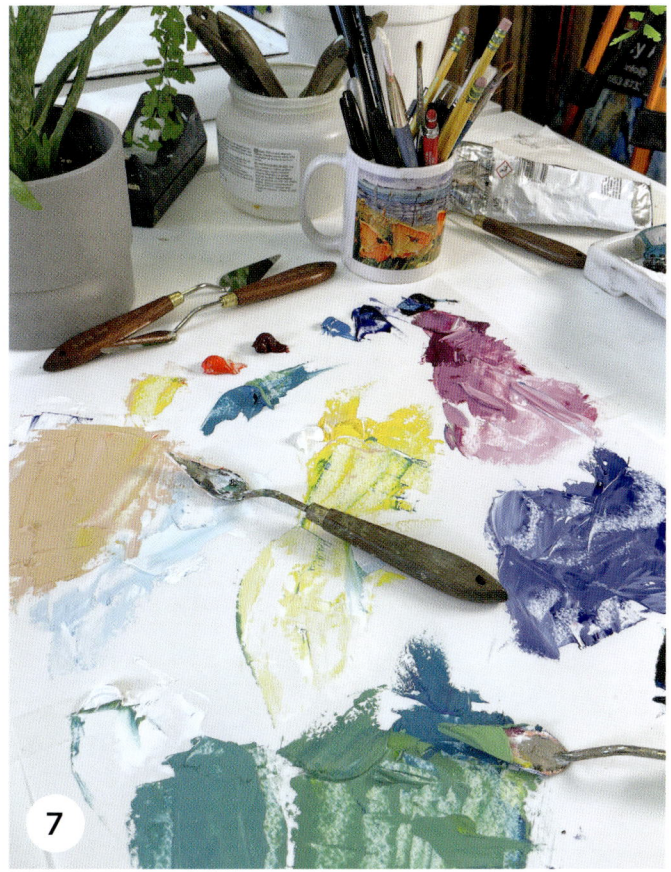

7

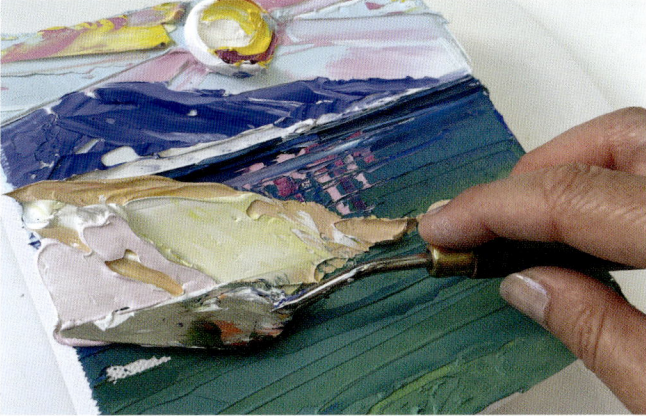

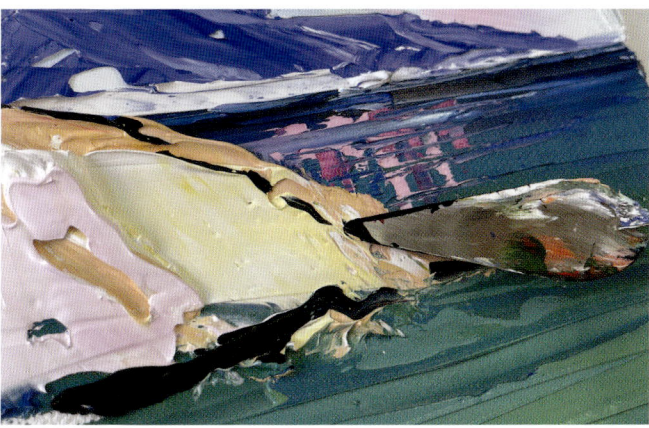

presión para que la pintura se adhiera, llevando la espátula hacia abajo y a través del lienzo para terminar más o menos por la mitad. Tenga cuidado de no pasar por encima de los reflejos o de una parte del agua excesiva. Haga otra pincelada con la espátula limpia y recargada, llevando el acantilado hacia abajo. Recuerde que aquí queremos crear movimiento y que los acantilados tienen zonas escarpadas, así que arrastrando la espátula de un lado a otro y luego hacia abajo, crearemos una descenso natural en la cara del acantilado. Cubra la mayor cantidad posible de azul por debajo, ya que el azul no debe asomar por el acantilado. Yo añadí también un poco de blanco a mi color arena, dejándolo irregular, ya

que el acantilado no ha de ser de un solo color y debe reflejar también los colores de la puesta de sol. Agregue un par de pequeñas manchas justo donde el fondo del acantilado se encuentra con el océano, ya que aquí suele haber rocas que sobresalen del agua.

- Rellene toda esta parte con textura. Una buena regla que hay que recordar es que los colores claros siempre necesitan más textura, así que aquí debe aplicar más pintura. Yo decidí incluir algo de amarillo y añadí otro barrido justo encima del color arena, agregando más textura. También añadí un poco de magenta muy claro para reflejar bien los colores de la puesta de sol. Para ello, pasé ligeramente la espátula sobre el color arena.

- Ahora debería tener un acantilado de aspecto bastante uniforme, que termina con una línea recta en la parte inferior a la que añadiremos definición.
- Mezcle un poco de azul de Prusia, rojo de cadmio y carmesí alizarina y, con la punta de la espátula, trace una línea bajo el acantilado y las rocas, al borde del agua.
- Dibuje también una línea fina y suave en la cresta superior del acantilado, hacia abajo. Pero no llegue hasta el final. Deje una parte incompleta y hágala muy suelta y curva, siguiendo el movimiento natural de la pintura.
- Cargue la punta y el filo de la espátula con un poco de blanco y trace una fina línea debajo de las líneas negras, en el borde del agua.

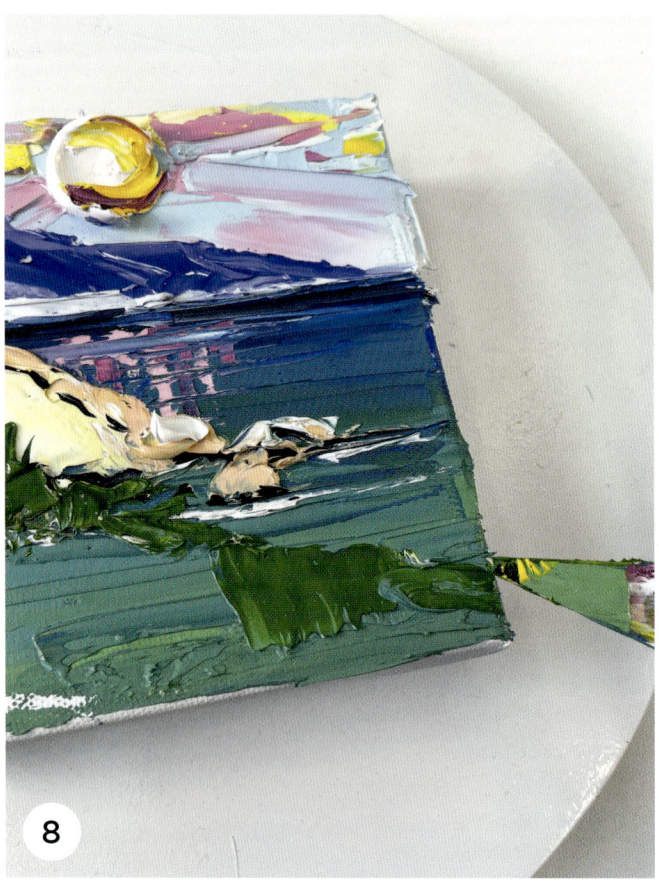
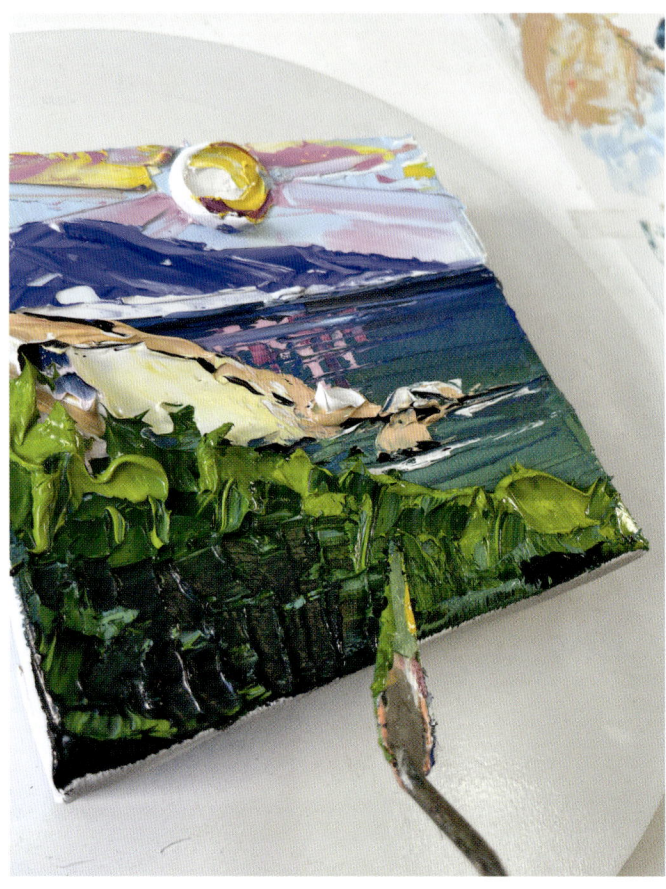

Paso 8: Añadir la hierba y las flores

- ¡Vamos a terminar! Cada capa que hemos agregado aquí ha ido añadiendo profundidad y dimensión, y una vez que tengamos la hierba y las flores en primer plano, todo lo demás se desplazará hacia atrás, creando un precioso efecto de varias capas.
- Arrastre hacia abajo 1 cucharadita de azul cerúleo y 1 de amarillo, y mézclelos hasta obtener un verde bonito y vibrante. Reserve una parte de la mezcla más clara y añada azul de Prusia para obtener una versión más oscura.
- Cargue la espátula con 1 cucharada de verde amarillento y empiece a colocar la hierba en primer plano, empezando por la mitad del acantilado.

Realice un movimiento vertical hacia arriba y hacia abajo para esta parte, ya que queremos sugerir el movimiento de la hierba, por lo que hacerlo de lado a lado no funcionará bien aquí. Esta parte va a estar bastante texturizada, así que sea generoso con la textura.

- Descienda por el lienzo en un ángulo diagonal, haciendo los trazos de la hierba, teniendo cuidado de no cubrir todos los acantilados. Siga hasta el borde del lienzo, terminando la hierba justo por encima de la esquina, pero no exactamente en la esquina, ya que se crearía una mala composición.
- Asegúrese de variar el tamaño y la dirección de las pinceladas de hierba para que la vegetación siga pareciendo indómita. Con un tono de verde algo

más oscuro enriquecido con azul de Prusia, empiece a rellenar el resto de la hierba, oscureciéndola a medida que baja y terminando con la parte más oscura a lo largo de la parte inferior del lienzo.

- Ahora, si tiene una espátula fina, cree algunos filamentos de hierba en la misma dirección, llevando la pintura hacia arriba y hacia fuera. Si no dispone de esta espátula, puede utilizar una normal, dándole la vuelta y utilizando el borde afilado.
- Arrastre 1 cucharada de magenta y mézclelo ligeramente con 1 cucharadita de blanco. Arrastre también 1 cucharadita de rojo de cadmio y mezcle una parte con algo de magenta. Reserve la mezcla para usarla más tarde.

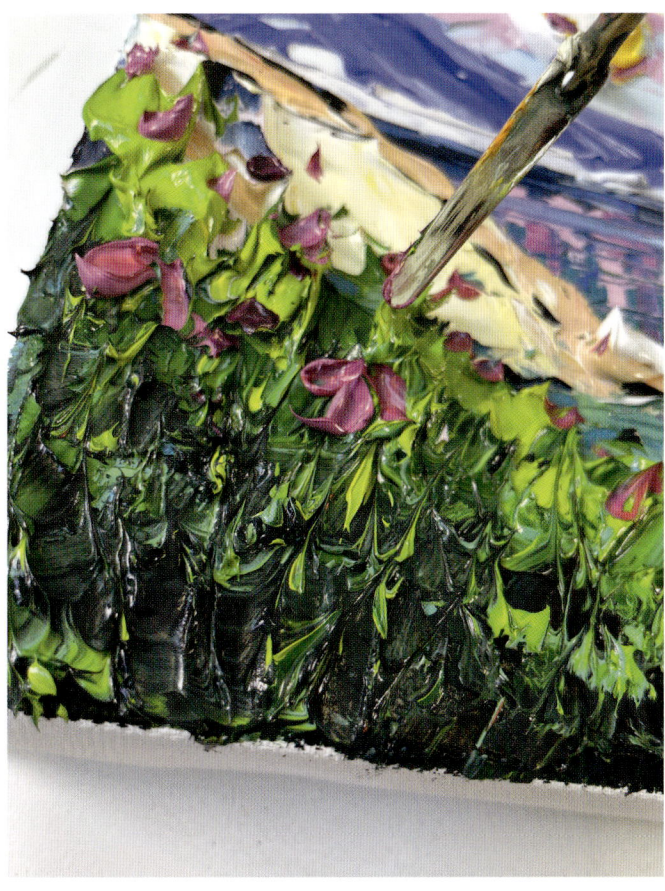

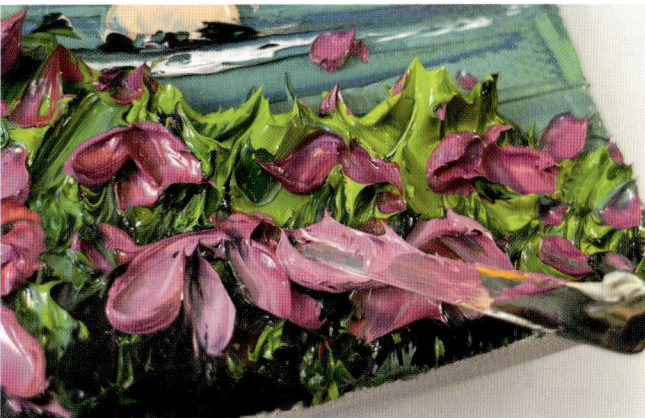

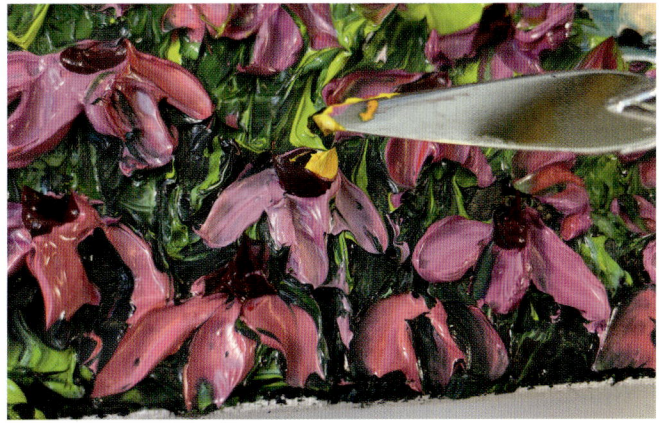

- Ahora voy a utilizar mi espátula fina con punta redondeada. (Puede usar una espátula normal si es necesario). Esta espátula es ideal para pétalos de forma alargada, como estas margaritas costeras.

- Cargue una porción de cualquier tono de su magenta en la punta y empiece a crear pequeñas flores donde la hierba se encuentra con el agua. Estas van a ser las más pequeñas, y las queremos bastante sueltas y sin forma, haciéndose más grandes y detalladas a medida que avanzamos por el lienzo.

- Una vez que haya cubierto la zona donde la hierba se encuentra con el agua, empiece a hacer las flores inferiores un poco más grandes; forme pétalos sueltos empezando en un punto central y colocando pequeñas franjas hacia abajo y hacia fuera, llevando la espátula hacia arriba. Comience a utilizar un magenta más claro a medida que avanza por el lienzo. La hierba se está oscureciendo y queremos que nuestras flores resalten en la oscuridad, por lo que utilizar un rosa más claro funcionará mejor. También queremos que sea veteado e irregular, por ello, si usa el rosa con rojo de cadmio en algunos pétalos también añadirá variedad e interés.

- Repita este proceso más abajo, haciendo pétalos más grandes y con mayor definición. Rellene el lienzo, situando las flores más grandes en la parte inferior del mismo. Para estas flores más grandes, disponga tres o cuatro pétalos, empezando en un punto central superior y moviéndose hacia abajo y hacia afuera.

- Por último, queremos crear un poco de definición en el centro de las flores para anclarlas; en este punto es preciso utilizar la espátula más pequeña.

- Añada un punto de alizarina carmesí a cada uno de los centros de las flores. A continuación, agregue un punto de amarillo a cada uno de los centros de las flores, justo al lado del rojo. Haga lo mismo con todas las flores que tengan una forma más definida, pero no con las más pequeñas de la orilla.

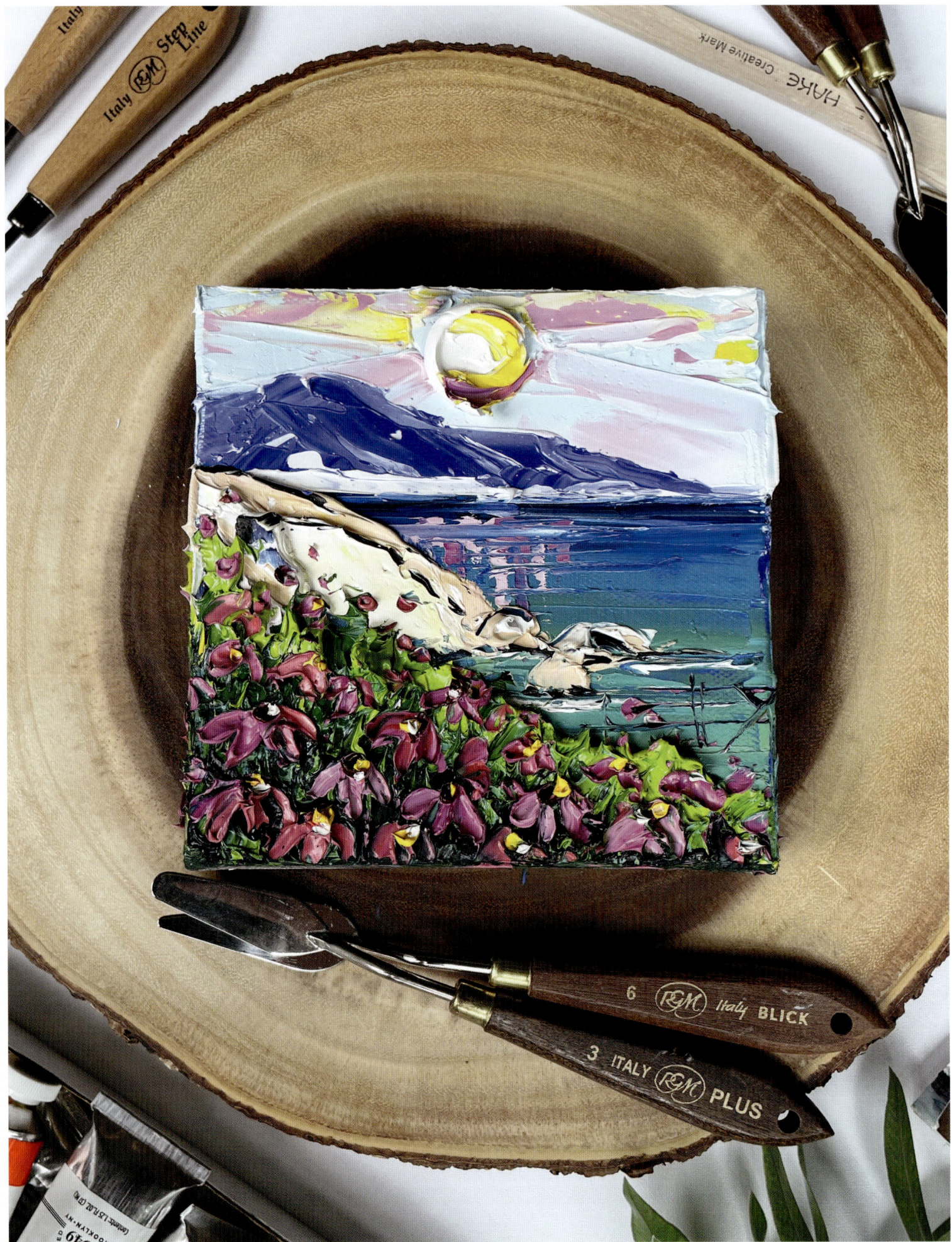

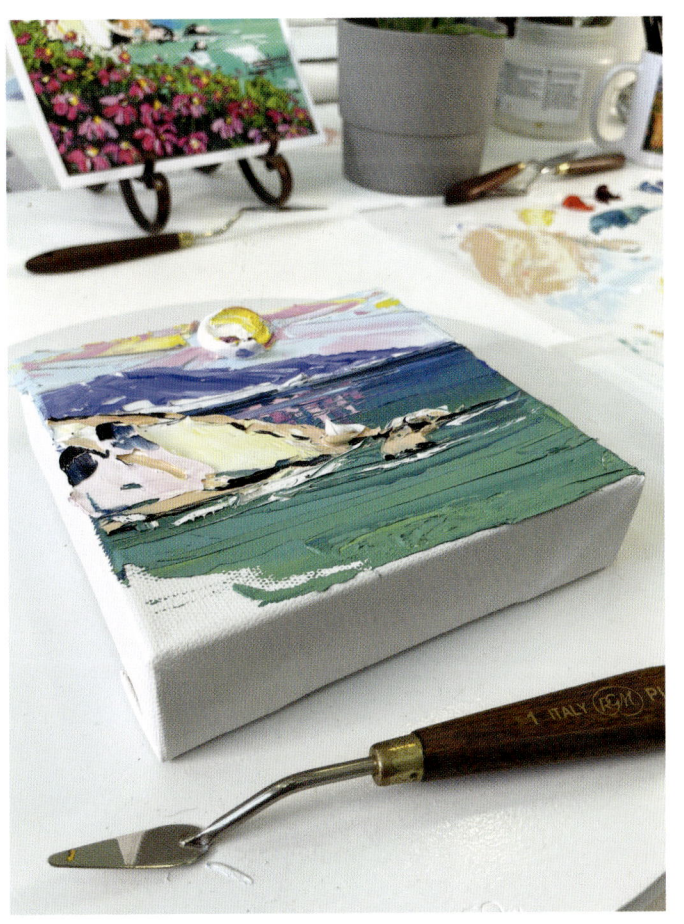

RESUMEN:
Paisajes para explorar diferentes estéticas

Una vez que haya aprendido los pasos para pintar un paisaje con espátula, habrá abierto otro mundo de posibilidades para el material pictórico, y sus trabajos empezarán a mejorar de verdad y a hacerse más complejos.

Esta técnica puede ampliarse con muchos más detalles. Solo hay que tener siempre en cuenta el orden en que se sitúan los elementos en el fondo, en la parte central del lienzo o en el primer plano.

Como siempre, busco mi punto óptimo: la combinación de una buena técnica con la cantidad justa de estilo, textura y un toque de fantasía. Me gusta que mis paisajes sean algo representativos, pero coloridos e interesantes, que atraigan la mirada y que esta se desplace por el lienzo mientras nos cuenta una historia. Otras formas de pintar paisajes consisten en captar el cambio de las estaciones, mostrar un punto de vista concreto, explorar la perspectiva y crear una visión abstracta y original de la naturaleza. Las posibilidades son infinitas y muy estimulantes.

«Si el océano puede calmarse a sí mismo, tú también puedes. Ambos somos agua salada mezclada con aire».

—NAYYIRAH WAHEED

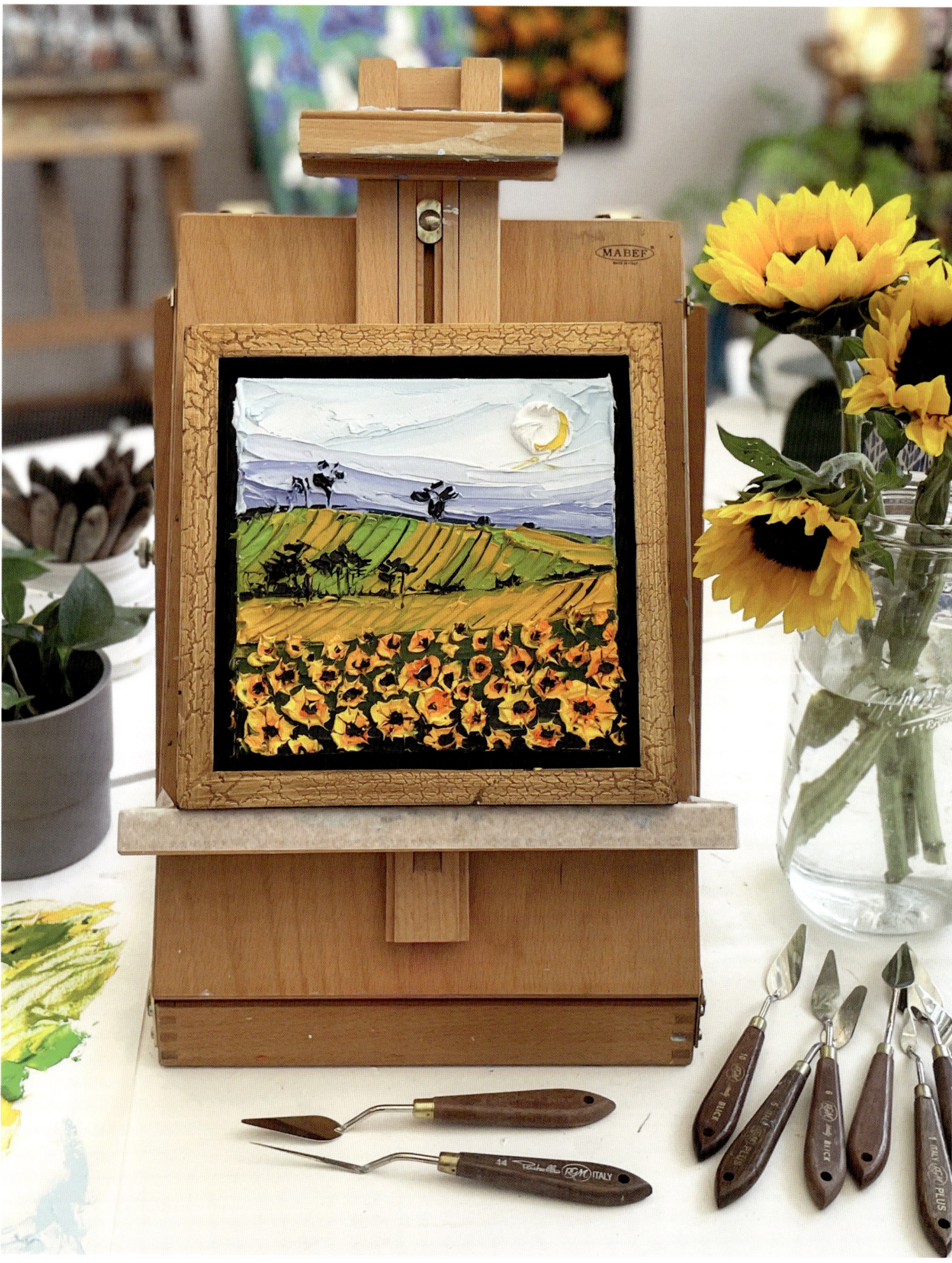

PAISAJE DE VIÑEDOS TOSCANOS CON GIRASOLES

Herramientas y materiales	Paleta de color	Nivel de dificultad

Herramientas y materiales

- Bastidor entelado de 20 × 20 cm y 3,5 cm de profundidad
- Espátula mediana, con forma de lágrima y punta redondeada
- Espátula pequeña, con forma de lágrima y punta redondeada
- Espátula pequeña, con forma redondeada (opcional)
- Espátula, con hoja delgada (opcional)
- Caballete de sobremesa o «Lazy Susan»
- Paletas desechables de papel
- Papel absorbente o trapo para limpiar la espátula

Paleta de color

- Blanco de titanio
- Amarillo de cadmio
- Amarillo de cadmio medio o intenso (opcional, pero recomendado)
- Rojo de cadmio
- Carmesí alizarina
- Azul cerúleo
- Azul ultramar o azul ultramar francés
- Azul de Prusia
- Amarillo verdoso

Nivel de dificultad

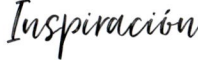

4 | | | | |

50 minutos

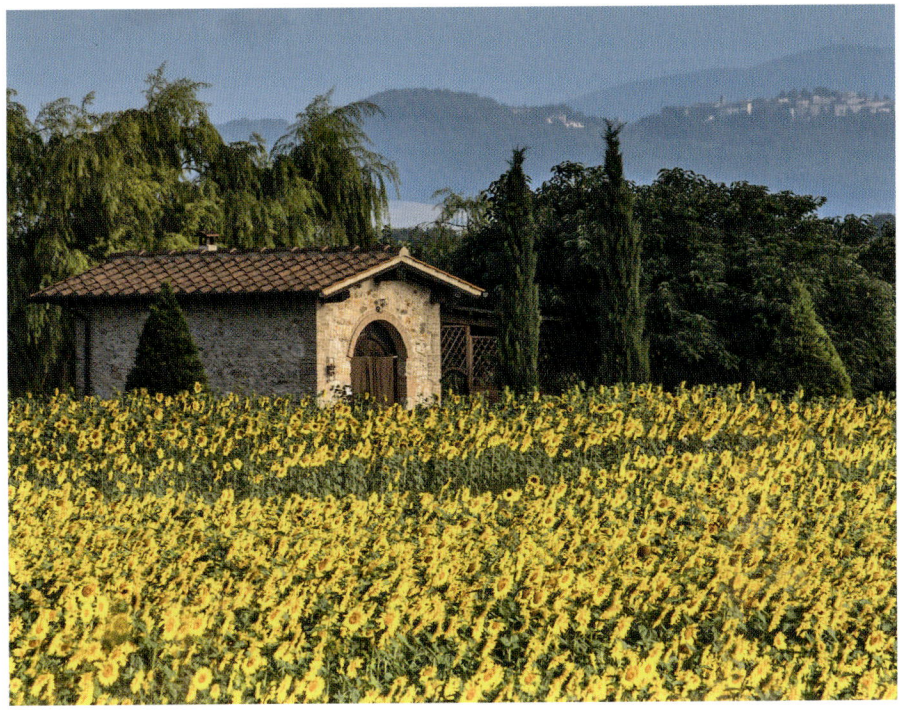

Inspiración

¿A quién no le gusta la idea de colinas y valles bañados por el sol de la Toscana? Los viñedos y los girasoles captan la esencia de Italia y sirven de inspiración inagotable a los artistas. Añada un toque de textura inspirada en Van Gogh y un gran movimiento en el cielo y los campos, y tendrá un cuadro precioso y colorido que personificará la *dolce vita*.

Al igual que el paisaje anterior, esta obra se desarrolla desde el fondo hacia delante, añadiendo textura a medida que avanzamos y terminando con un *crescendo* de suntuosos girasoles justo en primer plano.

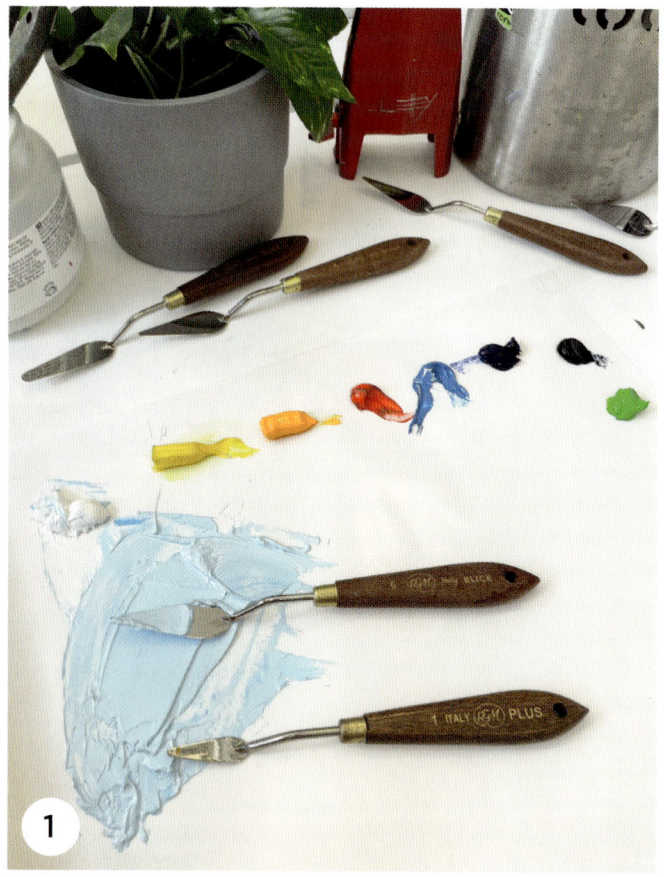

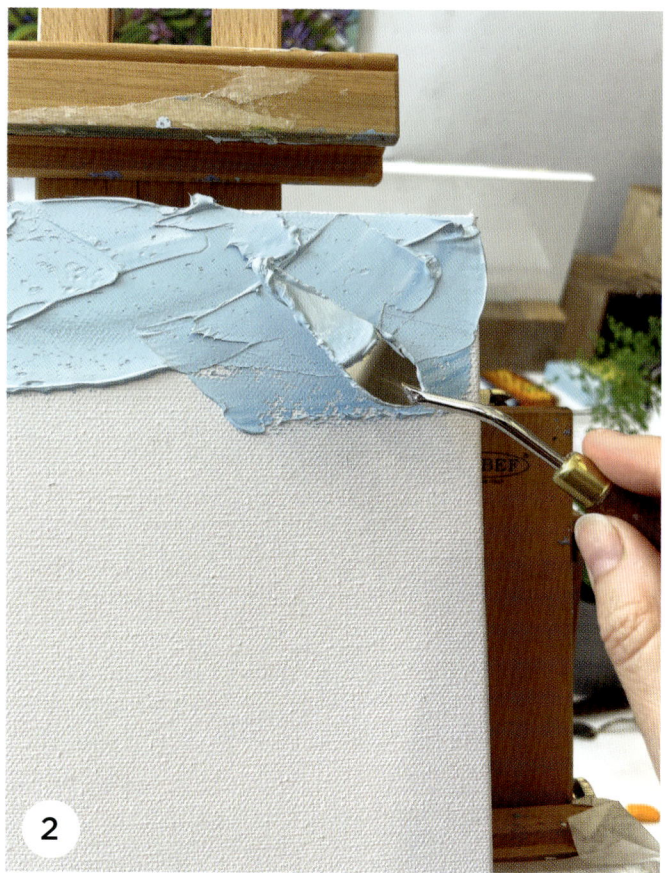

Instrucciones paso a paso

Paso 1: Disponer los colores y mezclar los tonos básicos del cielo

- Exprima una porción grande de pintura blanca, del tamaño de 2 cucharadas colmadas, en la parte superior izquierda de la paleta.
- Disponga en la paleta 1 cucharadita de amarillo de cadmio, 1 de amarillo de cadmio medio (más anaranjado), 1 de rojo de cadmio, 1 de azul cerúleo, 1 de azul ultramar 1 azul de Prusia y 1 de amarillo verdoso.

* Si solo dispone de un tono más claro de amarillo, puede hacer el tono naranja más intenso añadiendo un poco de rojo de cadmio.
- Empiece arrastrando hacia abajo 1 cucharada de blanco y ½ cucharadita de azul cerúleo. Mézclelos hasta obtener un tono azul claro. Luego, agregue una pizca de naranja para atenuarlo un poco.

Paso 2: Crear el cielo azul

- Cargue la espátula con 1 cucharada de azul claro y, empezando por la parte superior derecha del lienzo, rellene el cielo con grandes trazos curvos de lado a lado, a lo largo de la parte superior. Recargue la espátula y repita este movimiento de izquierda a derecha, rellenando el lienzo a medida que avanza. Queremos movimiento en el cielo, así que mueva la espátula en la dirección de los rayos del sol, que emanarán del sol que vamos a colocar a la derecha. Deténgase cuando haya pintado aproximadamente un tercio del lienzo.

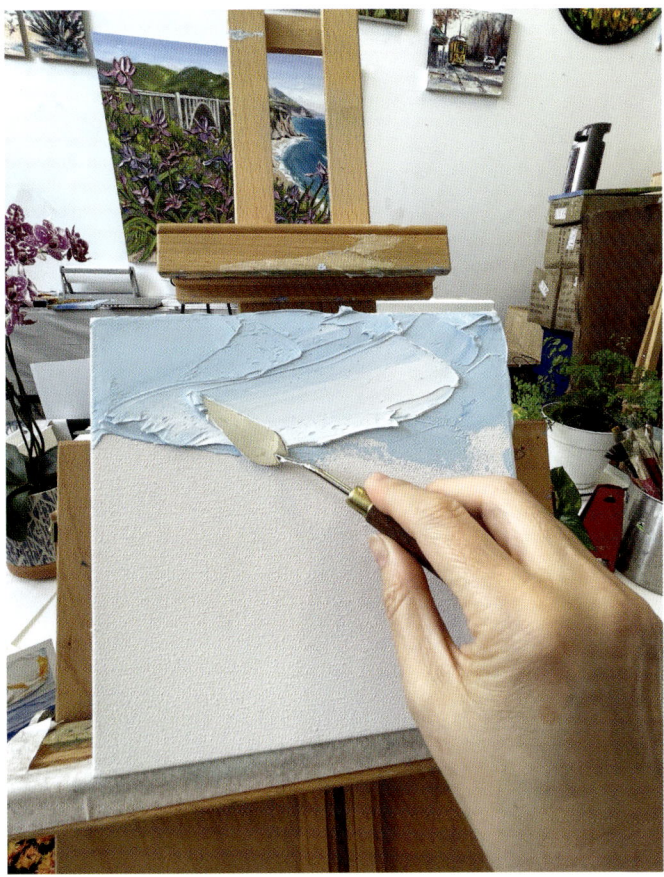

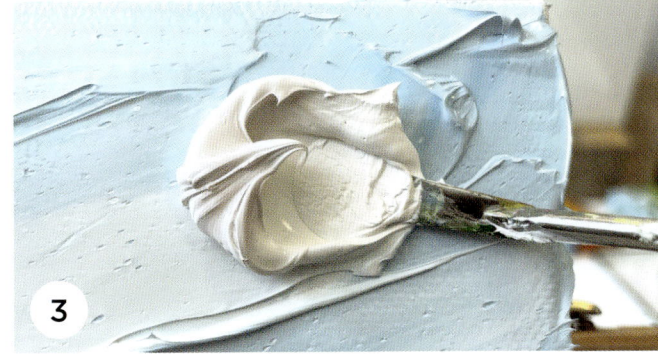

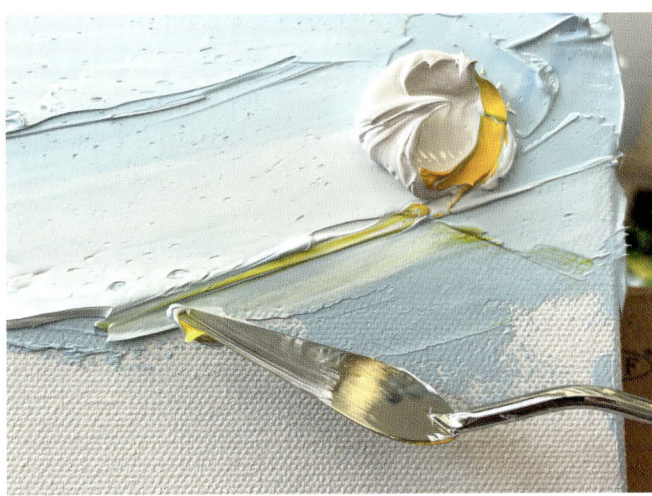

- Limpie la espátula y vuelva a cargarla con 1 cucharada de blanco. Vamos a empezar a crear el vasto movimiento en el cielo. Desde la derecha, justo debajo de donde se asentará el sol, pase la espátula hasta el otro extremo, curvándola ligeramente hacia abajo. Limpie y recargue la espátula, y repita la acción de izquierda a derecha en la parte superior, creando otra capa blanca superpuesta.

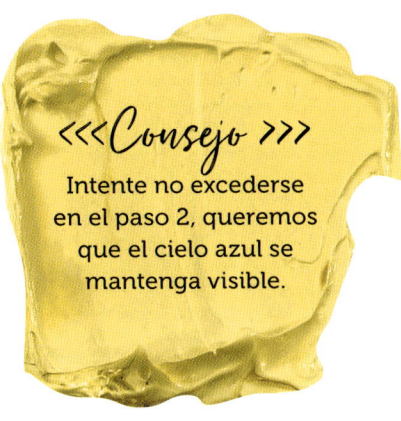

<<< *Consejo* >>>
Intente no excederse en el paso 2, queremos que el cielo azul se mantenga visible.

Paso 3: Crear el sol y su puesta

- Para hacer el sol texturizado, arrastre hacia abajo aproximadamente 1 cucharada de blanco, asegurándose de mantenerlo limpio, y mézclelo hasta que quede flexible. Utilice la espátula redonda si tiene una. Si no, también lo puede hacer con una espátula normal; solo tiene que hacer un movimiento más circular para crear la forma redondeada al aplicar la pintura. Con una espátula normal suelen ser necesarias dos pasadas por cada lado.
- Tome aproximadamente 1 cucharadita colmada con la parte inferior de la espátula y, a continuación, dé la vuelta a la espátula y ponga la pintura suave pero firmemente en la esquina derecha del cielo. Aplique una ligera presión hasta que note que se adhiere a la superficie de la pintura y levántela lentamente.
- Ahora le daremos color. Arrastre hacia abajo aproximadamente ½ cucharadita de amarillo y mézclelo hasta que quede maleable. Cargue la punta de la espátula con un poco de amarillo y dibuje una línea circular alrededor del sol.
- Limpie y vuelva a cargar la punta de la espátula con una pequeña cantidad de amarillo y cree un rayo que emane de la parte inferior del sol, moviéndose hacia abajo y a la izquierda.

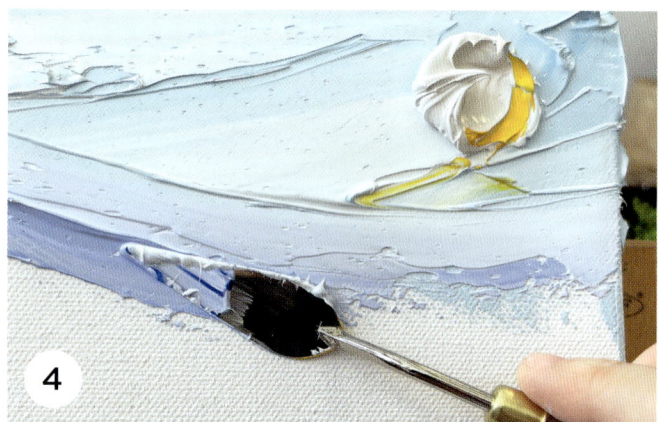

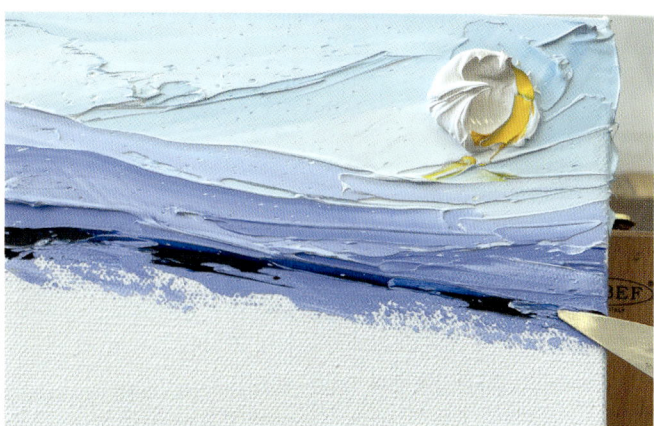

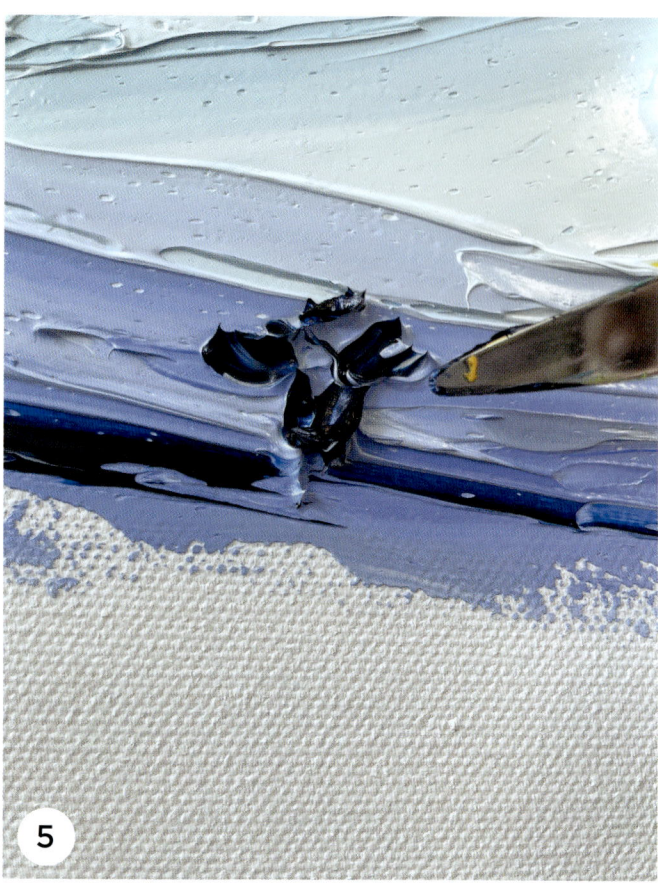

Paso 4: Esbozar la montaña

- Arrastre 1 cucharadita de azul ultramar y mézclelo con 1 de blanco hasta que quede bastante claro. Para crear profundidad en el fondo, empezamos por el tono más claro y avanzamos con valores más oscuros. Ponga 1 cucharadita en la espátula y, empezando por la izquierda a unos 5 cm de la parte superior del lienzo, empiece a dibujar la cima de la montaña de izquierda a derecha. Hágala un poco curvada, imaginándose la cima de una montaña a medida que avanza. Las cimas de las montañas no son rectas, procure hacerla ondulada. Desde el punto de vista de la composición, me gusta equilibrar la mancha del sol con un pico más alto a la izquierda.

- Nuestro siguiente paso es crear otra cresta de la montaña que avance un poco, así que vamos a oscurecer un poco el azul. Agregue un toque de azul ultramar al azul claro, asegurándose de que sea visiblemente más oscuro que el azul claro. Repita este movimiento con otra cresta de la montaña debajo de la primera, desde la izquierda y deslizando la espátula por el lienzo hacia la derecha. Añada también un poco de azul más oscuro en la parte derecha del lienzo.
- Ahora haga un azul un poco más oscuro y pinte otra franja por debajo, haciendo ondas a medida que avanza.
- Con una espátula limpia, arrastre 1 cucharada de azul ultramar, cárguela y comience a extender la última cima de la

colina de izquierda a derecha formando un arco suave. Esta cima avanza hacia el centro del plano y ya se puede ver lo adelantada que está.

Paso 5: Añadir las crestas de los árboles

- Arrastre hacia abajo 1 cucharada de azul de Prusia y mézclelo hasta que quede flexible. Utilice la espátula pequeña, si tiene una, para tomar un poco de azul en la punta y comience a esbozar la línea de árboles salpicando pequeñas porciones de pintura, pegadas a un tronco. Repita esta operación un par de veces a lo largo de la cresta oscura. No se preocupe demasiado por la forma. No se trata de hacer árboles detallados, sino sombras sugerentes.

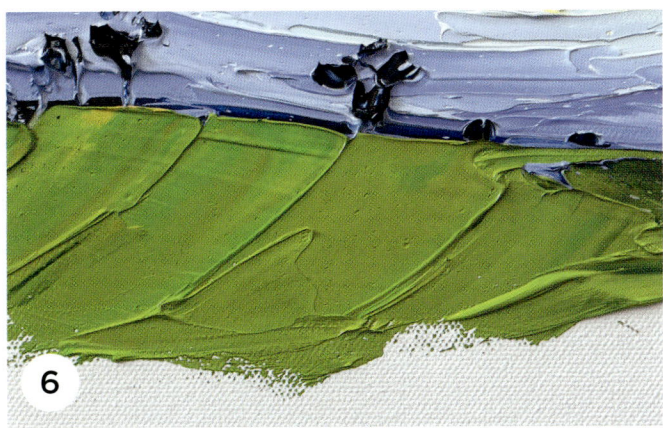

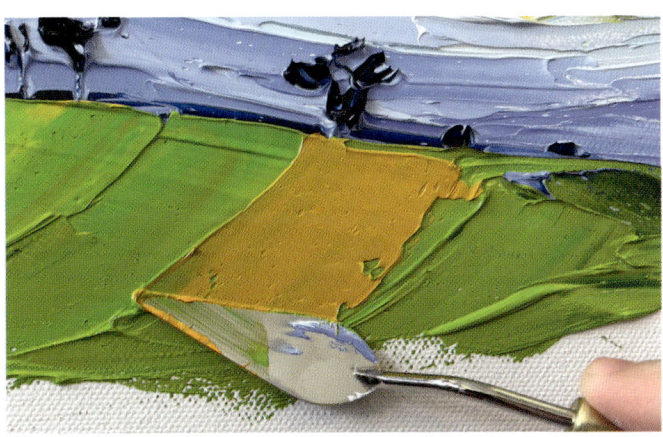

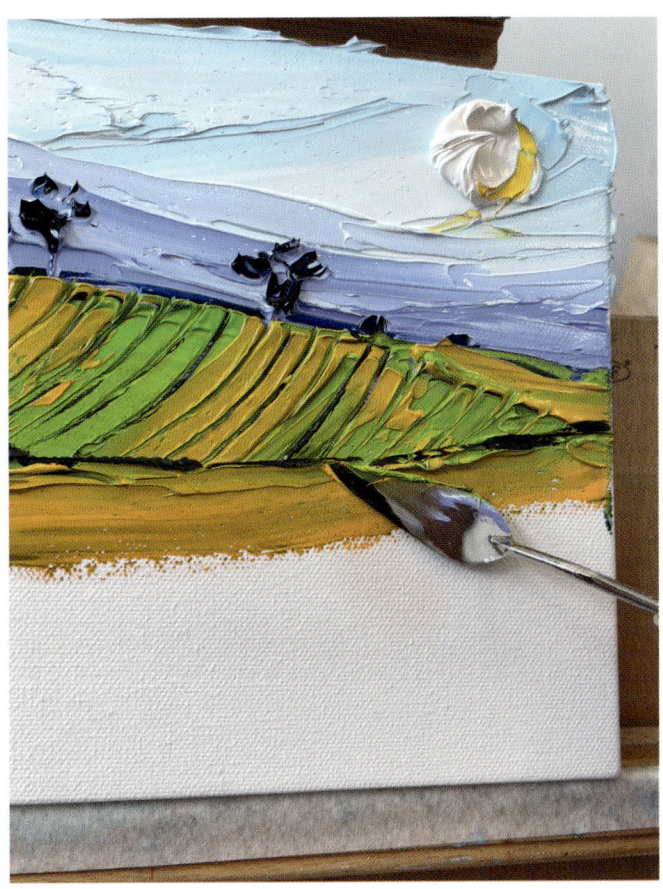

Paso 6: Añadir las filas de viñedos

- Arrastre hacia abajo 1 cucharada de amarillo medio y 1 de amarillo verdoso y mézclelos. Cargue la espátula con 1 cucharada usando el filo derecho de la hoja y comience a crear las viñas con un movimiento descendente hacia la izquierda. Continúe con franjas verdes en la misma dirección hasta que haya rellenado todo el campo. Si se ha excedido por la parte inferior, no se preocupe. Pintaremos por encima al crear el siguiente campo, que avanzará desde el fondo.

- Ahora vamos a descomponer todo el verde. Arrastre hacia abajo un poco de amarillo medio, mézclelo sin apretar, cargue la espátula y pásela por encima de la pintura verde con una presión muy ligera, de modo que atrape la capa inferior pero no la raspe. Repita esta acción un par de veces más, de modo que queden franjas de amarillo y verde.

- A continuación esculpiremos los viñedos. Limpie bien la espátula y pase el borde solo a través de la pintura azul de Prusia hasta que tenga una fina porción en el borde izquierdo. Coloque la punta de la espátula justo en la línea del árbol, girándola hacia un lado para

que el borde fino quede hacia abajo. Ahora pase la espátula a través de la pintura en un arco suave, levantándola hacia arriba en el extremo del verde. La espátula tiene una flexibilidad natural, así que aplicando un poco de presión a medida que avanza puede crear una curva orgánica. Una parte de la pintura azul de Prusia quedará atrás, y en otras zonas la esculpirá, dejando al descubierto la capa inferior de otro color. Continúe hasta el extremo izquierdo del lienzo de forma gestual. Retroceda y haga también algunos trazos en la derecha, arrastrando la espátula por la cresta de pintura de la derecha.

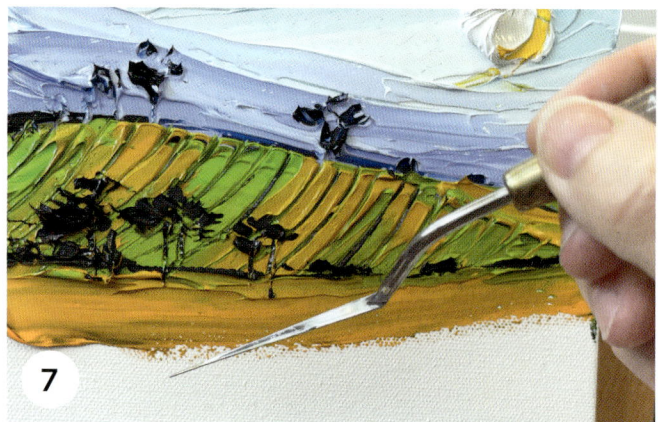

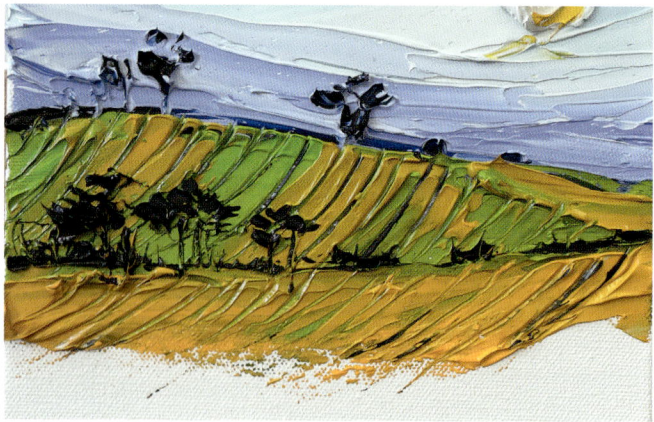

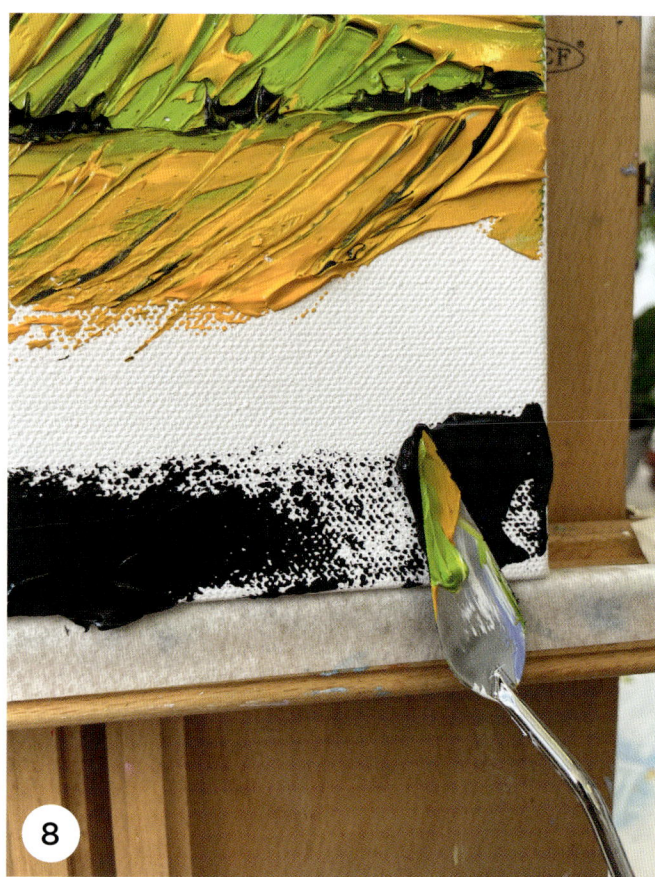

Paso 7: Crear el campo central

- Nuestro siguiente elemento a añadir es el centro del campo, que descompone las cosas de forma atractiva y añade dimensión. Limpie la espátula y cargue el borde derecho con un poco de azul de Prusia. Empezando por la izquierda, esboce una línea que divida el campo, cerca de la parte inferior.

- Limpie la espátula y cárguela con amarillo medio. Empezando por la izquierda, por debajo de la línea oscura, realice un barrido amarillo de izquierda a derecha, a lo largo de todo el campo.

- Ahora crearemos algunos árboles más, esta vez ligeramente más grandes y con un algo más de definición, lo que hará que queden más

adelante. Cargue la punta de la espátula pequeña con una porción de azul de Prusia y añada algunos árboles con toques, empezando por la izquierda y moviéndose hacia la derecha. Aplique también algunos toques más pequeños en la línea oscura para que parezcan arbustos y para romper un poco la línea.

- Con la espátula fina o normal, raspe algunas hebras de hierba levantándola hacia arriba a través de la pintura, justo en la línea azul donde están los arbustos. Esto también ayuda a romper la línea y a crear más movimiento.

- Por último, vamos a hacer algunos viñedos en este campo, de forma similar al campo superior. Cargue la espátula con una pizca de azul de Prusia

y sitúe la punta en la parte superior, dibujando el borde afilado a través de la pintura formando en un ligero arco. Repita este proceso a lo largo de todo el campo.

Paso 8: Añadir la hierba

- Utilizando azul de Prusia, empiece a bloquear el borde inferior del lienzo en toda su extensión. Queremos que esta parte sea muy oscura para acentuar los girasoles amarillos.

- Ahora vamos a unir los colores colocando un poco de verde. Añada un poco de amarillo medio al azul de Prusia y mézclelos hasta obtener un verde medio. Cargue la espátula y haga una franja de izquierda a derecha. A continuación, con la parte plana

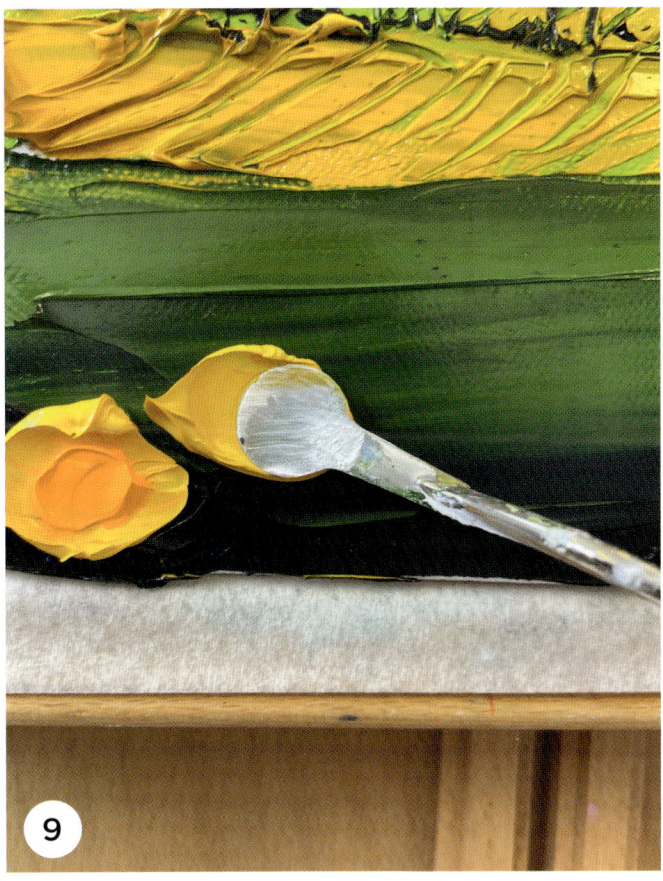

9

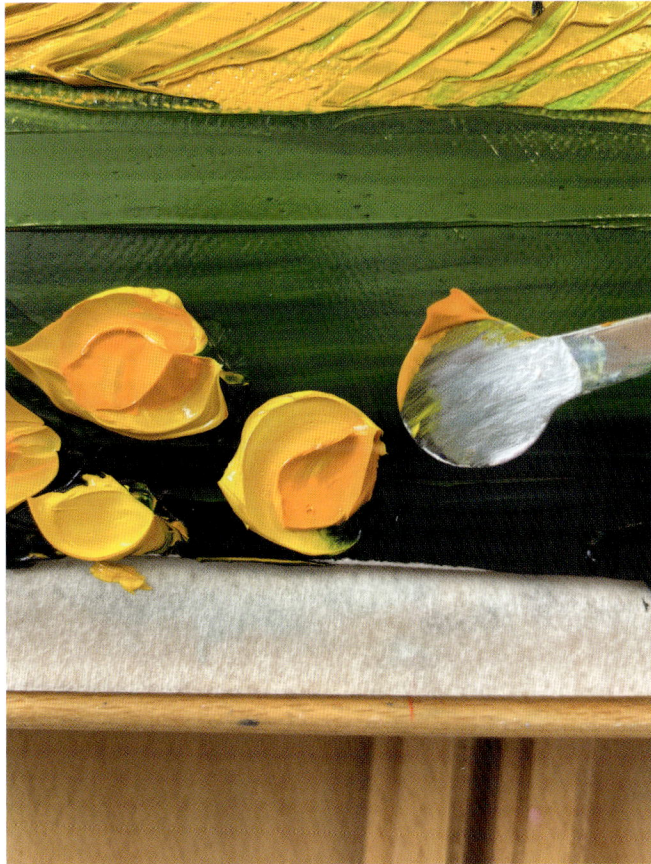

central de la espátula, difumine los colores hasta obtener un bonito degradado entre los oscuros y los claros.

Paso 9: Girasoles para terminar

- ¡Vamos a añadir un poco de dramatismo! Para esta parte utilizaremos la espátula redonda, pero también se puede hacer con una espátula normal. Cargue aproximadamente 1 cucharadita en la parte inferior de la espátula, dándole la vuelta y recogiendo una buena cantidad.
- Empezaremos colocando flores en la parte inferior, y luego iremos rellenando el resto del campo hasta llegar a los viñedos. Es más fácil calibrar la composición de esta parte final si hacemos antes las flores del primer plano. De este modo, nos aseguramos de que tengan el tamaño que queremos, con las más grandes en la parte inferior del lienzo.
- Haga la primera flor en la parte inferior izquierda, ejerciendo una ligera presión y tirando hacia arriba. Use el mismo movimiento con la espátula normal, pero de modo un poco más circular; no quedará tan redonda, lo cual está bien.
- Limpie la espátula y vuelva a cargarla con una cantidad más pequeña de amarillo más oscuro: ½ cucharadita. Haga la parte central de la flor de la misma manera, asegurándose de que no sea más grande que el amarillo subyacente.
- Limpie la espátula, recárguela y siga creando flores de amarillo medio a lo largo de la parte inferior del lienzo. Aquí es importante variar un poco los tamaños. Intente que no sean todas iguales, y donde vea un hueco, coloque una flor más pequeña. Queremos mantener el efecto de bloque de color, conservando la capa oscura visible debajo. Algunas de las flores amarillas pueden tocarse, pero procure no excederse con las flores amarillas, lo cual es bastante fácil; esta parte es divertida.
- Al situar las flores más pequeñas da la sensación de que retroceden hacia el fondo y de este modo la obra resulta muy llamativa. Yo he empezado a separarlas un poco y variar los colores para que algunas sean solo del amarillo intenso. A medida

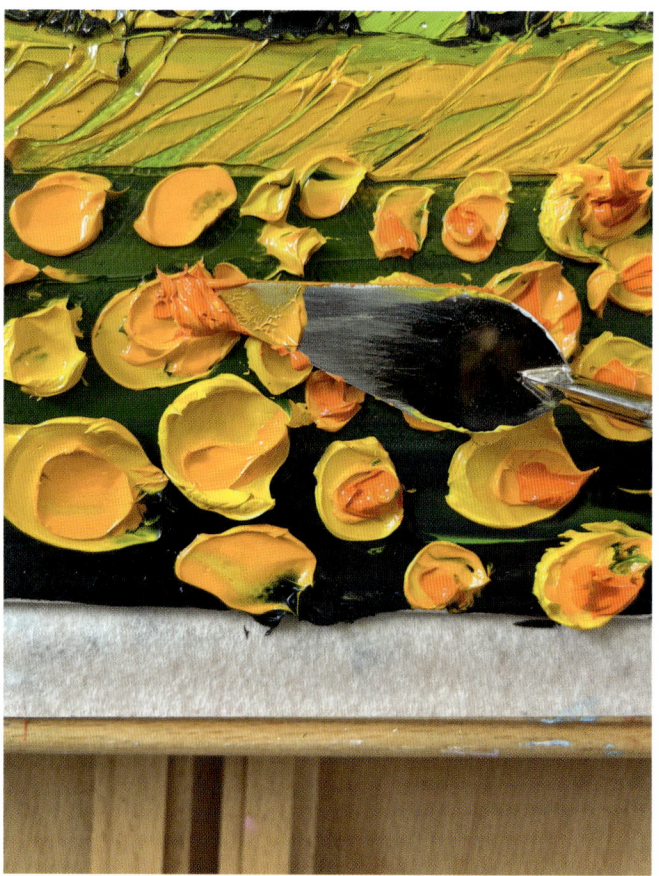
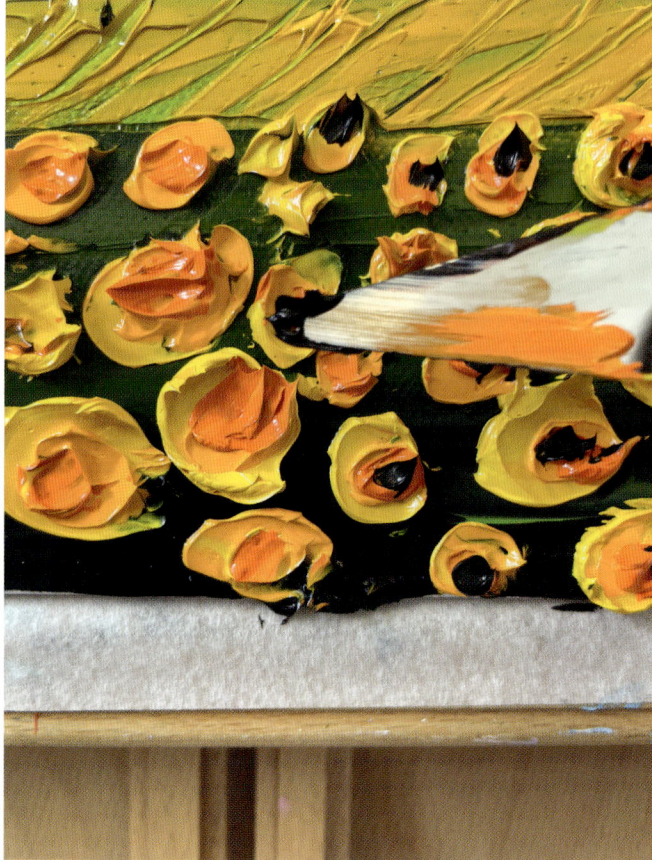

que las vamos haciendo más pequeñas, están menos definidas y tienen algo menos de textura.

- Continúe con esta técnica, haciéndolas cada vez más pequeñas a medida que se acerca a las viñas.
- Cuando llegue a la última franja por debajo de las viñas, haga unas cuantas flores pequeñas y desordenadas para rellenar el espacio.
- Nuestro toque final es detallar las flores para darles algo de definición, sobre todo las más grandes del primer plano.
- Arrastre ½ cucharadita de rojo de cadmio y mézclelo con su amarillo medio para crear un naranja rico y saturado.
- Use ahora la espátula normal, cargue una gota en la punta y, sin apretar, ponga un pequeño punto texturizado en el centro de las flores. Haga los puntos más grandes para las flores grandes y más pequeños para las pequeñas.
- Del mismo modo, tome un poco de su azul más oscuro, y haga un punto central más pequeño para cada flor, asegurándose de que no sea más grande que su capa inferior de color naranja.
- Es importante que todos estos gestos sean naturales y no meticulosos. Cuanto más complicado sea, más artificioso parecerá, y lo que queremos es un bonito flujo de creatividad natural, más que un aspecto simétrico. Una de las razones por las que no elijo a menudo una espátula pequeña es para no tener que preocuparme por los detalles.
- Nuestro último detalle es dar a las flores redondas un poco más de forma de girasol y arrastrar algunos pétalos hacia fuera. Con la espátula fina o normal, trace suavemente unas líneas desde el centro de las flores.

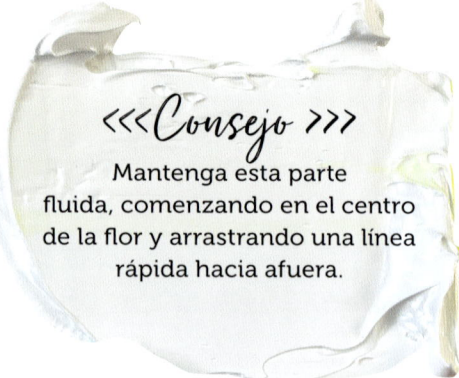

<<< *Consejo* >>>
Mantenga esta parte fluida, comenzando en el centro de la flor y arrastrando una línea rápida hacia afuera.

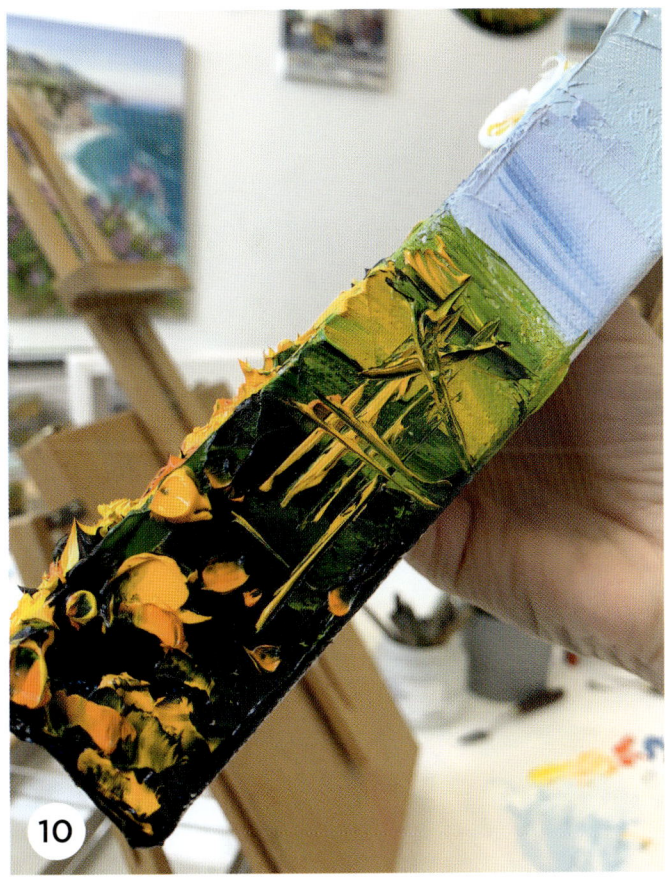
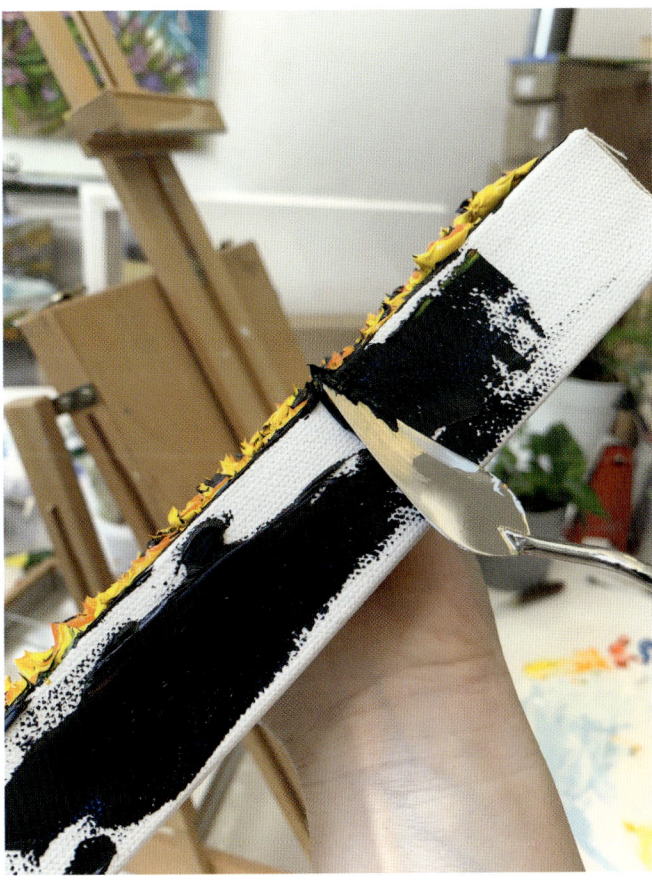

Paso 10: Firme su obra y pinte los laterales del cuadro

- Esta vez firmé la pieza en un lateral. No había espacio entre las flores sueltas y no quería romper la continuidad del campo de arriba, así que utilicé el amarillo sobrante para firmar en el lateral derecho. También he salpicado los bordes con algunas flores sueltas.

- Utilizando toda la pintura que quede en la paleta, empiece bloqueando el color del cielo en los bordes superiores, antes de pasar a los colores verdes más oscuros que queden en los laterales, haciendo que coincidan con los campos de la parte delantera. Por último, tome el lienzo y complete el lateral inferior, utilizando la pintura más oscura.

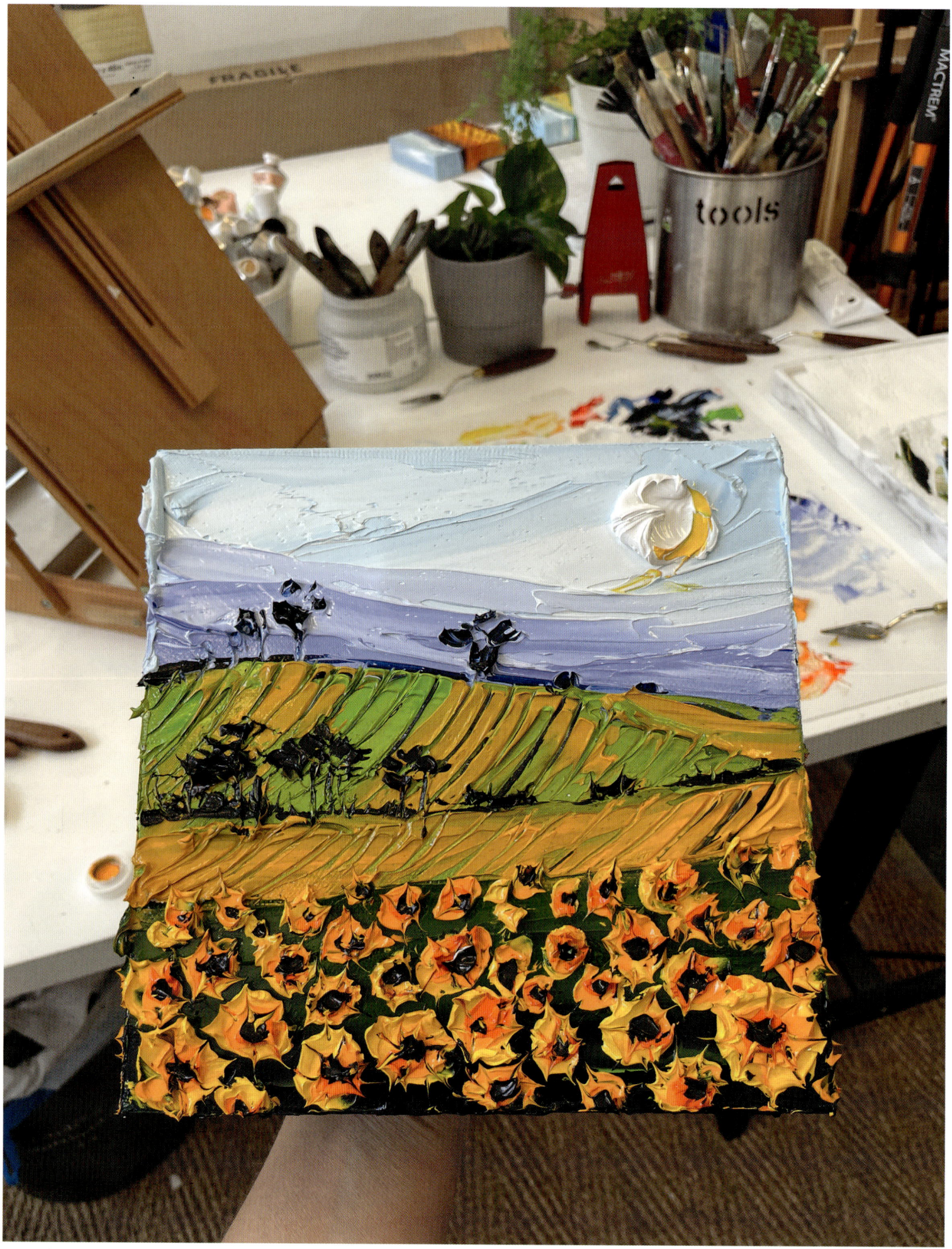

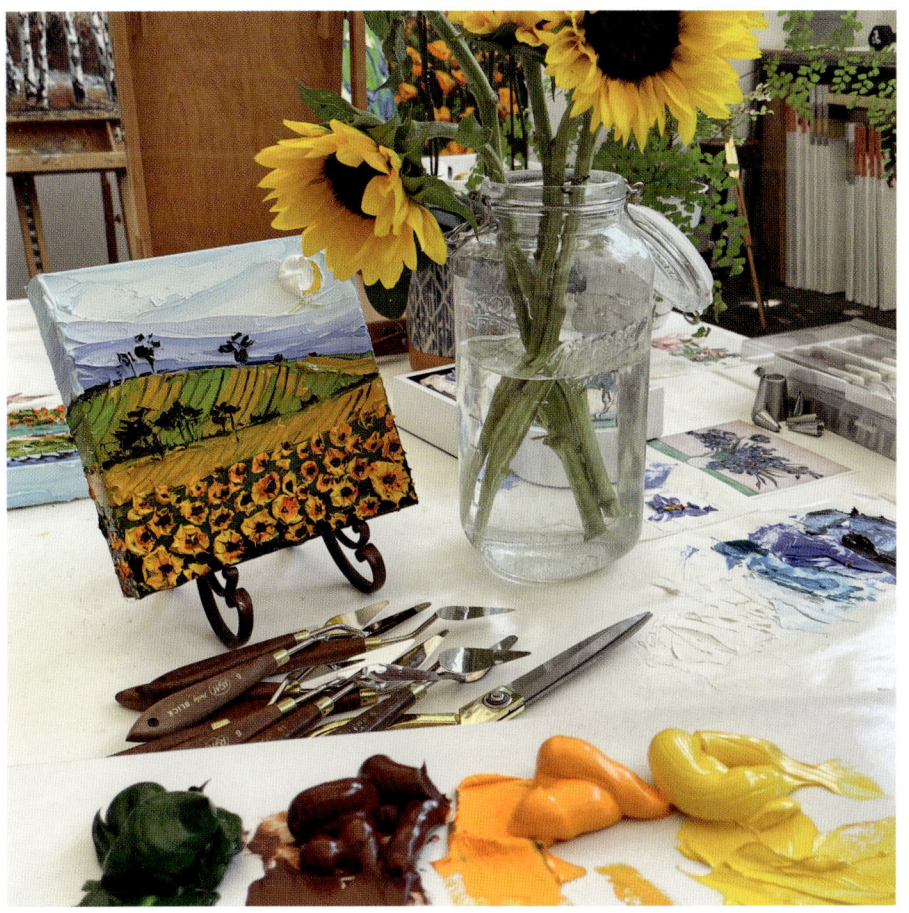

RESUMEN:

¡Hagamos un viaje a la Toscana!

Es tentador, ¿no es cierto? Tardes soleadas paseando entre las fragantes viñas y disfrutando del ritmo lento de la vida suena divino. Pero antes de hacerlo realidad, experimente la maravillosa sensación de creatividad al pintar los lugares en los que hemos estado, o que deseamos visitar, reviviendo el recuerdo o la emoción y anticipación de crear uno nuevo.

El arte es emoción, y cuando siente que ha transmitido emoción en su obra, significa que ha hecho su trabajo, independientemente de lo bueno que le parezca el resultado final. Recuerde que el arte es subjetivo, por lo que otra persona verá y sentirá cosas totalmente distintas al contemplar su obra. ¡Esa es la belleza del arte!

<<Si lo pudiera decir con palabras, no habría ninguna razón para pintar>>.

—EDWARD HOPPER

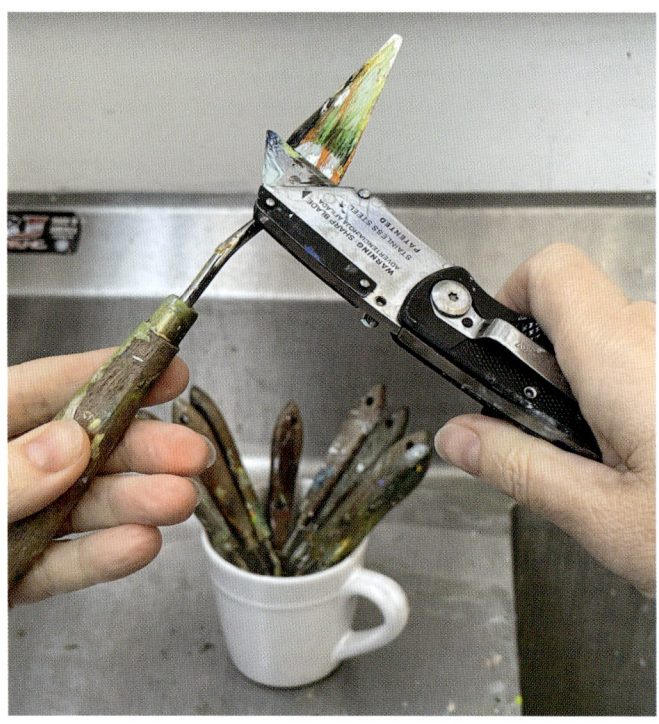

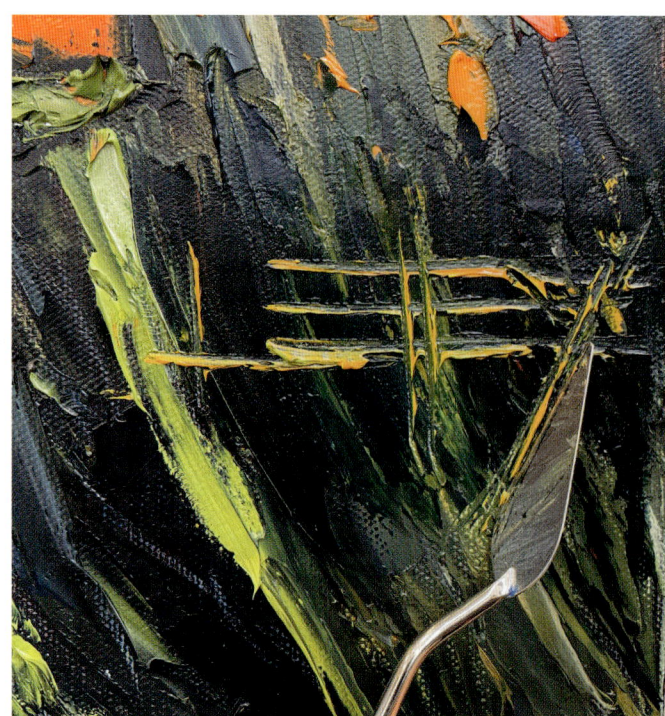

LIMPIEZA Y CUIDADOS

Una de las ventajas de pintar con espátula es la limpieza. Basta con limpiar la espátula y listo. No hace falta limpiar la pintura al óleo de los pinceles.

Sin embargo, con el tiempo pueden acumularse residuos de pintura al óleo y acrílica en la espátula. Algunas personas prefieren dejar la capa extra de pintura en la hoja de metal, pero a mí me gusta mucho el tacto limpio y afilado de la hoja, así que intento mantener mis espátulas limpias.

He aquí un par de consejos. No moje el mango de madera, ya que esto afectará a la pátina de la madera y la dañará. Utilice agua con las pinturas acrílicas; en el caso de la pintura al óleo, pruebe con un poco de alcohol mineral inodoro (puede encontrarlo en ferreterías). Lo mejor es limpiar la pintura que se acumula y se seca en las hendiduras, sobre todo alrededor del cuello y la parte más ancha de la hoja. Además, si su pintura se seca y se acumula como la mía, hierva un poco de agua y viértala en una taza de café vieja. Sumerja allí las espátulas y déjelas unos 10 minutos.

Este método funciona de maravilla para ablandar la pintura y poder rasparla después con una cuchilla de afeitar o un cúter. Esto no daña ni raya la espátula, y elimina la pintura acumulada de forma eficaz.

Cuando haya terminado, ponga las espátulas encima de un paño de cocina viejo, asegúrese de que se secan y guárdelas como desee, en posición vertical o plana, preferiblemente resguardadas de la luz solar directa si desea conservar el acabado de la madera. ¡Es muy fácil!

FIRMAR SU OBRA DE ARTE

Tardé varios años en definir mi firma, ¡y ahora me encanta! Firmar su obra no solo la identifica como suya, sino que también es la última oportunidad de infundirle todo su orgullo y satisfacción.

Es genial terminar una pieza, y a mí me encanta firmar las mías. Durante muchos años, usé un pincel para firmar (en cursiva) mis pinturas con espátula, hasta que un día me pregunté: «¿Por qué lo hago con un pincel? No he pintado el cuadro con pincel, así que... ¿no sería mucho más auténtico y fácil firmarlo con una espátula?». Así que empecé a raspar mi firma —del mismo estilo y también en cursiva— con la punta de la espátula. Sin embargo, dado que esto solo funciona en zonas con pintura muy espesa, comencé a jugar con el filo de la espátula. Me gustó mucho el aspecto geométrico y moderno de las letras formadas con el borde recto de la hoja, y me alegré mucho cuando llegué a mi versión actual. Fue un proceso iterativo, así que recomiendo ir probando diferentes formas hasta que dé con la rúbrica que más le guste.

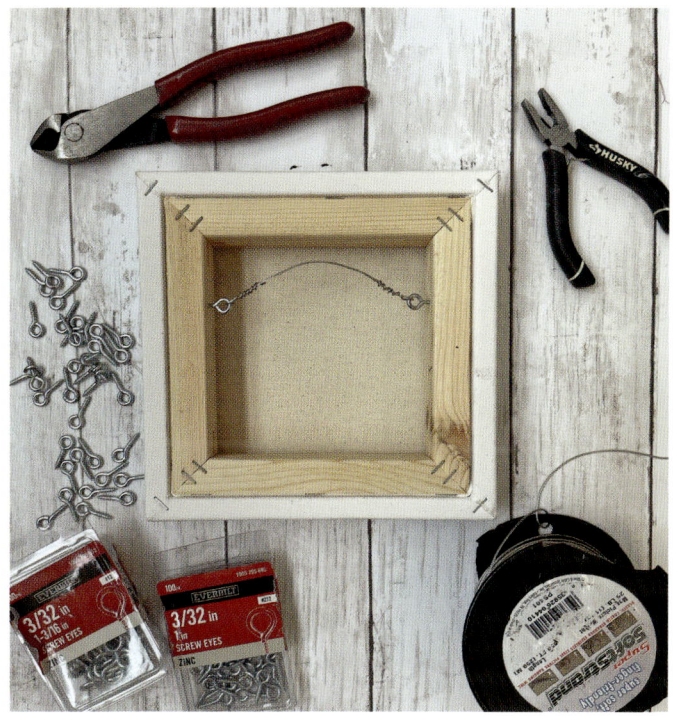

PREPARAR UN CUADRO PARA COLGARLO

Aplicar un alambre a un cuadro y dejarlo listo para colgar también es un paso fácil, y realmente marca una diferencia si desea vender su obra. Esto es lo que debe tener a mano:

- Un taladro eléctrico pequeño con brocas finas (no de joyería, son demasiado pequeñas) o un taladro manual para hacer agujeros para los tornillos.
- Unos buenos alicates para cortar alambres (se puede usar los de joyería, pero los más grandes cortan y se manejan mejor).
- Alambre flexible con revestimiento de vinilo para colgar cuadros.
- Cáncamos de varios tamaños.

Utilice un taladro eléctrico o manual para hacer un pequeño orificio a 3 o 4 cm de distancia del listón superior del bastidor, a ambos lados del lienzo.

Atornille los dos cáncamos y pase el alambre por ellos, dejando unos 4 cm en cada extremos para enrollarlo sobre sí mismo y asegurarlo. Repita esta acción en el otro lado, asegurándose de no apretar demasiado el alambre. Si el alambre está demasiado tensado, será más difícil colgarlo. ¡Listo!

BARNIZADO

La última pieza del puzle es una capa de barniz, que protegerá la obra de los rayos UV, el polvo y los daños. El barniz también aporta atractivo; elija un barniz mate, satinado o brillante, según sus preferencias.

Yo suelo optar por un acabado brillante, porque me gusta el brillo y la forma en que refleja la luz. Barnizar sobre una textura gruesa puede ser complicado. El secado de la pintura muy gruesa requiere muchos meses, y debe estar completamente seca para poder aplicar el barniz.

Si tiene un encargo o una obra para la que el tiempo apremia, o simplemente no quiere esperar, un barniz de «retoque» es una buena solución. Se trata de un barniz diluido que ofrece protección y deja que la pintura al óleo respire y se cure. Varias de las marcas importantes fabrican una versión de barniz de retoque, como Utrecht y Winsor & Newton.

Aplique una capa ligera en un lugar bien ventilado (si es posible, en el exterior) y, con un pincel grande de 1 o 2 pulgadas, desplace el pincel, sin apretar, en la misma dirección que el movimiento del cuadro. No es necesario ser muy preciso, pero asegúrese de no utilizar demasiada cantidad, ya que podría acumularse y formar burbujas. Si le atrae la idea de utilizar un barniz en aerosol, la marca Krylon comercializa uno excelente, ideal para la pintura al óleo que aún no está totalmente seca. Es más caro, pero resulta muy cómodo. La mayoría de estos barnices modernos también están diseñados para que se puedan volver a aplicar o quitar y rehacer en algún momento.

Al barnizar pintura acrílica es recomendable aplicar primero una capa de aislamiento que le permitirá quitar el barniz si alguna vez lo necesita. La marca Golden fabrica un barniz aislante de muy buena calidad. A continuación, basta con aplicar encima cualquier barniz polimérico de base acuosa después de un tiempo de secado de una hora. Uno de mis favoritos es Liquitex. Antes de barnizar, también me gusta quitar el polvo a la superficie con un pincel suave y seco para eliminar cualquier partícula.

PRESENTACIÓN

La presentación también es importante. Hoy en día es fácil hacer buenas fotografías con un smartphone, y a mí me gusta usar bastidores flotantes o *plein air* (para paneles) para escenificar mis obras. Un marco flotante no tiene cristal, sino una zona abierta donde el lienzo se asienta en el marco con los bordes visibles. Como ya ha puesto el alambre a la obra, puede colgarla directamente en la pared sin trabajo adicional. Los bastidores *plein air* tampoco tienen cristal y son adecuados para paneles. Ambos tipos de bastidores se pueden encontrar en cualquier sitio web de suministros de arte.

ACERCA DE LA ARTISTA

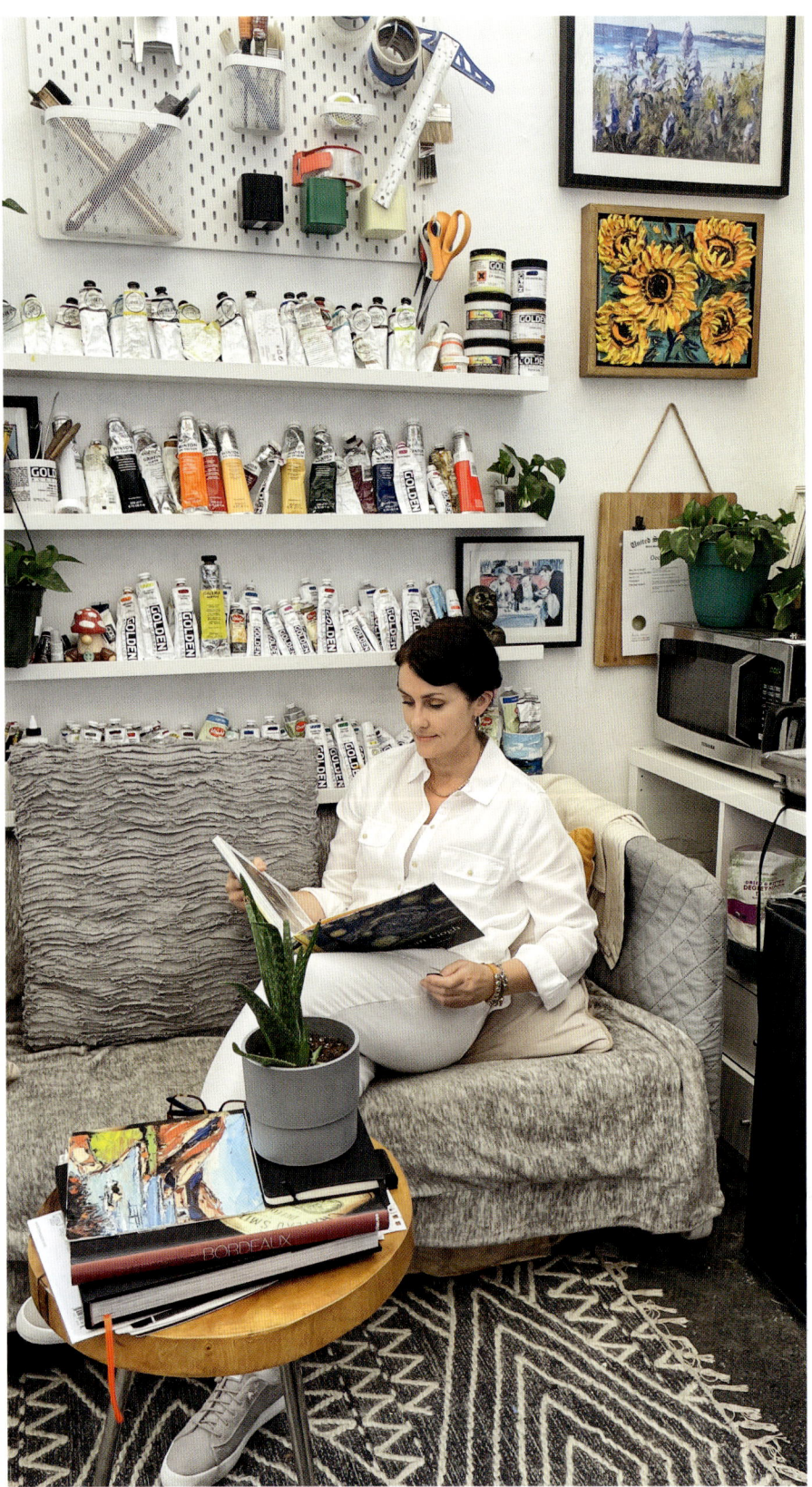

LISA ELLEY es una artista profesional galardonada que trabaja en su estudio de la bahía de San Francisco. Su técnica característica de impasto grueso se basa en el uso de espátulas para crear pinturas únicas con increíble textura, dimensión y movimiento. El arte refleja la personalidad, y la pasión y la alegría de Lisa están impregnadas en sus cuadros coloridos y estimulantes.

Lisa, casi totalmente autodidacta, ha perfeccionado sus habilidades a lo largo de los años con perseverancia y práctica diaria. Su historia comienza en una pequeña granja de la idílica Nueva Zelanda, rodeada de verdes colinas y amplias vistas. Tras viajar por todo el mundo y establecerse en Estados Unidos, Lisa ha seguido encontrando inspiración en el paisaje costero de California. Siempre se esfuerza por conectar con el mundo más profundo que nos rodea a través de su arte.

El arte de Lisa está disponible en su propio sitio web, y ahora ofrece cursos en línea de pintura con espátula para todos los niveles. Activa en las redes sociales y con un gran número de seguidores, comparte inspiración y consejos y tiene millones de visitas mensuales en todas sus plataformas en línea. Con más de una década de experiencia en exposiciones, Lisa expone en selectas galerías de arte internacionales, sean en línea o físicas, en instalaciones artísticas corporativas y públicas, y en salas de cata de viñedos. Su carrera ha explorado muchas vías creativas, como la concesión de licencias, etiquetas de vino, prensa en revistas, pintura en vivo, conferencias y colaboraciones con grandes marcas, grandes minoristas y diseñadores de interiores.

Para saber más sobre Lisa, sus cursos en línea y su visión artística, visite: www.lisaelley.com.